考古湖南

十堂课听懂湖南历史（下）

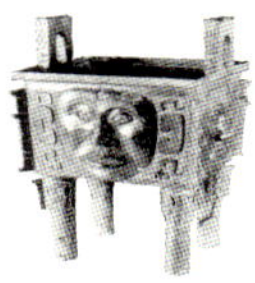

湖南省文物考古研究所 编著

岳麓書社 · 长沙

疯狂的石头

——追溯湖南远古人类文化的源流

◇ 李意愿

旧石器时代是人类演化的第一个阶段，也是一个最为漫长的洪荒时期，从人类开始直立行走到大约 1 万年前结束，占据了我们人类历史的 99.9% 以上。如果把 46 亿年的地球历史比作是一年，其中我们人类起源是在最后一天的中午时分，而我们现代人的出现时间则更为短暂，相当于最后一天的最后 20 分钟。

在时下还挺热的考古这门学科中，旧石器时代考古可能是专门从业人员最少的一个分支，它对普通大众来说，是充满神秘、好奇但又最不容易理解的。事实上，我在野外考古工作中的时候，经常会被问到一些类似的问题：这些“石器”不就是普通的石头吗？在河里面到处都有吧？你们怎么知道它就是古代人用过的呢？的确，即使是从“挖宝”角度来看待考古，这些外观粗陋、几无经济价值的“烂石头”也很难与宝贝挂上钩，与人类之间的关系很多时候似乎也不是那么一目了然。

“人猿相揖别，只几个石头磨过。”制造石器的能力曾被认为是人类与动物的根本区别，也被有的学者视为人类的第一次技术革命，有划时代的意义。《科学》杂志在创刊 125 周年时，曾经发布了全球最富挑战性的 125 个科学问题，其中有几个问题，比如：谁是世界上共同的祖先？什么是人种？人种如何演化？就与这门学科密切相关。因而可以说，旧石器时代考古（古人类学）是考古学中最具有世界性的科学，往往讨论的是人类共同关注的很多与人自身密切相关的重要问题。

当然，旧石器时代考古的研究和故事，不仅仅是石器。我国旧石器考古的奠基人裴文中先生就把旧石器时代考古工作者需要掌握的知识形象地比喻成“四条腿走路”，即是旧石器时代考古学、古人类学、第四纪地质学和第四纪哺乳动物学。因而，如果我们要完整地了解人类过去几百万年的历史，无疑需要综合这些学科绘制出的每一幅图景。而在我们论述 30 年来湖南旧石器时代考古工作所揭示的三湘大地远古人类文化发展源流之前，也需要将其置于全球人类的起源和演化的时空背景下。

一、人类祖先的那些事儿

人类远古祖先是一个久远而恒新的话题。我们是今天唯一仅存的人科物种，是一个真正意义上的全球物种，几乎遍布了世界的各个角落。那么，在远古时代也是这样一种格局吗？我们是谁？我们又到底来自哪里？古今中外人们都孜孜不倦地力图得到人类起源问题的答案。从各种神话传说和《圣经》开始，直到 19 世纪晚期达尔文出版《物种起源》《人的由来》创立进化论，才有了真正的科学解释。

从林奈的分类系统来看人在自然界中的位置，人属于动物界、脊索动物门、哺乳纲、灵长目、人科、人属、人种。人类是由古猿演化而来的假说成为当今古人类学的基本认知（图一）。大约 2500 万年前，猿猴祖先分离形成了猴科和类人猿科；1800 万年前，类人猿祖先分离形成了长臂猿科和人科；700 万年前，非洲人科祖先进一步分离形成了大猩猩、黑猩猩属和人类的共同祖先；600 万年前，共同祖先进一步分离形成黑猩

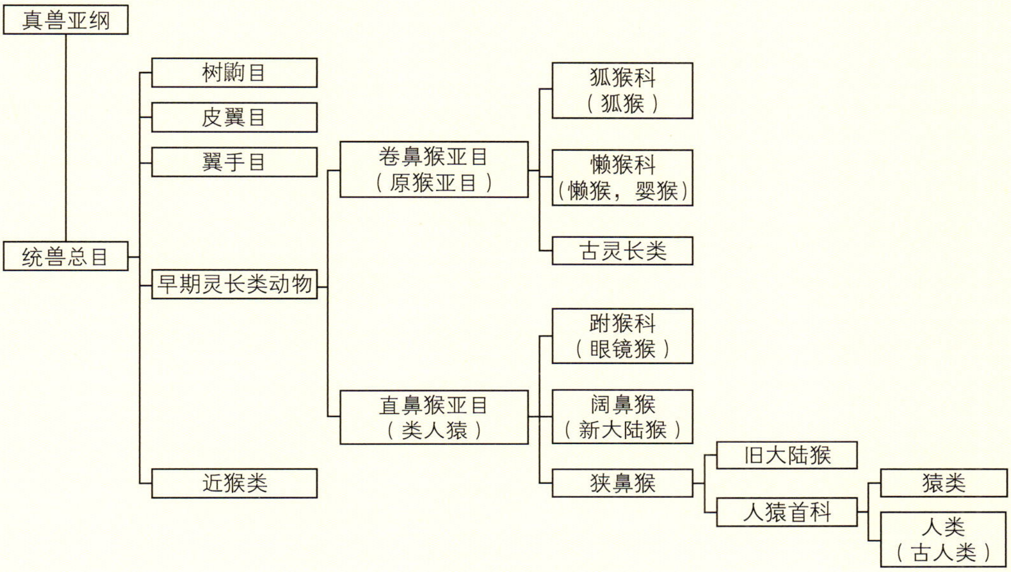

图一 灵长类动物的进化支和关系图（据《灵长类动物和人类祖先》）

猩属和人属，由此人类开始走上舞台。

目前世界最早的灵长类动物发现于北美，距今 7000 万年前；中国最早的真灵长类化石，是发现于湖南的亚洲德氏猴，距今 5500 万年前。现存的灵长类动物种类全世界大概有 600 多种，主要分布在亚热带和热带地区。与我们人类最为密切的类人猿有四种，包括在非洲的黑猩猩和猩猩、亚洲的长臂猿和猩猩。DNA 的研究表明人类和黑猩猩两者之间的差距非常小，相似程度达到了 99.8%。两者在外貌上也最为相似，因而在生活中有不少人误以为我们就是从黑猩猩演化而来！其实彼此只是一个近亲关系。

回到我们人的问题上，何以为人？怎么界定我们今天的人类？实际上，过去我对人的定义有过多种标准，比如脑容量、语言、制作和使用工具、文化等。但是后来发现这些标准都存在各种各样的问题。目前，更多被接受的一种观点就是在生物学上的分类——人是常规性双足直立行走的一种灵长类动物。人与动物的区别有很多，比如人有高度智能、高度社会性、高级行为方式和复杂性。很有意思的是，美国奇普·沃尔特在《重返人类演化现场》（*Thumbs,Toes,and Tears, and other Traits that make us human*）一书中却提出“奇妙的演化与我们的大脚趾、拇指、咽喉以及我们爱恋、悲伤、喜悦的情感联系在一起”，指出“这六个特征看似无关，其实却是紧密相连的。它们各自在人类演化的道路上标示出一个岔路，而我们就在这些岔路口与其他物种分道扬镳”。

我们可能都知道，非洲大陆是人类演化一个创新的源泉，很多故事实际上都是在非洲大地上发生的，这里被称为早期人类演化的故乡。迄今，发现最早的人类化石在非洲，距今约 700 万 ~ 600 万年前，这属于人猿分离阶段。法国法兰西公学院教授米歇尔·布吕内在非洲乍得发现的撒海尔人（托迈人）即是其中最早的代表，托迈在当地语言中意为“生命的希望”，其化石呈现出猿与人的混合特征：颅骨形态与猿类相似，脑量与黑猩猩接近，眶间距与大猩猩相似。稍后的代表性化石还包括肯尼亚约 600 万年前的原初图根人种（俗称千禧人）以及埃塞俄比亚 500 多万年前的地猿。由于目前发现的化石还较少，这批人猿分离阶段的化石在人类进化历程的位置目前还不是那么确定，还需要更多的研究。

目前最确切的早期人科成员是南方古猿，主要发现于东非和南非。我们所看到的这些南方古猿的物种，可能都是我们远古祖先的一个堂兄弟或者是表兄弟。南方古猿的生活跟我们今天人类的生活形态基本上已经比较接近了，但唯一不同的就是他们还保留在树上生活的形态。南方古猿化石数量丰富，有多个种类。1974 年埃塞俄比亚发现的著名的“露西”化石，是南方古猿阿法种，长期以来经常被称为人属的祖先——“人类老祖母”。露西女性骨架化石，包含头骨、肋骨、臂骨等，以完整性和久远性而极受重视；其“年龄”约为 350 万年前，在被发现后长期稳坐世界头把交椅。同时，生活在距今约 420 万 ~ 390 万年前的最老的南方古猿成员——湖畔种因既可以直立行走，又可以爬树，而被视为露西的祖先。不过，2019 年 8 月的《自然》杂志通过对南方古猿湖畔种新材料的研究，又表明它与露西所代表的阿法种在同一区域并存生活了近十万年，两者并非属于单一支系的种族更迭，这使得早期人类进化的真相更加扑朔迷离。

在非洲、亚洲和欧洲各地，都发现了200多万年以来的人类化石，分类学上属于人属Homo。目前最早的这种人属成员发现在埃塞俄比亚地区，出土了一些下颌和牙齿化石，距今280万年前。能人主要在非洲发现，这个时期可能也已形成了很多不同的古老物种。其后就是我们比较熟悉的直立人（非洲为匠人），这是最早具有与我们现代人相近体型身高和肢骨比例的一个人科成员；其中比较有名的是在肯尼亚发现的160万年以前的图尔卡纳男孩，这也是目前在非洲所发现的唯一保存比较完整的一个骨架化石。能人阶段已经能够制作简单的石器，直立人阶段除了能够制作工具以外，还可以生火，从而改变了人类的饮食结构，为走出非洲是提供了很重要的保障。

欧洲最早的人属成员是先驱人，接着演化为海德堡人。海德堡人可能是欧洲尼安德特人和非洲现代人的一个共同祖先，这个分化大约发生在20万年前，最终形成两个物种。值得说明的是，尼安德特人是人科中最为著名的一个物种，它的发现早于达尔文发表《物种起源》之前，只是由于当时受到人们认知能力和当时宗教顽固势力的禁锢，对这个人类化石及文化的认识产生了严重偏差，直到半个世纪以后才得以更正。

在亚洲，随着直立人向欧亚大陆扩散，在一些地方都发现有直立人的化石。西亚德玛尼西的格鲁吉亚人，距今180万年前，一般认为是非洲之外最早的人属成员。在中国，比较熟悉的是距今170万～160万年前的元谋人，还有著名的距今50万～20万年前的周口店北京猿人遗址，这是中国境内发现最早的直立人化石。根据最新的研究，2018年在陕西上陈遗址发现了210万年前的石器，将人类在非洲以外的历史提早到了200万年前以上。人类从非洲向外迁徙，比我们以前认识的时间可能要更早。

智人，是人类演化的最后一个阶段。最早的证据是近两年在摩洛哥发现的距今30万年前的智人化石；以前比较早一点的地点是在非洲的奥莫以及埃塞俄比亚的发现，在距今19万～15万年前之间；在欧洲希腊发现的Apidima 1化石距今21万年前。智人物种是一个现代人文化迅速发展的阶段，尤其是一些代表壁画、艺术绘画、雕塑的出现，显示文化的高度发展。关于人属如何由古老型人类向现代型人类转化，即现代人的起源问题，是一个非常复杂、有很大争论的学术课题。主要有“近期出自非洲说”和“多地区进化说”两种假说（图二）。走出非洲假说的一个主要的观点就是认为我们现代人与以前的早期智人都属于不同的物种。现代智人在20万年或者10万年前，从非洲起源之后，迁徙到了其他地区，然后进行了完全的替代，而且没有当地人群发生基因的交流。五六万年的时候才从中国南方逐渐迁徙进入，再向华北扩散。而且在现代人到来中国之前，10万～5万年前之间，中国这个地方因为非常寒冷，不适合人的生存，古老原生所有的人群都已经灭绝了。与之相对，多地区进化或中国人类学家所提出的连续进化附带杂交假说，认为从早期智人或者是晚期智人以来，所有的人都属于一个物种。从直立人以来都是一个连续的演化链条，中间没有发生过外来的人大规模替代本土人群的过程。但曾经存在过一定的隔离，这种格局形成了今天我们东亚地区它有一些自己的区域特点。同时，有一小股的外来人群与我们发生的基因交流或人群之间的交流，所以使我们今天能够仍旧合成同一个物种。当然外来的人群是很小的，占次要地位，而本土人群的连续性发展占主要的地位。

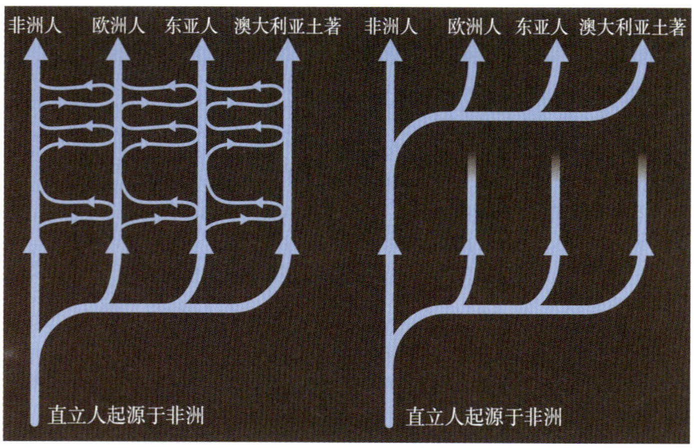

图二　现代人起源的两种假说

自1987年以来，走出非洲假说（夏娃理论）占据上风，并得到分子生物学的绝对支持。最近几年随着新化石证据的发现，有新的测年数据支持，多地区进化说得到了进一步的论证。

特别需要强调的

是，最大的一个突破来自对古老化石直接进行的基因测序，这项工作开展最早、最多的是德国莱比锡的马普演化人类学研究所的工作，在斯万特·帕博（Svante Pääbo）的《尼安德特人》一科普著作中有相当精彩的叙述。全基因组研究已经表明，我们现在所有的现代人的身上都有尼安德特人 1% ~ 4% 的基因，虽然比

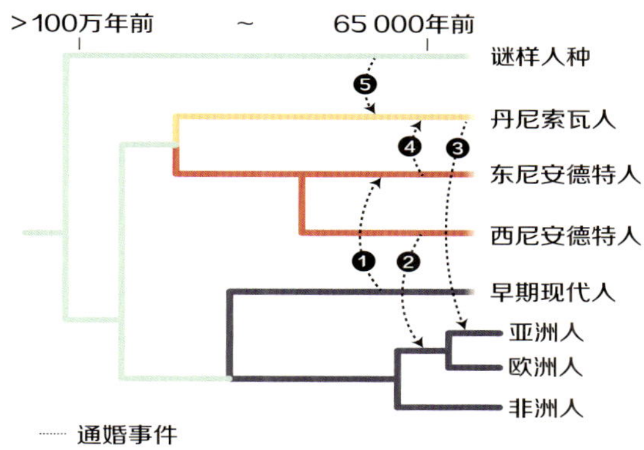

图三　早期智人、丹人和尼人等早期人种间杂交史

例很低，但是这确证我们现代人跟古老人群之间的确存在杂交行为。同时，在西伯利亚阿尔泰山的丹尼索瓦洞穴里面所发现的一段小指骨中也提取到了 DNA，发现了一个新的人种，即“丹尼索瓦人”。古 DNA 的研究已经揭示包括早期智人、丹尼索瓦人、尼安德特人在内的不同人群之间都一直存在杂交、相互通婚的情况，其遗传物质存在于我们现代人中，彻底改写了我们对人类历史的传统认知（图三）。正因为如此，现代人非洲起源取代说黯然退出，这个学说的支持者转而支持“同化假说”，但仍坚持认为走出非洲的现代人同化了当地的人类。

最近十年，在亚非欧各地早期现代人化石的新发现，使得现代人起源问题研究进入新的热烈阶段，古人类学者的目光重新投向了亚洲地区。在东亚，尤其是在中国南方地区也有很多重要的发现，既发现有比较进步特征、从直立人到现代人之间过渡特征的人类，同时也发现了一些时代比较晚近，但保持很原始特征的人类。这种现状说明，实际上中国人类的演化是一个很复杂的过程，并不是一个简单的替代或者是简单的从直立人直接进化的一个过程，整体来说是很复杂的认识。古 DNA 领域的技术突破，对现代人起源正发挥着越来越重要的影响，正如美国哈佛医学院遗传学系教授大卫·赖克（David Reich）在《人类起源的故事》一书中说道：“在 2009 年前后，对基因组中个

别位置的研究或许凑巧会引出某些重要的发现，或者为某种假说提供一些支撑性证据。但总的来说，在2009年之前，这些遗传学的证据都属于无心插柳的产物，在主流考古学中始终处于从属地位。然而，到了2009年以后，全基因组数据开始大展身手，破天荒地对考古学、历史学、人类学，甚至语言学中某些习以为常的观点提出了挑战，而且还开始解决这些不同领域之间的矛盾之处。”

二、石破天惊：探寻最早的“湖南人”活动足迹

石器是旧石器时代一类易于保存、数量最为丰富的文化遗存，也是我们破译人类技术行为演化和认识文化发展的重要考古材料。石器的制作是石头跟石头之间力学作用的一个过程，为了对它进行分析，学者们也发展出了一套专门的名词术语，譬如台面、打击点、打击泡、放射线等。自旧石器考古诞生伊始，辨识真假石器曾困扰着很多研究者，而今也时不时地存在类似问题。根据人类学家的观察，现代巴西猴群有敲砸石头的行为，4300年前的黑猩猩也可以形成“石制品”，但是正如中国科学院古脊椎动物与古人类研究所高星研究员指出：人类的工具与其他动物制作和使用的工具存在根本区别，人类工具制作在计划性、目的性、预见性、规范性和精美程度上具有唯一性，有内在的智能控制、思维逻辑和规律可循。

目前世界上所发现的最早石器生产地点在肯尼亚的洛麦奎（Lomekwi 3），距今330万年前。随着人类的演化，石器技术也有不断的发展，美国的考古学家克拉克曾经把全世界的石器技术大致划分为5个阶段，即从模式Ⅰ到模式Ⅴ（图四）。这几种模式有从相对简单到复杂的一个发展趋势，体现了石器技术不断进步的过程。有研究者据生产的难易程度，以文凭打过一个生动的比方，如模式Ⅰ是小学阶段，是简单的石片生产；到中学阶段可制作模式Ⅱ工具，需要对称的空间思维认知能力，在技术的把控都需要更高

模式Ⅰ

模式Ⅲ

模式Ⅳ

模式Ⅱ

模式Ⅴ

图四　石器技术模式示意图

的技能；到了大学或者研究生才能有模式Ⅲ技术，即莫斯特石器技术，在生产过程中需要一个抽象概念，要经过一个预制的过程。可能到了博士或者更高阶段才能生产模式Ⅳ、模式Ⅴ的技术，狭长形的一种石叶石器技术，主要集中出现在五六万年前，而且跟现代人的出现密切相关，在原料的利用、预制修理石器上提出更高的要求。最后一个阶段是细石器阶段，石器生产的顶峰，尺寸非常小，大概 1 ~ 2 厘米，用来做复合工具的，它的生产是一个非常困难的过程。需要强调的是，这些石器技术的发展阶段也并不是一个放之四海而皆准的模式，不能够适用任何地区。在欧洲、非洲的演化发展有比较清楚的链条，但在东亚地区我们在很少的地方能够看到后面的几种石器模式，大部分地区都保持模式Ⅰ或模式Ⅱ。关于形成这种现象的原因是很有意思的一个问题，也是现在史前考古讨论很热烈的问题。

言归正传。有了上面对全球人类演化的背景，我们可以更好地认识湖南旧石器时代的考古发现。讲到这，有人会好奇，我们旧石器时代考古工作者是如何找到石器的？人类是什么时候开始踏上三湘四水的呢？旧石器时代的湖南在世界史前文化演化的链条上有什么样的重要意义？

首先得追溯一下我们湖南旧石器时代考古工作的开端。湖南旧石器时代考古在全国来说起步是比较晚的，早期的发现也经历了一个较为艰辛的过程。最早的线索是1965年在《古脊椎动物与古人类》杂志上的一个报道，当时湖南地质研究所的胡家让先生在郴州桂阳县调查时，在一个洞穴内发现了一件磨制的骨锥并且寄给了中国科学院古脊椎动物与古人类研究所的张森水先生予以鉴定。据张先生的研究，在这件骨器上面有很多道刻画的纹饰，推测是旧石器时代晚期阶段的遗物。然而，由于当时并没有引起考古工作者的重视，等到20世纪80年代湖南考古工作者再想循此信息去复查该遗址时，因为隔的时间太长导致发现者记忆的模糊，遗址的具体位置信息已经难以确认。据湖南省文物考古研究所袁家荣先生所说，他后来多次到桂阳县去进行过调查，有一次也请了最初的发现者胡家让先生去那里协助，但最后都没有定论，成为一桩“疑案”。不过，袁家荣先生也有了新的发现，其中位于桂阳县樟木乡上龙泉村的一处洞穴有可能是要找的遗址，接下来省考古所计划在湘南这一块地区重新开展工作，希望能有更多的发现。原来发现的那件骨锥在特殊的时期也被无意遗失，不过庆幸的是我们还可以看到它的一件复制品（图五），现在收藏在湖南省地质博物馆。

图五　桂阳县调查发现的骨锥复制品

转机是在20世纪80年代，湖南旧石器时代考古的工作才开始真正走上征途。当时正值全国第二次文物普查，湖南的旧石器时代考古还是一块空白区，而周边的湖北、广西、贵州等邻省区都早已有发现，因此当时湖南省文物处的处长曾表态说，谁能够在湖南找到旧石器时代的人类化石就给予奖励 1 万块钱。可见当时全省考古学界对本省旧石器零突破的期盼！当然，古人类化石本来就是难以保存、稀少的，在今天如果有哪位旧石器与古人类的工作者能够发现一件，都是撞大运了。

话说湖南第一件旧石器的发现还是很有偶然性的。1987 年 4 月的第二次全国文物普查期间，我们单位的老所长袁家荣先生和当地怀化市博物馆的舒向今馆长到怀化新晃侗族自治县去指导工作，当地有一位工作人员请他们到一处发现有陶片的遗址考察时，受过旧石器专门训练的袁家荣先生敏锐地在遗址剖面陶片层位之下的地里意外发现了一件人工打击石片，接着又在遗址旁边剖面上相继找到了另外一件石片，“无心插柳柳成荫”，就这样湖南的第一个旧石器时代遗址大桥溪遗址重见天日了。事实上，在此之前的好些年，据袁家荣老师的介绍，他在湘西地区漫山遍野钻了一百多个洞穴，除了发现有一些动物化石外，人类的遗物一无所获，当时“有心栽花花不开”的苦恼在后来他的回忆中仍能清晰地感受到。

今天回过头来看这个发现，还真的是有那么重要，因为当时大部分中国旧石器研究者认为最早人类的遗存应该在洞穴里面去找，人们习惯于认为远古人类是从洞穴逐渐走向旷野，所以当时考古工作者的注意力多是在喀斯特地貌的溶洞区，即使在一些露天的堆积中采集到了打制石器也没有完全意识到其重要启示意义。湖南的发现明确指出网纹红土是旧石器的埋藏层位，实际上就为大家指出了寻找旧石器时代遗址的另外一条重要的方向，从而开启了中国南方地区旧石器时代考古发现的一个高潮，有学者曾评论这是继周口店、丁村华北地区发现之后，中国旧石器时代考古的第二次大发现，因而它的意义是非常深远的。

说到“网纹红土”，这是地质学上对华南红土称呼的一个术语，这种红土在我们湖南可以说是司空见惯，找一个河流附近被挖开的断面大都能够看到。它是第四纪的一种松散堆积物，经过长期风化作用后形成，很显著的一个特征就是在红色的土壤基质上面分布有白色或黄白色的蠕虫状纹理。这种土的成因学术界有不同的观点，现在比较接受的一个观点是认为因土壤中元素的迁移（脱硅富铝风化过程）所形成。网纹红土分布范围很广，在长江中下游地区、华南都普遍存在，它代表着这一地区热带、亚热带的湿热多雨环境。不同高度阶地的网纹红土在一些特征上也有所不同，其年代存在早晚差异，因而这也可以为我们发现的旧石器时代遗址确定出相对年代。

大概在 20 世纪 80 年代末 90 年代初这样一段时间轰轰烈烈的考古调查工作开展之后，湖南旧石器时代考古得到了彻底的改观，成为中国旧石器时代考古的一个非常重要的区域。目前整体来说，湖南共发现大约有 300 多处旧石器时代遗址或地点（图六），主要的分布点基本上集中在两块区域，一块是在湘北的澧水流域，另一块在湘西的沅水

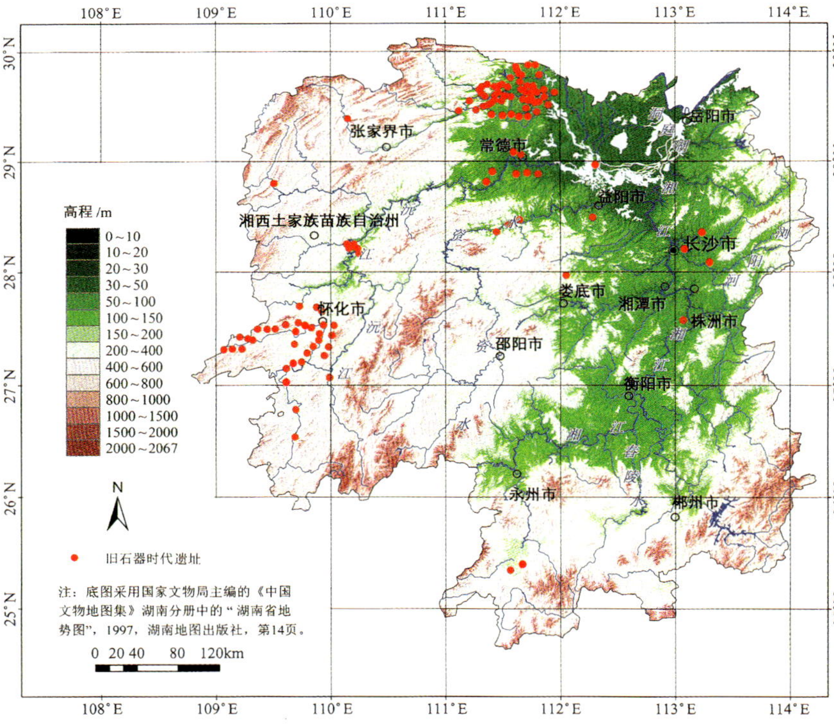

图六　湖南旧石器时代遗址分布图

（沅水）流域，湘江和资水流域相对比较少。这种分布情况，一方面是我们考古工作的力量造成，常德、怀化地区的旧石器时代考古工作开展最早，市县文博单位也有工作者很有经验，另一方面也很有可能当时这里更适合古人类的生存，尤其是澧水流域地处洞庭盆地的西部边缘，山地、丘陵、平原、湖泊多样的地貌为远古人类提供了更为丰富和优越的资源条件。其他不少省份的旧石器时代遗址也有相对较为密集的一个分布区，可能也是类似的缘故。

经过30多年的研究，总体而言湖南的旧石器时代考古勾勒出了一个较为清晰的早期、中期、晚期的文化发展完整序列，“澧水文化类群”“沅水文化类群”区域性的文化特点也已经比较清楚。这样的工作在南方地区来说，也是不多的，因而可以说是研究华南地区中、晚更新世人类文化发展非常典型的一个区域。湖南旧石器时代两个文化类群的划分是研究者对目前已有发现反映出的石器工业面貌的归纳总结。从出土的石器组合来看，沅水流域的工具类型比较单一，以砍砸器、刮削器为主，而澧水流域的工具类型更为丰富，还包括有手斧、手镐、薄刃斧和石球等，特别是三棱大尖状器在长江中游地区尤具特色。但这两个区域均是以用砾石作为生产工具的毛坯为主，整体上的共性比较明显，同属于一些学者所提出的“砾石石器工业”范畴。当然，形成这两个地区一些差异的原因也是很值得进一步研究的：两个区域不同的石制品原料种类，可能反映了先民在石料开发利用上的行为差异；相对独立的区域小尺度生存环境，更有可能影响到古人类的适应策略以及与外界交流的程度。

除了石器的发现以外，还有一类发现也是比较重要的考古遗存——动物（人类）化石，这些主要是出土在洞穴里面。在过去的二三十年里，湖南的旧石器时代考古工作者也调查发现了10多处更新世时期动物化石的地点，有的洞穴里实际上还包含有人类的文化遗存（图七）。这些动物化石地点揭示动物群经历了由柳城巨猿洞动物群→大熊猫－剑齿象动物群→现生动物群的发展过程，同时对我们的旧石器时代考古同样具有重要价值：一方面，它为我们提供了进一步寻找人类文化活动遗迹的线索，因为有动物生活的地方，

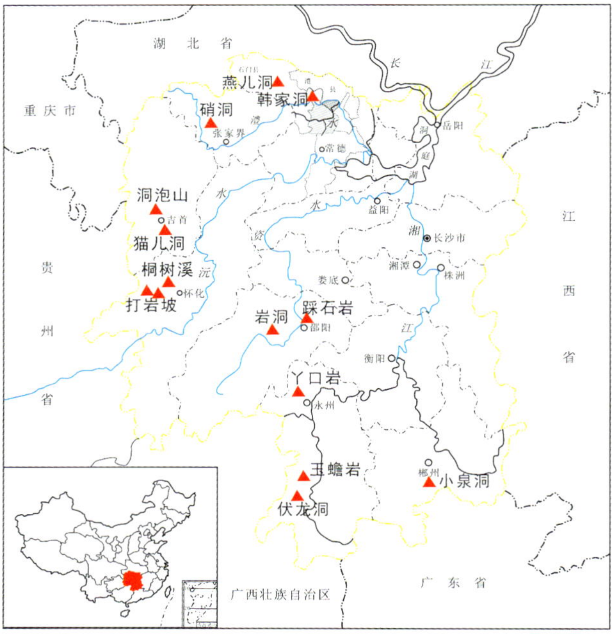

图七　湖南调查发现的更新世洞穴地点

往往有时候也是人类生活的重要场所；另一方面这些不同时期、不同种类的动物化石，实际上也可以反映出湖南地区远古居民生存环境及演变情况。

2008 年，我在临澧县调查了一些洞穴，并选择其中的韩家洞进行了发掘，发现了较多的动物化石，初步统计共有 3 纲 7 目 12 种（属）：鸟纲、爬行纲和哺乳纲，以哺乳纲为主。爬行纲主要为河龟，哺乳动物纲包括有食肉目（熊）、长鼻目（东方剑齿象、纳玛象）、奇蹄目（中国犀、巨貘）、偶蹄目（猪、赤鹿、麂、水牛、羚羊）和啮齿目（鼯鼠、竹鼠）等。纳玛象在湖南属于首次发现，鼯鼠的颌骨和肢骨数以万计。比较遗憾的是除了一件比较典型的大石片外，似乎并没有更多人类活动的遗迹或遗物（图八）。在石门燕耳洞遗址的堆积中最早发现了湖南的人类化石（图九），包括一件下颌骨残件，一件肢骨残段，当然也有大量的动物化石，以及一些石器工具。我们知道，同时发现动物化石、人类化石和文化遗物的旧石器时代遗址实际上是不容易的，因而这个层面上来说，燕耳洞遗址的学术价值还远没有得到应有的地位。现在古 DNA 的分子生物技术已经发展起来，将来如果能从其上提取出 DNA，对我们认识中国现代人的演化将是非常重要的。

那么，湖南最早人类的活动遗迹是在什么时候？实际上，我们对古人类在湖南最早的足迹仍在探索，因为做的工作还不够。最近几年，我们在澧水流域做了一些专题

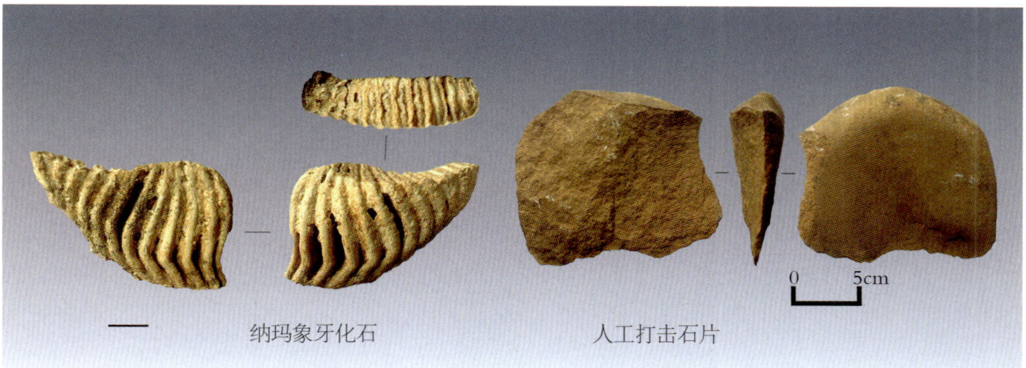

图八　韩家洞遗址发现的纳玛象牙化石和人工打击石片

图九　燕耳洞遗址出土人类化石

性的调查，在澧阳平原西边高岗地的红土中采集发现一些旧石器点（如横山岗地点），从所处地貌来看，这个区域可能可以找到湖南最早的人类活动遗存，如果参考广西百色地区的年代数据的话，估计这里也能找到80万～70万年前左右的旧石器时代遗址，不过，目前这些地点都还只做了一些调查工作，没有进行正式的发掘，故而我们对它的文化面貌还不是很清楚。

真正做工作比较多的是虎爪山遗址，位于澧水下游向洞庭湖汇入处的一座丘陵状山包上。据发掘者介绍，这个遗址位于澧水的四级阶地上，石器出在很典型的网纹红土中，由于没有直接进行过测年工作，目前根据地质地貌推测大致距今50万年前。这个

图十 虎爪山遗址发掘出土石器现场

遗址1988年、2000年、2005年前后进行过三次发掘，分别发掘了60、190、200平方米，虽然发现的石器数量仅50余件，但采集石制品有100多件（图十）。遗址的石制品组合是一套南方很典型的器物，手镐（大尖状器）数量较多，手斧也比较典型，另有薄刃斧、大石核和大石片。这样看来，这个时候在湘西北地区生活的古人类的石器技术已有着相对较为进步的特征。

由于这是长江中游地区发现的旧石器早期比较典型的一个遗址，目前正在进行国家遗址公园的建设，对于旧石器时代遗址来说这是相当不容易的一件事情，因为从整体可观性来说，这个阶段的遗址相对要差一些，但它的立项和建设对我们了解人类过去几十年的生活形态却是非常有意义的。为了配合遗址公园的建设和展示，我们也计划在这里做进一步的考古工作，希望对遗址的年代、环境、石器工业性质等学术问题开展综合性的研究，同时也期望能够开展一些公众性的考古活动，发挥出这个遗址的现实价值。

三、湖南早期人群的文化交流：赤山岛“手斧”的考古偶遇

很多学者的研究表明，中国的旧石器文化与欧亚大陆西部同时期相比有着不同的发展轨迹，石器技术没有欧洲、西亚、非洲等地区那样复杂和变化明显。早期的大多数研究者将中国更新世长期延续发展的石器制造技术归为第一模式（奥杜威工业），但是也

有研究认为在中国广西百色、湖北丹江口、陕西落南、山西丁村等一些区域存在第二模式的石器技术（阿舍利工业）。自然我们会想知道，湖南旧石器工业的性质是怎样的？此前的研究并没有就此做深入讨论。对这个问题重新检视的契机是缘于我们在赤山岛的一次考古发掘。

2015年，我接到了南县至益阳高速公路考古调查和发掘的任务，在施工范围内发现了三处旧石器地点，另外在红线之外还有多个同时期的遗址，因而这一区域应是古人类繁衍生息的活跃区。2016年6～8月，湖南省文物考古研究所联合益阳市文物处、益阳市博物馆、沅江市博物馆等单位进行了抢救性考古发掘。赤山岛位于益阳市沅江市，是位于洞庭盆地中的一个孤岛，也是中国最大的内陆湖岛屿，南北长大约30公里，东西宽4公里。岛的北端和南端分别是澧水和沅水汇入洞庭湖中的地方。在地质构造上，赤山岛是洞庭盆地中的一个隆起地带，由于这个隆起而将洞庭盆地一分为二。现在的洞庭湖是一个水域广阔的内陆湖，实际上更新世期间这里并没有形成这么大的湖泊，根据一些地质学家的研究，直到晚更新世仍应是一种河流阶地或小型湖泊、河网平原的地貌景观，和我们现在看到的情况有很大的不同，这种地貌特征也就构成当时人类的生存环境。

旧石器时代遗址的发掘与其他时段的考古遗址发掘方法基本相同，但由于发掘面积一般较小且堆积较厚，因而多采用1米×1米的规格布方并在自然层内按照一定的水平深度（如5厘米、10厘米）逐层地揭露，此外所有的出土遗物都需要作为“小件”测量三维坐标以及出土产状等信息。因为这次属大面积发掘，我们在赤山岛遗址枫树嘴、虎须山和杨腊湾三个地点均是在5米×5米规格探方中布设1米×1米的控制小方进行操作（图十一）。发掘过程中，我们尽量全面地采集多种信息，包括光释光年代的系统采样、原料的调查。通过全站仪对所有石制品的测量，我们可以制作出遗物的平面和剖面分布散点图，从而直观地看出遗址中的遗物分布情况。比如枫树嘴遗址的石制品分布是不均匀的，有的成块存在，有的为单个，这也为遗址的功能结构、生活形态提供相关信

图十一　赤山岛遗址发掘现场

息。通过分析，说明当时人类在这个地区反复地进行周期性活动，包括石器的生产和食物消费等各种各样的行为。我们也揭露出了古人类的活动面，从它的文化遗物的空间分布情况来看，当时人类在这个地区活动的有很明显的共同特点，就是这时候远古先民有着频繁的迁徙，而且持续活动时间非常长，活动的空间跨度也很大。

遗址中没有保存下来有机质的遗存，所有的遗物均是石制品，根据对近千件标本的统计分类，包括了从石料到生产以及废弃的各个环节的一个完整操作链的过程。大体来说，类型包括生产程序比较简单的石核、大型和小型石片、断块、砾石和工具。工具以大中型尺寸的器形为主，小型的用石片加工出来的石器少。普通的种类有砍砸器、重型刮削器、手镐等，而其中最具学术价值的则是手斧这种器形的发现（图十二），它在赤山岛遗址出土的数量很少但比较典型，也因为它的发现，一下就能够把湘西北过去的这

图十二　赤山岛旧石器时代遗址发现的部分石器

类考古发现串联了起来。它涉及刚才前面我们讲过的石器技术模式命题。

手斧被誉为旧石器时代人类第一类标准化的工具，是西方阿舍利技术的代表性器物。一些研究者认为，通过它在全球的分布，可以跟踪早期人类迁徙的时间和路线。从已有发现来看，手斧等阿舍利技术最早在 176 万年前出现于东非，拥有这种技术的人群在 140 万年前、80 万年前左右曾发生过二次迁徙浪潮，最终向东传播至东亚。赤山岛遗址的石器生产虽然具有比较原始的特征，但是可以看到能够生产出工具毛坯所需要的大石片，且手斧、手镐等大型切割工具（large cutting tools）与更早期简单的石核 – 石片奥杜威石器技术不同，代表了一种进步特征，表明遗址具有生产（似）阿舍利技术特征的石器工业。

由此，赤山岛遗址的旧石器文化在湖南历史或整个人类演化进程中具有以下的一些重要意义：第一，首次在湖南地区确认了阿舍利石器工业的存在，确定它的埋藏地层和时代，这项工作参评了当年中国的十大考古发现，入选了其中的 25 项年度重要发现；第二，由于湖南处于中国东西、南北的一个重要的枢纽地位，它的发现为我们提供了古人类在中国乃至东亚地区迁徙时间和路线的一批新材料，湖南是在迁徙扩散路线中的很重要的一环；第三，再次推翻了一些西方学者所提出的所谓“莫维斯线”，根据这种假说，在包括中国在内的东亚地区都是砍砸器文化，且代表着一种较为落后的文化面貌。这种错误观点已经受到了很多研究者的批评和抛弃，我们在赤山岛的考古工作也再次证明“莫维斯线”是不存在的，中国同样存在手斧文化。实际上，在洞庭湖盆地，以前的考古工作也已有比较多的相关发现，说明这一区域是阿舍利石器技术在中国分布的重要地区。

四、华南“旧石器时代中期文化”的探索：道水流域的新发现

旧石器时代中期（Middle Paleolithic）距今 25 万 ~ 4 万年，是人类进化和文化演变的重要阶段。这一时期，在欧亚大陆西部主要生活着尼安德特人，以勒瓦娄哇技术为主的各类莫斯特（Mousterian）文化遗存代表着尼安德特人的主要石器技术。而在东亚、东南亚地区，研究者认为这一时期的旧石器文化面貌与欧洲存在不同的石器技术模式。在中国，学者对旧石器时代中期这个阶段的划分和认识提出过不同的认识，有学者认为中国自早更新世到晚更新世晚期前（距今约 170 万 ~ 4 万年前）的石器技术一脉相承，并不存在技术或者考古文化意义上的“旧石器时代中期”，但也有学者坚持认为中国距今约 25 万 ~ 4 万年前的考古材料显示出了不同于早期考古遗存的特征，如存在较高比例的预制技术、盘状石核技术和较强的狩猎能力等。

为此，我们想从湖南地区的考古材料出发，就上面的学术问题做一个较为系统的观察。近几年来，以湖南省文物考古研究所为主的课题团队在湘西北道水流域展开了专题调查。当我们进行调查的时候，正有一个很好的机遇，就是当地进行土地开发，很多植被已经被去除，且一些区域的表土均已被翻动，有的还留有很好的断面，所以在道水两

岸的丘陵或是阶地上很容易发现有石制品出露，在不长的时间内前后发现了 20 多处晚更新世时期（旧石器时代中期）遗址。其后，我们选择了其中的乌鸦山遗址和条头岗遗址进行了发掘。

乌鸦山遗址现在已是湖南省省级文物保护单位，1992 年进行过第一次考古发掘，当时揭露的文化层较浅，研究者根据出土的石器特征命名为了“乌鸦山文化”。2011 年，第二次考古发掘的过程中，揭露出更厚的文化堆积，厚约 5 米，根据地层的土质土色和文化遗物的分布，分为上、中、下三个文化层（图十三）。遗址的探方内出土的石器数量也比较多，一些石器可以原地拼合起来，显示这个遗址没有受到太大的自然外力的影响。从出土的石制品分析，器物尺寸已经比早期的变小，工具的毛坯也主要以石片居多，在原料的利用上更为优质的硅质岩得到了更多的开发利用，工具种类有了分化，类型更为多样。对乌鸦山遗址的年代我们与北京大学城市与环境学院张家富教授团队进行了合作研究，初步的结果是在距今 10 万 ~ 5 万年前左右，主体年代约距今七八万年前。获得的这个年代数据让我颇为高兴，因为这是中国现代人起源的一个敏感的时段。“走出非洲”的支持者，认为中国及东亚地区 10 万 ~ 5 万年前是没有人生活的，当时由于极端气候，早期到达这里的古人类都走向了绝灭。一些分子生物学家的依据是这个阶段的古人类化石缺乏，但是由于化石本身保存下来的局限性以及以往测年方面的问题，这个证据链可能不足以支撑其假说。迄今，已有不少的考古学证据表明这个阶段的人类在中国大地上留下了生活的足迹，乌鸦山遗址的发掘就是这样的一个例证。它也填补到华南地区这个阶段的空白，证明了没有发生本土文化的断层。

另一个遗址——条头岗遗址，是在临澧县新发现的遗址，位于道水的二级阶地上。这个遗址是在湖南地区发现石制品数量最为丰富的遗址之一，在揭露的每一水平层上面都分布有密密麻麻的石器，密集程度在华南地区是非常少见的（图十四）。这样的情况在早期阶段的旧石器遗址中非常少见，如袁家荣先生所言：“大部分遗址和地点的旧石器均是广泛而又零星地分布在地层中……面积稍大、石器集中的地层很少见。”然而

图十三　乌鸦山遗址发掘现场

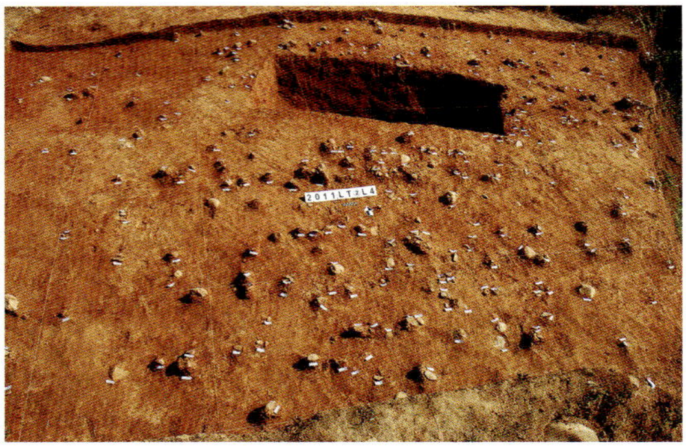

图十四　条头岗遗址出土石制品分布

这个阶段明显不同的情形，反映了现代人类居住模式的一个变化，聚落形态此时有了新的发展。也就是这个时期，在湖南旧石器时代遗址可以辨识出中心营地、临时营地、石器加工场等不同功能性质，或许折射出古人类由环状向放射状活动的行为转变。遗址的石制品也有了很明显的进步特征，其中狭长形的长石片占了较大的比例，盘状石核、似楔形石核等石核的存在，反映了遗址主人剥坯技术具有较高的控制性和计划性。从一些修理的工具来看，可以看到制作的小型石器，如端刮器、边刮器、锯齿器等占了绝对优势，其中一些修理得还比较精致（图十五）。尤其值得关注的是，这个遗址大量地利用优质的燧石原料进行生产，尽管原料的来源仍属于本地开发，但是对石料性能的认知和开发利用能力无疑是文化发展的一种行为表现。

年代的测定显示条头岗遗址在中更新世末期至晚更新世早期，大体上也处于旧石器时代中期阶段。如上文所述，这个时期在欧洲正是莫斯特文化的鼎盛阶段，但是在中国除少数地区（新疆、青海、内蒙古）有发现外，绝大部分区域没有其踪影。因此，从每一个区域内部自身的石器工业发展来探索其演变可能是最为重要的一个途径。条头岗遗址的石器工业表现出一种新的文化特征，石器技术具有进步性，在区域旧石器文化发展上也呈现出承上启下的面貌，因而丰富了世界上旧石器时代中期文化的内涵。

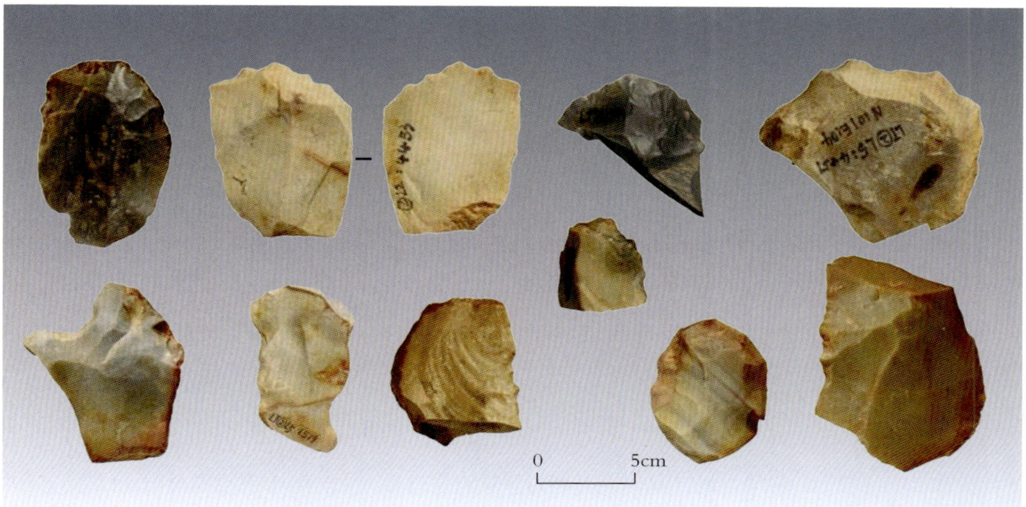

图十五 条头岗遗址出土部分石器

文化是多样的，实际上在每个地区表现形式可能都不一样的，并不存在一个固定的技术模式。在这个意义上，条头岗遗址为我们人类的文化的多样性以及与人类行为的适应性，提供了一个非常典型的区域性的研究案例。对道水流域晚更新世旧石器时代遗址群的综合研究将可以系统揭示中更新世晚期－晚更新世早期华南地区古人类的石器技术特点、适应方式，为进一步讨论中国旧石器时代人类演化阶段的划分提供助益，也将加深人们对中国华南地区早期现代人起源及机制等重大问题的理解，为深入探讨当前世界史前考古学与古人类学界关于现代人技术和行为区域多样性提供考古学新证据。

五、东亚最早完全现代人："道县人"之重见天日

在旧石器时代考古中，石器分布广泛且数量丰富，但是由于缺少相应的人类化石，我们对于它的主人却往往难以判断，故而发现人类化石是弥足珍贵却又是可遇不可求的事情。很庆幸，在过去的几年工作里，我撞了这么一次小运。这就是在湘南地区道县福

岩洞古人类遗址的发掘。

福岩洞，当地百姓也叫塘贝村洞、后背山洞，位于永州市道县乐福堂乡镇塘贝村，周边现为喀斯特峰林和溶盆地貌，处于岩溶发育的后期。这一带地处亚热带，更新世以来雨水充足，繁盛的动植物资源为古人类的生存繁衍提供了难得的家园。山洞属于大型管道型溶洞，洞穴主体呈北—南向延伸，洞穴发育早期以垂直裂隙水为主，洞内堆积的近水平状层理和冲积构造显示后期洞穴发育逐渐转化为水平状溶蚀；洞穴发育目前基本停止，仅少数区段有零星岩溶水现象。福岩洞主洞口开口向南，北侧较高处有两个支洞口，较主洞口高出约 10 米，主洞口外 5 米以下即为河流，北面峰林岩溶水自北—北东方向向南—西南向流经洞穴西侧，洞口南 50 米为北东至南西流向的小溪。洞外为村庄和农田，主洞口开阔，形成前厅，内有村民圈养家畜的临时性建筑（图十六）。洞内堆积以砂砾石层和红黏土为主，其间包含丰富的动物化石和古人类化石。

福岩洞遗址早在 1984 年就进行过考古工作，由中国科学院古脊椎动物与古人类研究所和湖南省博物馆联合进行考察和发掘，揭露面积约 10 平方米，发现了 24 种（属）的哺乳动物化石。2010 年 9 月，根据这项工作所提供的线索，中国科学院古脊椎动物与古人类研究所刘武、吴秀杰等研究员进一步在该区域开展了哺乳动物化石以及古人类活动遗物的寻找，走访当地政府和群众，对该洞穴进行考察和试掘，获得少量哺乳动物化石，明确该洞穴具有较大的发掘潜力。因此，2011 年 9 ~ 10 月，中国科学院古脊椎动物与古人类研究所、湖南省文物考古研究所和道县文物管理所联合组成工作队对该洞穴进行了第一次考古发掘，并在其后连续开展了 3 个年度的发掘和取样研究工作（图十七）。

由于洞穴的前厅遭到破坏，没有留下太多堆积，发掘区选择在曲折的洞穴后部，这里光线幽暗，面积相较于前厅较为狭窄，为了便于发掘工作的进行，只能够从附近村民家里拉电线进来。通电以后，洞内光亮如昼，第一步干筛的工作（筛孔直径约 3 毫米）也可以同时开展，只有下一步对过筛后土样的洗选才需要搬到附近的河流处淘洗。发掘

图十六　福岩洞古人类遗址远景

图十七　福岩洞遗址发掘现场

主要在2个区域进行，其中I区分A、B和C三个探方，II区为一个狭长形的支洞，没有再分探方。其中I区情况不很理想，仅发现动物化石，II区堆积较厚，除发现大量动物化石外，还出土古人类牙齿。

事实上，人牙化石的发现并没有想象的那么顺利，在第一次开始发掘进行了半个多月的时间，每天的发现都只见一些动物牙齿和碎骨化石，盼望中的人类生活的相关遗存，如石器、人类化石都不见任何踪影。考古队里有时弥漫着一种焦虑甚至气馁的氛围。但大家仍旧相互打气，开玩笑看谁最先挖到人头骨就有奖励。大约是在9月22日的一天下午，和往常一样，大家像往常一样依旧在挖掘。突然，民工大熊（熊友邦）挖出了一个跟其他动物牙齿不太一样、有点像人牙的化石，他赶紧叫来吴秀杰教授，端详许久之后得到了肯定的答复！在大家的欢呼雀跃中，多日的阴霾一扫而空，每个人的脸上洋溢着难以名状的快乐。接着进一步确定了这颗人牙化石的出土位置后，考古队员们抖擞精神投入到了紧张而细致的发掘中。非常幸运，次天又在地层中发现了一颗人牙化石，紧接着连续几天间断地有新的发现，至2011年10月底结束，在第一次发掘中共出土了7枚古人类牙齿和大量的哺乳动物化石。

旗开得胜，考古队员们备受鼓舞。为进一步获得更多材料，在2012年10～11月，联合考古队又进行了一次较大规模的发掘，并发现了22枚人牙化石。在2013年的考古发掘中也发现了 18 枚古人类牙齿化石。几次发掘在该遗址共计发现了 47 枚人牙化石，但是比较遗憾的是一直没有发现人的其他部位的骨骼。根据分析，这些牙齿总体形态特征与现代人（Homo sapiens）接近，牙齿尺寸也在现代中国人牙齿变异范围之内。牙齿种类也比较齐全，包括门齿、犬齿、臼齿，代表了多个个体（图十八）。

遗址中出土的动物化石数量丰富，已鉴定出 38 种哺乳动物化石（含未定种）。总体来说，这些化石具有以下一些特点：1. 化石组合以单个牙齿为主，少有头后骨。2. 属种组成中以现生属种为主，灭绝属种较少，仅有巴氏大熊猫、最后鬣狗、剑齿象、巨貘、南方猪等。但有不少地区灭绝属种，例如虎、苏门犀、大额牛等。3. 以中小型哺乳动物为主，大型及特大型动物很少，尤其是南方第四纪动物群主要成员中的剑齿象、亚洲象、犀牛、貘及水牛等都较少。4. 灵长类化石较多，有猕猴、叶猴及长臂猿，尤其是猴类牙齿较多。5. 大中型动物群以鹿类占主导，并且属种较为多样，包括水鹿、梅花鹿、麝及麂等，小哺乳动物以巨鼠和豪猪为主。

对研究这个遗址来说，更为重要的是需要知道它的年代，以便建立起准确的时空框架。为此，刘武老师找到了西安中国科学院地球环境研究所的蔡演军研究员进行年代

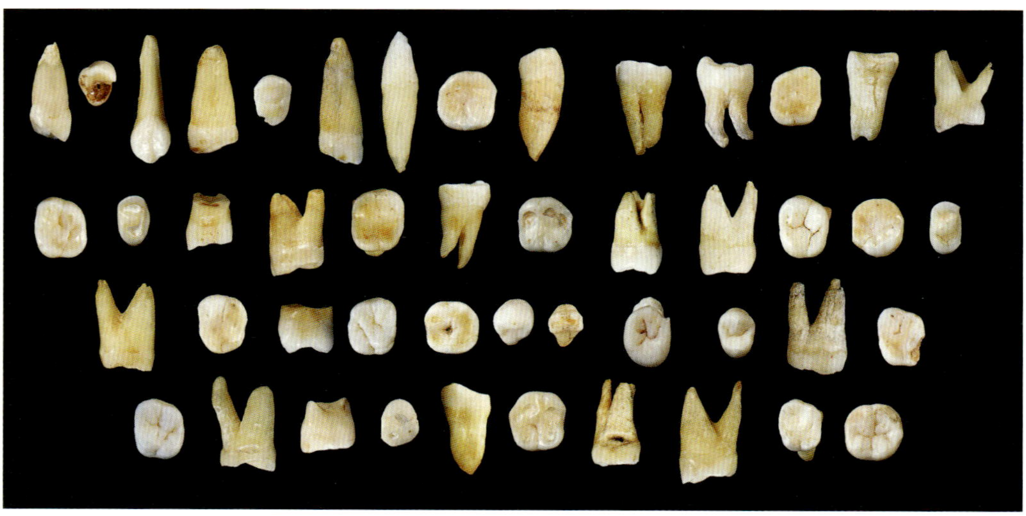

图十八 福岩洞遗址出土古人类牙齿化石

学研究，他们之间有过多次科研合作。通过多次在地层内采样，蔡博士找到次生碳酸盐沉积（颗粒）碎屑，选择相对较为纯净的部分在美国明尼苏达大学同位素实验室进行了238U–234U–230Th 测年，最终得到的遗址年代为距今 12 万 ~ 8 万年前。此外，对部分骨骼化石在北京大学考古文博学院的碳十四测年显示年代大于 4 万年前。从出土的哺乳动物群的地质时代来看，也属于晚更新世。后面两种对年代的认识可以作为遗址年代的辅助性依据。

中国科学院古脊椎动物与古人类研究所的刘武教授师从吴新智院士，是国内外著名的古人类学家，他对古人类牙齿化石的研究尤为擅长，近些年也在华南地区多个省份的遗址中发现了古人类化石。主要经由刘武老师对福岩洞 47 枚古人类牙齿化石的精细对比研究，显示道县人类牙齿尺寸较小，明显小于欧洲、非洲和亚洲更新世中、晚期人类，位于现代人变异范围。道县人牙齿齿冠和齿根呈现典型现代智人特征，如简单的咬合面和齿冠侧面形态、短而纤细的齿根等；前臼齿和臼齿轮廓形状和齿尖大小比例也与现代人接近，而与多数早期现代人以及欧洲尼安德特人明显不同。这些形态和尺寸对比分析说明道县人类牙齿已经具有完全现代形态 （fully modern morphology），比早些年发现的湖北黄龙洞、广西智人洞等早期现代人更为进步，呈现出一系列现代人特征，可以明确归入现代智人。

这项成果在 2015 年 10 月 15 日在线发表在世界顶级的《自然》期刊上，迅速引起了国内外的热议。根据相关的研究，迄今在亚洲和太平洋地区发现的年代确定早于 4.5 万年前、保存状态良好，并且可以根据形态特征明确归入现代智人的更新世晚期人类化石非常少。已有的发现中，在华北田园洞、南亚尼阿洞和澳大利亚蒙哥湖发现的呈现现代人特征的人类化石的年代都在 5 万 ~ 4 万年前。道县人类化石的发现和研究则提供了迄今最早的现代类型人类在华南地区出现的化石证据，填补了以往我们缺乏的现代类型人类在东亚地区最早出现时间和地理分布的空白。这也表明更新世晚期东亚人类演化比以往认为的要更加复杂。如果从当时整个人类的分布图上看，当时现代人在欧洲和西亚最早的基本上都在 5 万 ~ 4.5 万年左右，道县人类化石的年代和形态研究显示，具有完全现代形态特征的人类在东亚大陆的出现时间比欧洲和西亚要早至少 7.5 万 ~ 3.5 万年。

因此，福岩洞遗址发现后，常有人开玩笑说，中国或者东亚最早的现代人都是从湖南走出去的。当然这个说法只能算是调侃，显然是不准确的。首先，这只是迄今为止的发现，今后的发现还会随着发现可能改写改变我们的历史；其次，目前对福岩洞遗址的研究也还是初步阶段，还有很多学术问题有待继续解决，比如有学者撰文对这个遗址的年代、埋藏等方面提出过质疑；再次，人类的演化常常是错综复杂、多线进化的，不同人群之间可能存在有基因的交流，故而迁徙扩散图景当更为复杂。每一次人类化石发现都让媒体很狂热，很多媒体也都争相报道和挖掘福岩洞遗址背后的故事，但我们也并不能无限地把一个遗址的学术价值主观拔高，有些媒体爱写彻底否定或推翻了非洲起源说，实际上这个是不准确的，因为我们现在得到的结果并没有进行基因学、遗传学的研究，两个人群之间的关系目前并不清楚。

无论如何，根据近年在华南地区的考古工作，中国南方，可能是中国以及东亚地区现代人起源的一个比较中心区域。改变了一些研究者认为晚更新世阶段中国不存在现代人的认识。相信今后包括湖南在内的华南地区能够为中国现代人起源问题的研究提供更多、更好的考古学材料。

六、最后的狩猎采集者：玉蟾岩遗址的世纪大发现

同样为湘南喀斯特地貌地区的溶洞，玉蟾岩遗址又是一个了不起的发现，被发掘和研究者袁家荣先生称为湖南旧石器的一朵“奇葩”。根据一系列测年数据，遗址年代在距今 1.8 万 ~ 1.2 万年前，大致属于旧石器时代的末期。

玉蟾岩遗址也是发现于第二次文物普查期间，20 世纪 80 年代在这里举办过湖南洞穴考古培训班。1993 年、1995 年、2004 ~ 2005 年，对遗址先后进行过多次考古发掘，其中 2004 ~ 2005 年第三、四次发掘是与北京大学考古文博学院、美国哈佛大学人类学系合作开展（图十九）。由于发掘取得的重要收获，遗址入选了 1995 年的全国十大考古新发现之

一，后来又入选20世纪中国百项重大考古发现之一，现在已经写入了中学的教科书里面。

图十九　2005年中美合作发掘玉蟾岩遗址

之所以能够取得这样的成绩，其实与这个遗址的项目负责人袁家荣先生自身的学术素养有比较密切的关系。其中的一些发掘理念现在还是值得学习的。比如：发掘前制订出科学详细的规划；组建精良的发掘和科研团队；发掘中强调“精耕细作”，四个年度的发掘面积仅40多平方米，是以最小面积挖掘最多文化信息的典范；还有一个很好的传统，就是所有的发掘都是考古工作者自己亲自动手，民工不进入探方，仅在外面协助工作；当然也开展了很多学科的合作，包括浮选、地质微结构、矿物成分分析、实验考古等等。

合作的哈佛大学一方的领队是享誉全球的著名考古学家Ofer Bar-yosef教授，以色列裔人，我们亲切地称他为Ofer。他是名副其实的著作等身，对农业起源、现代人起源等方面有着世界性的突出贡献，到过中国很多的省份进行考古调查，在焦天龙博士的引介下参与到了湖南的考古工作中。从2004年开始直到2014年的10年间，他几乎每年都要来一次湖南，后来也参加了澧阳平原杉龙岗、华垱等遗址的考古发掘和资料整理，可以说与湖南考古结下深厚的缘分。

如果讨论中国以及世界陶器的起源问题，玉蟾岩遗址是无法绕开的其中一个关键遗址。不过，玉蟾岩遗址最初的发现并没有马上引起特别关注，因为当时学术界普遍认为陶器的出现是在1万年前以后的事情。后来随着陶器的更多出土和原始特征的清晰，尤其是测试年代的结果，早期陶器的重要意义才毫无悬念的得到确认。从那件复原起来的玉蟾岩遗址陶釜来看，简单古朴，外壁为绳纹装饰，内壁凹凸不平，上半部分也可见水平状绳纹。中美合作的最重要成果之一就是在国际学术界确定了玉蟾岩遗址是世界上最早出现陶器的遗址之一。中国旧石器时代晚期陶器的出现，可以算是玉蟾岩遗址对世界旧石器及史前考古的重要贡献。陶器的发现也引发出另外一个很重要的学术问题，以前我们把陶器简单地作为新石器时代开始的一个标志，由于距今 2 万 ~ 1.8 万年前陶器的发现，改变了以前的这种认识，这也是很有意义的。

在这个遗址里面，我们也可以看到更多复杂化的人类行为，这些行为的特征与早期旧石器时代已经有非常大的差别。首先，遗址中发现有一些烧火的行为，发现多处烧火堆遗迹，对火的利用和控制能力已经大大提升；其次，也可以看到用白石灰进行铺垫，可能是为了起到防潮的作用，更有利于在洞内的起居活动。

值得大书写的另一个重要发现是出土了世界上比较早的水稻遗存，前后共发掘出 5 粒稻壳，数量不多但意义重大，它涉及农业起源或农业革命这些重要课题。主持这个项目的袁家荣先生在多年后回忆起自己在再次发掘出土有水稻遗存时说，他当时难以抑制住内心的激动，情不自禁地跪扑在探方边！我想考古之于人的魅力，就是这样的吧！

参与了考古发掘且专门研究水稻的中国农业大学张文绪教授通过仔细研究，认为这是一种古栽培稻。同时，在发掘地层中也检测出水稻的硅质体。研究者还认为这一区域是野生稻自然分布的地理范围，在邻近的江永县陶川盆地还发现有现代的普通野生稻。

玉蟾岩遗址的洞穴主人是否已经开始农作，成为最初的农人？恐怕目前的证据还难得以支持这样的一种假设。但是，先民可能已经发展出了采集，甚至是偶尔栽种野生稻的行为，将野生稻拓展成为一种的新的食物来源。这个是古代先民长期以来对植物资源的认知能力的积聚，以及应对这一阶段气候环境变化的生存策略。

事实上，遗址中数量最为丰富的动植物遗存，可以让我们比较清楚地了解当时人类的食谱构成。中华猕猴桃、野葡萄、梅、君迁子、朴树籽等均是发现的可以食用的大植物实物，其中朴树籽尤为丰富。动物化石包括陆地动物、水生动物、鸟禽类等。陆生动物中主要以鹿类居多，一些骨骼的破裂特征显示先民曾进行过敲骨吸髓、烧煮等以获取丰富的油脂。还发现了大量的鱼类骨骼，是狩猎采集经济形态发生变化的一种反映。渔猎经济是一种广谱经济的形态，开启了人类新的生计模式。很有意思的是，遗址中还出土了大量的去掉了尾端的螺壳，据分析这种食用行为就与今天我们在餐厅点的梭螺吃法一样，或许生活于此的古人也是一个十足的吃货呢！遗址里也出土有数量巨大的鸟禽类动物骨骼，在我国史前考古遗址均少见，表明先民已经很熟练地捕食鸟类了。这些鸟类中候鸟种类多，想必每年的寒冬季节北方的鸟类南迁在遗址附近的湖泊浅沼过冬，而这又为这里的古人类提供了重要的食物资源。

从遗址的生产工具来看，也挺有特点的。打制石器数量上千件，从器形观察，与早期相比已经更加定型化。一些新的石器种类，如穿孔石器（残）、亚腰形器等是新出现的一些文化因素，还有一些单面向心加工的扁长形石器，如“锄形器”等不见于传统的旧石器工业中，而是比较接近于东南亚地区和平文化中的苏门答腊石器。和平文化被认为是流行于东南亚地区旧石器晚期至新石器早期的一种石器工业复合体。这给我们启示：在更新世末期至全新世早期，华南南部地区与东南亚（尤其是大陆）之间可能存在一些人群的迁徙或文化的交流。这需要今后在这一区域的继续研究。

遗址工具种类中骨、角器和蚌器也丰富。磨制技术已应用于骨器和蚌器。磨制骨器包括骨锥、骨针和骨铲。骨铲、角铲制作相对较简单，但特征明显，也是湖南旧石器时代遗址中第一次发现。骨锥细长棱柱状，通体磨光，制作已是很精致。骨针柄部残缺，另一端也是通体磨制成细尖状。除此外，用鹿和食肉动物的犬齿在一端刻槽一周形成的牙饰，还有用小型鹿类冠骨加工成的

图二十　玉蟾岩遗址发现的刻槽牙饰

佩饰，均反映遗址先民们也是爱美之人。这也是研究人类演化过程中行为现代化发展的一类非常重要的实物证据（图二十）。

上述诸此种种考古迹象显示，玉蟾岩遗址文化遗存是旧石器时代发展的一个顶峰，见证着现代人行为复杂化的一个新征程。

结语

人类演化系统大致可以归纳成后面一张图（图二十一），据此可以得到下面几点认识：

第一，人类的演化历史是比较复杂的，它并不是我们以前所简单认为的从南方古猿或更早人群一直到智人的线性发展过程。实际上，我们的近亲人族中曾有超过 15 支先于我们行走在地球上，一些物种在发展过程中已经灭绝了，可能只有一些物种能够继续繁衍到我们今天。人族祖先的进化谱系上曾有三四个甚至五个以上分支同时存活，而人类是唯一存活至今的一支。一些学者把人类从南方古猿到现代人类的进化比喻成一种纵横交错的河网状模式。

第二，人类演化过程中的人类化石，仍然有很多缺环的存在，将来可能还有更多的新发现，能够调整会改变我们今天所得到的一些认识。

第三，人类直立行走的历史发生在 600 万年前，而石器的制作是在直立行走之后很长的一段时间才开始。

在很多的电影比如《人猿泰山》《金刚》里面，都描述过未来我们人类之间发生的种种故事，有人也会好奇我们今天的猿类能不能进化成人？实际上从人类的由来说，进化的是一个自然选择的结果，它的发生具有随机性，没有特定的进化方向，每一个物种都有自己独特的一个进化的方向，一个物种不会跟随着另外一个物种的进化脚步。故而，今天的猿类是不会再将来进化成人类的。此外，我们今天的人类实际上也是在不断的进化，从这个进化链条来看，现在的我们也都只是其中的一个片段、一个瞬间而已。

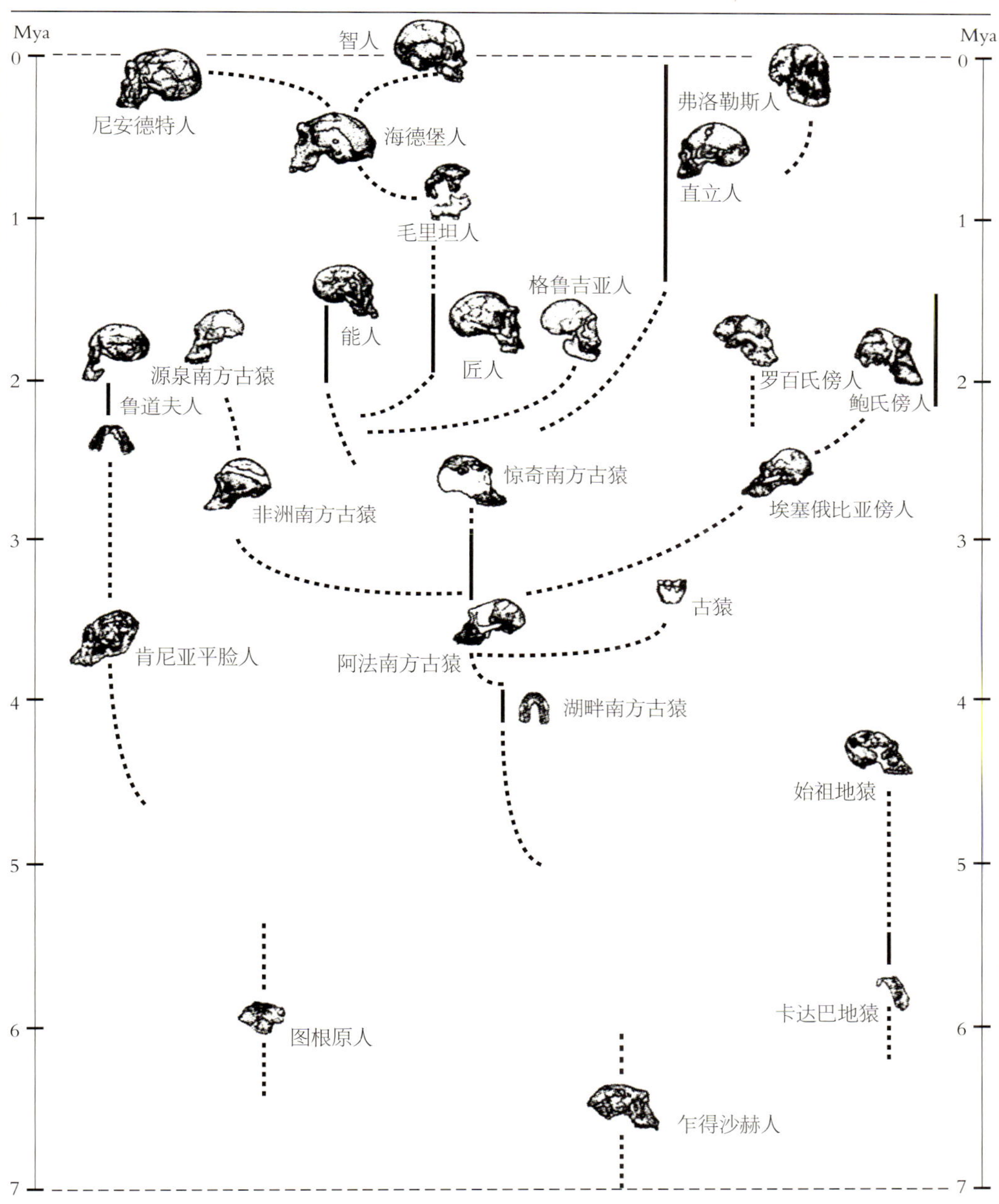

图二十一　古人类演化系统图

不过，我们整个人类几百万年的演化过程，在今天我们现代人的身上仍然还是可以找到一些印记。

如果以全球人类演化的视角来看，湖南实际上从来就不是一个封闭的地区，也不是完全隔绝的，而是一直都在与外部持续接触和交流的过程中延绵发展。旧石器时代的远古湖南，虽然目前研究的历史比较短暂，人类在此繁衍的时间还较短，但是每一项考古工作对中国乃至世界都具有非常重要的意义。湖南旧石器是中国南方砾石工业的典型代表，这里是探讨中、晚更新世数十万年来古人类技术发展的重要区域，似阿舍利石器技术体系的重要分布区，还是华南旧、新石器过渡阶段文化的重要区域。近年，著名的人类学家罗伯特·凯利出版了一本有全球影响力的论著《第五次开始》，在国内的学术圈内也引起热烈讨论，他在宏观上把过去我们人类600万年的历史分为四个阶段，其中有这么一段话值得一读，我把它作为本文的结尾：

600万年的历史长河中，人类经历了四次“开始”——技术、文化、农业和被称为“国家”的政治组织的开始，它们标志着人类存在的基本特征发生变化，我们的物种开启全新生活的时代。我们正处于另一个临界点——第五次开始——一个全球化转型时代、一个基于合作的竞争时代的崭新开始。

旧石器时代的远古湖南在人类文化发展的进程中具有不可替代的地位，这里发现了东亚地区迄今最早的完全现代人化石，出土了世界最早的炭化水稻，是早期陶器起源的核心区域。相信还有更多重要的发现在等待着我们！

冰冷的石头会唱歌：复原湖南远古人类历史

4 月，位于长江中游的湖南风景如画，巍巍衡山险峻，汤汤洞庭浩渺。

距今 70 万年前，洞庭湖之滨记录了目前湖南最早的人类活动足迹；距今 1 万多年前，在湘江之源的石灰岩洞穴中，发现了中国最早的陶器和世界最早的古稻，一个崭新的时代初露曙光。

那么，我们究竟从哪里来？ 4 月 13 日，湖南省文物考古研究所副研究员李意愿在长沙博物馆开讲。现场，他图文并茂地讲述湖南旧石器时代考古的重要发现和研究进展，原本“冰冷”的石头变得“温暖”，湖湘远古文化鲜活地朝我们走来。

两块小石头，“砸开”湖南旧石器时代紧闭的大门

1965 年，在《古脊椎动物与古人类》期刊上，我国著名考古学家张森水采写报道了由湖南地质局区域地质测量队提供的桂阳县山洞出土的一件刻纹骨锥，骨锥被鉴定为旧石器时代的文化遗物。根据描述，骨锥是磨制而成，发掘时发现已被折断，器身中部有数组横道刻纹。骨锥后被遗失，复制品现收藏在湖南省地质博物馆。

湖南省地质博物馆展厅，这件湘南刻纹骨锥复制品被摆放在显眼的位置，它通身呈石黄色，身上多组横道刻纹清晰可见。因年代久远，出土这件石器的洞穴位置至今仍有争议，目前也没有与之相关的任何线索。这一切，都给这件刻纹骨锥蒙上了一层迷雾。

刻纹骨锥丢失后，很长一段时间里，湖南没有发现一件旧石器，旧石器时代考古工作近于空白状态。湖南省文物考古研究所原所长、研究员袁家荣回忆说："我花了十多年的时间，跑遍了大半个湖南，钻了100多个山洞，半点旧石器的影子都没找到。周边的省份，包括湖北、安徽、广东，都发现了旧石器遗址。我还真有些坐不住了。"

一转眼，22年光阴掠过，湖南的旧石器时代考古出现了转机。

1987年4月24日，袁家荣和时任怀化地区博物馆馆长舒向今来到新晃考察。无意中，该县的文化辅导员王石在兴隆乡柏树林遗址采集的一块近似白陶的标本引起了他们的注意。这是一块年代很古老的陶片。直觉告诉袁家荣，这个地方不能放过。

第二天一早，袁家荣、舒向今在时任新晃侗族自治县文管所所长汤宗悟的带领下，去看现场。在周边调查时，汤宗悟捡起一块石片，袁家荣审视，这是一件石英岩人工岩片，石头上还有放射状的人工打击过的痕迹，其埋藏的地层是老土（考古学上称"网纹红土"）。他们意识到，如果石片埋藏位置无误，那它应该就是旧石器时代的一件文化遗物。为了慎重起见，他们又在断崖的网纹红土中亲手挖出另一件打制石片。

袁家荣说："当时，我手里拿着这两块石头，心里压了十多年的那块大石头放下来了，人一下子就轻松了。"

这两块小石头，不仅填补了湖南旧石器时代考古的空白，它们还带来了重要信息：在华南地区的网纹红土层中，确实埋藏着旧石器。以往华南地区的旧石器时代考古喜欢把目光盯着山洞，现在大家把注意力都转移到了网纹红土层。于是，有关旧石器的"捷报"不断传来，不仅是湖南的湘、资、沅、澧四水流域，在广西、安徽、湖北、江西等南方许多省份的网纹红土层，也不断发现了旧石器。

专家认为，湖南旧石器的考古发现，不仅推动了华南旧石器时代考古的飞跃发展，还大大拓宽了我国旧石器时代考古的研究领域。到现在，湖南共发现了 300 多处旧石器时代遗址。

湖南人的老祖宗，或将改写世界人类的迁徙史

“妈妈，人类的祖先真的是猿人吗？这些人，怎么跟我们长得一点都不像啊？”现场，一个小女孩一边饶有兴趣地听着李意愿的讲解，一边指着前方大屏幕上的图片，好奇地问。

是啊！我是谁？我们究竟从哪里来？

人类的起源至今仍是地球公民关心的母题。

“现代人起源”（指晚期智人的起源）长期以来有两种理论：一种叫多地区起源说；另一种叫非洲起源说或替代说，这种理论认为“现代人”起源于非洲。1987 年，美国相关研究专家根据分析来自全球不同国家的 147 个妇女的 DNA，认为她们可以追溯到距今 20 万年以前非洲的一个妇女，西方媒体将她称为“夏娃”，这也是现代人起源的“夏娃理论”。

“夏娃理论”的提出，立刻引起激烈争论。中国科学院院士、古人类学家吴新智不赞同“夏娃理论”，他认为中国的古人类化石显示出一脉相传的进化脉络，中国的旧石器文化无论在哪个时期都看不出来自西方的文化取代中国原有文化的迹象。

20 世纪福岩洞遗址的发现，为这一观点提供了新的印证。2011 ~ 2013 年，由中国科学院古脊椎动物与古人类研究所、湖南省文物考古研究所和永州市道县文物局组成的联合工作组，在永州市福岩洞遗址发掘出具有完全现代人特征的人类牙齿化石 47 枚，经测定，它们的年代范围在距今 12 万 ~ 8 万年前。

这表明，距今 12 万 ~ 8 万年前，“现代人”已经出现在湖南地区，他们是东亚最早的具有完全现代形态的人类。而在世界范围内，西亚以色列地区发现的最古老的现代

人化石是 5 万年前，欧洲发现的是 4.5 万年前，这意味着中国境内出现现代人的时间比上述地区要早至少 3 万 ~ 7.5 万年。

李意愿认为，福岩洞遗址古人类化石的发现，不仅改变了一些研究者认为晚更新世［126000 年 (± 5000 年) 至 10000 年］早期阶段中国不存在“现代人”的认识，还填补了以往缺乏的现代类型人类在东亚地区最早出现时间和地理分布的空白；虽然这一发现还没有直接触及现代人是否起源于非洲的问题，但一个比较合理的推测是，中国乃至东亚人从当地起源的可能性更大一些，这也意味着“现代人”演化扩散的地图将有所改变。

世界最早水稻、中国最早陶器，远古湖南作出不朽贡献

湖南最普通，但最神奇的一种植物是什么?

水稻。

在这片土地上，发现了目前世界上所知的最早的水稻。

1993 年 11 月，考古队对永州道县的玉蟾岩遗址进行首次发掘时，意外发现原始陶片和两粒古稻壳；1995 年 10 月至 12 月，第二次发掘，考古队成员除了常规的田野考古专家外，特意邀请了农学专家、孢粉分析研究专家加盟。11 月 28 日，中国农业大学教授、著名水稻专家张文绪发现了两粒古稻壳，颜色呈灰黄色；2004 ~ 2005 年，湖南省文物考古研究所、北京大学考古文博学院、美国哈佛大学人类学系联合合作，对玉蟾岩遗址开展第三次、第四次发掘，考古人员发现了数粒炭化稻粒。

经年代测试，这些古稻遗存基本确定是距今 1.8 万 ~ 1.4 万年前。张文绪认为，玉蟾岩出土的稻谷是一种兼有野、籼、粳综合特征，从普通野生稻向栽培稻初期演化的最原始的古栽培稻类型，他将它们定名为“玉蟾岩古栽培稻”。作为世界最早的水稻遗

存，它们引起了人们对中国水稻的驯化、稻作农业的起源的重新思考和讨论。

陶器的发明是人类最早通过化学变化将一种物质改变成另一种物质的创造性活动，是人类发明史上的重要科技成果之一。玉蟾岩遗址陶片经年代测试，最早的距今 18000 年，处于旧石器时代晚期。这个发现证实，陶器起源于旧石器时代末期，发展盛行于新石器时代及其以后，从而改变了考古界将“陶器的存在作为新石器时代的特征标志”的单一标准。

我们的眼前仿佛出现这样一幅场景：定居或半定居在玉蟾岩的先人们，春夏之交采梅子，夏秋捞螺蚌，秋冬春初捕猎候鸟，他们在有限的互动范围内积极开拓新的食物资源；采集野生稻后，无法生吃，炊煮稻米的陶器成为迫切的需求；接下来，发生了由野生稻采集到野生稻的储藏以至普通野生稻的栽培的演化社会行为……

有了水稻，农业获得快速发展，于是有了定居村落，安定的村落和农业使得人口迅速增长，在这以后的数千年里，湖湘大地热气腾腾，迸发出勃勃生机。

大事记

湖南旧石器时代考古

1987 年，在怀化市新晃侗族自治县大溪桥网纹红土中首次发现旧石器时代砾石石器，这一重要发现填补了湖南旧石器的空白。

1987 年、1988 年，先后对常德市澧县的鸡公垱遗址进行两次发掘，共发掘出石制品约 200 件。

1988 年、2005 年，先后对常德市津市的虎爪山遗址进行两次抢救性发掘。该遗址是澧水文化类群的早期代表。

1992 年，对常德市澧县的乌鸦山遗址进行正式发掘，其遗存属于旧石器时代中晚期阶段。

1990 年、1993 年、2006 年，先后对常德市石门县的燕耳洞遗址进行 3 次发掘，其遗存大致属于旧石器时代晚期的后一阶段。

1993 年、1995 年、2004 ~ 2005 年，先后对永州市道县的玉蟾岩遗址进行 4 次发掘，该遗址分别被评为“1995 年度全国十大考古新发现”之一和“20 世纪 100 项重大考古发现”之一。

2000 年，常德市澧县的十里岗遗址出土了砾石、燧石、石英与赤铁矿石等岩性的石制品，其遗存属于旧石器时代晚期的后一阶段。

2011 年，常德市临澧县的条头岗遗址出土石制品 6000 余件。

2011 ~ 2013 年，从永州市福岩洞发掘出具有完全现代人特征的人类牙齿化石 47 枚。这些人类化石距今 12 万 ~ 8 万年前，是东亚最早的现代人化石。

2016 年，对沅江市赤山岛调查发现的枫树嘴遗址、虎须山遗址、杨腊丘遗址同时展开考古发掘，共出土石制品 1000 件。这是首次在湖南确认似阿舍利技术石器工业的地层和时代。

2017 年，对常德市临澧县伞顶盖遗址正式进行发掘。该遗址是近年湘西北澧水流域发现和发掘的石制品数量最为丰富的中心营地遗址。

评说

华南第四纪地层以网纹红土为特色，其间埋藏着被称为砍砸器体系的粗犷的砾石工具。这些文化遗存形成的时间、古人类群体的属性及其所处的生态环境，砾石工业传统形成的原因以及它们与西方阿舍利技术体系之间的关系，长期以来成为学术界讨论的焦点。很多问题悬而不决，一个重要原因是这类遗存往往采自地表，埋藏学、年代学和器物组合信息缺失。

2016年湖南省文物考古研究所在此方面取得突破，在洞庭湖地区发现了多处遗址，在网纹红土地层中发现两个文化层位，出土近1000件石制品，并初步建立起文化时代的框架。而对西洞庭盆地几处遗址的试掘，则首次在华南旧石器时代旷野遗址中构建出“网纹红土—弱网纹红土—均质红土—黄土—黑褐色土”的文化序列，为研究区域性石器技术的演变和本土人群的连续演化，增加了新信息和新视角。

——中国科学院古脊椎动物与古人类研究所研究员、中国考古学会旧石器专业委员会主任 高星

30多年来，湖南旧石器时代考古有一系列重要发现与研究进展。这些成果大大提早了远古人类在湖南境内演化发展的历史。

早在20世纪八九十年代发现的津市虎爪山和澧县鸡公垱、乌鸦山、十里岗等遗址，就搭建起旧石器时代文化发展框架。近年来新发现的临澧伞顶盖、沅江赤山岛等更丰富完善了湖南境内古人类文化发展系列，进一步揭示出远古狩猎采集人群行为特点与活动的具体场景及细节。在道县玉蟾岩发现旧、新石器时代过渡阶段的文化遗存，将人类使用陶器的时间推至距今1.8万年前，也为研究华南亚热带地区先民从狩猎采集到稻作农业的发展历史进程提供了实证。同样也是在道县，前几年发掘的福岩洞遗址发现的40多枚距今8万年前左右的现代人类牙齿，更进一步改写了现代人类在中国乃至亚洲东部地区出现的历史。

上述成果显示，湖南旧石器考古不仅对复原本地区远古人类历史作出重要贡献，更对中国乃至东亚早期与现代人类的演化、农业起源等一系列世界史前考古学重大课题研究，都具有非常关键的影响与巨大的推动作用。

——北京大学考古文博学院教授 王幼平

人类什么时候开始来到三湘大地披荆斩棘繁衍生息，目前还不能确定。因为考古学家正在探索当中。但是湖南旧石器时代的历史至少早到50万年以前。如果参照邻近地区的网纹红土文化埋藏的年代，湖南人类文化的历史可以达到70万年以上。与世界历史一样，湖南的旧石器时代是一个漫长的人类童年时代。在这朦胧漫长的岁月里，尽管维持生计的工具是那样简单粗陋，文化在今天看来是那么原始愚昧，但它凝聚了人类童年的智慧。湖南旧石器文化没有欧洲旧石器文化那样复杂的石器技术，并不意味文化的落后，而是对自然环境的适应性的选择，充分体现了务实的应对策略。

玉蟾岩的遗址文化是目前湖南旧石器时代文化最高水平的杰出代表，也是湖南旧石器时代文化长期发展的结果。目前，水稻和陶器的起源已经成为全世界学术界探索的前沿课题。玉蟾岩遗址的考古发现在水稻和陶器的起源研究中具有重要影响。

——湖南省文物考古研究所原所长、研究员　袁家荣

原载于《湖南日报》2019年4月16日第8版

（湖南日报记者陈薇　通讯员吴映秋）

嘉禾生南国

——漫谈湖南炭化水稻的发现

◇ 顾海滨

2004 年 11 月 5 日，湖南省道县寿雁镇白石寨村一个俗称“蛤蟆洞”的山洞里，来了一批神秘的客人，他们是谁?

欧弗·巴尔－约瑟夫（Ofer Bar－Yosef），国际知名的考古学家、美国国家科学院外籍院士、哈佛大学人类学系教授。他，带着他的科研团队一行 7 人，来了。他们中有美国波士顿大学考古学系教授、美国波士顿大学东亚考古和文化历史国际中心教授、美国毕士博博物馆研究员、以色列魏兹曼科学院研究员（图一）。

严文明，北京大学考古文博学院教授，原国家文物局专家组组长，中国考古学界响当当的“大咖”。

袁家荣，时任湖南省文物考古研究所所长，研究馆员，湖南文博界的领军人物。

他们也带着自己的科研团队来了（图二）。

为什么这样一个毫不起眼的小山洞，会吸引这么多国内外顶尖级的考古专家千里迢迢

图一 欧弗·巴尔－约瑟夫和他的科研团队

图二 严文明和袁家荣及他们的科研团队

汇聚到这里呢?

欧弗·巴尔－约瑟夫说:"我很幸运，能来中国，能来湖南，能来玉蟾岩，在这里追寻稻作文明的起源。"

原来在这个普通的山洞里埋藏着科学家苦苦寻找了近百年的"水稻起源"的秘密。

“水稻起源”真的有这么重要吗？很多人会觉得，我不知道水稻起源是在哪里，是什么时候，我的爷爷奶奶、我的祖辈也没有人知道这些，还不是每天吃得香，过得很好吗？

当今世界玉米、水稻、小麦这三种谷物，占了粮食储备的85%以上。玉米储量是排在第一位，水稻排在第二位，但是排在第二位的水稻却是养活了世界人口最多的一个驯化植物。为什么？因为食用水稻的群体，主要是集中分布在东亚、东南亚区域，这一区域是世界上人口分布最稠密也是最多的地区。它养活了世界上最多的人，自然人们对“它”的来龙去脉就非常关注。

如果说这个与你关系不大的话，下面要说的绝对就跟你有关系。我们知道粮食安全是关系到社会稳定和国家安全的，任何时候都不能出现闪失。试想一下，假若地球的环境不再适宜种植水稻了，为了不饿肚子，人类就需要重新驯化其他物种作为它的“替代品”，而种子从野生状态到最终规模化的稳产、高产，这是一个漫长的驯化过程，若想缩短这个过程，就需要借鉴那些已经被人类成功驯化了的植物经验来指导新的物种驯化，就需要了解像水稻这类植物，它们在驯化的过程中发生了那些变化，导致这些变化的机理是什么，只有这样才能加速新的物种驯化速度，使其短期内能够达到稳产高产，为人类服务。如果不进行这些研究，假如有一天现有作物不再适宜生长了，新的作物还不能替代原有的作物，那么人类就会饿肚子，我们的子孙就会饿肚子。

目前有很多领域的科学家介入到了水稻起源的研究，但是因为研究方法、研究角度、研究材料的不同，关于水稻的起源问题的讨论也从来就没有停止过。那么科学家们争来争去，到底争论的焦点是什么呢？归纳起来主要集中在三个方面：一个是起源地，一个是起源时间，还有一个是起源于何种。随着对这三个问题研究结论的逐渐明朗化，考古学家又开始关注其起源的动因，也就是人类为什么要栽培它，采集野果不需要付出很多的力气，不是挺好的吗？为什么还要辛辛苦苦整理土地、管理水源去栽培水稻呢？除此以外，水稻是沿着什么样的路线进行传播的，也是考古学家关注的问题。

一、水稻起源于哪里

关于这个问题，主要有三大主流观点：印度、中国华南地区、长江中下游地区。

瓦维洛夫 苏联植物育种学家和遗传学家，也是最开始提出作物起源中心论的学者。他认为判断某种作物是不是起源地，很重要的一个依据是该地区有这种作物的原始栽培种及近缘野生种。经过调查实验，他将世界划分为以下八大作物起源中心：

一、中国中心：包括中国的平原和中、西部山区及其毗邻的低地，是世界上最古老，也是最大的栽培作物发源地，谷子、裸燕麦、芝麻、荞麦、高粱、大豆等作物起源于该中心。

二、印度中心：包括缅甸和印度东部的阿萨姆、马来亚群岛和印度，水稻、赤小豆、鹰嘴豆、甘薯、亚洲棉、手指小米、绿豆、甘蔗、芋头、山药等作物起源于该中心。

三、中亚中心：包括印度西北部的旁遮普、克什米尔等地，阿富汗和塔吉克斯坦、乌兹别克斯坦及天山的西部，是普通小麦、密穗小麦、圆粒小麦、亚麻、扁豆、豌豆、黑麦、向日葵等作物的起源地。

四、近东中心：包括土耳其、伊朗的西北部，外高加索全部、土库曼斯坦等地，除栽培小麦的种类极其丰富外，还有一粒小麦、二粒小麦、大麦等作物起源于该中心。

五、地中海中心：包括地中海沿岸的南欧和北非地区，起源于该中心的有去壳燕麦、硬粒小麦、甜菜、黑麦等作物，也是小麦、豆类的次生起源地。

六、埃塞俄比亚中心：主要是以埃塞俄比亚高原为中心，起源于该中心的有小麦、大麦等作物，其小麦的变种数目占世界首位。

七、墨西哥南部和中美中心：玉米、菜豆、陆地棉等作物起源于该中心。

八、南美中心：包括秘鲁、厄瓜多尔、玻利维亚、智利、巴西、巴拉圭等地区，是烟草、马铃薯、木薯、花生等作物的起源中心。

上述的分区中，瓦维洛夫认为中国是非常重要的栽培作物起源地，但对于水稻而言，因为当时的中国并没有发现与水稻近缘的野生种（也就是野生稻），而在邻国印度却是发现水稻近缘野生种最多的国家，所以自然就认为印度是水稻的起源地。

丁颖 中国著名的水稻研究专家，中国现代稻作科学主要奠基人。1926 年，他在广州郊外发现野生稻之后，于 1933 年发表了《广东野生稻及由野生稻育成的新种》，论证了中国是栽培稻种的原产地，否定了“中国栽培稻起源于印度”之说。多年后，他再次明确提出了“水稻起源于中国华南地区”的观点，对“印度起源说”进行了正面回应和驳斥。

严文明 中国著名的考古学家。在考古学理论与方法、考古学文化谱系及聚落形态、文明起源、农业起源等多个方面引领了中国新石器时代考古学的发展。20 世纪 70 年代之前，谈起水稻的起源，基本都是农学家或者农史学家们的事情，这个科学命题好似与考古学家们的研究不搭界。但是到了 20 世纪 70 年代，中国考古界有一个非常重要的发现，这就是在浙江省余姚县河姆渡遗址出土了大量距今 7000 年前左右的炭化水稻，这个发现在震惊了国内外的同时，也自然将掌握了这批古代水稻实物材料的考古学家推到这个研究的最前沿。当时严先生认为，水稻起源地在中国的长江下游地区；之后，20 世纪 80 年代末，位于长江中游的湖南澧县，出土了一批距今 8500 ~ 6000 多年前的水稻遗存。根据大量考古遗址出土的早期稻作证据以及历史上野生稻的分布范围等材料的研究，严先生将自己的观点略加修改，将水稻起源地锁定在了“中国长江中下游地区”。关于水稻起源地，他有两个观点：第一，水稻的起源地应该是在一个气候冷暖交替明显的地方，而那些一年四季都很温暖的地方，它的植物资源、动物资源都非常的好，当人们伸手就能采到一个果子，刨地就能得到各种块茎食物资源时，就不会想花费很多力气去种地。我们知道水稻种植不但是个累人的活，还是个技术活。要种好水稻，首先是要掌握好对“水”的管理，比如，立春了要浸种，使种子萌发出幼苗再移栽到大田中，水稻开花灌浆的季节，要给水田灌水，到收割季节之前，要将田中的水排出去，进行晒田。第二个观点，他认为，人类驯化水稻的目的之一，是因为水稻方便“储存”，在冬季或者食物资源短缺的时候，它能帮助人类较安全的渡过“忍饥挨饿”的时期。我们知道在冷暖变化分明的地区，到了冬天，很多动物会休眠，植物也有类似的行为，这个季节通过采集和狩猎得到的食物资源就会处于一种极不稳定状态，饥一顿饱一顿的生活，促使人想尽办法将夏秋季获得的食物延长至冬季食用，这就带了食物的存储问题。那么，什么东西最方便储存呢？依照现在的生活常识来看，水果和肉类放置半个月甚至几天就会腐烂，而粮食类的植物干燥后放置一年以上是没有问题的。现在常常能听到“陈化粮”三个字，所谓陈化粮是指存储在仓库超过一年以上的粮食，这也从一个侧面说明，粮食确实可以存放很久。古人正是看中了粮食容易存储的特性，所以在粮食丰收的季节，将多余未食用完的粮食存贮起来，以此解决冬季食物短缺的问题。开始人们只是采集更多的粮食果实，储备到冬季享用，慢慢地人们发现，如果对野生状态的植物稍加管理的话，它就能结出更多的种子，于是人们逐渐加大了对野生状态这些植物的管理。由此以来原本人们是依赖采集这些植物的种子过生活，逐渐变成了有目的对这些植物生长状态的管理，作物的驯化就这样开始了。

上面是关于水稻起源地的三大主流观点。后来在我国淮河流域的贾湖遗址也发现了距今 8000 多年前的水稻，这里是不是也是起源地之一呢？学术界也是有不同的争论声音。再有，2012 年我们国家完成了水稻基因组全测序的工作，这项工作完成后，关于稻作起源地有了另外一个推测，认为稻作起源于我国的珠江流域，限于篇幅，这些观点不一一介绍了。

二、水稻起源时间

很多人会认为，古代水稻是伴随着遗址发掘而出土的，解决遗址的年代对考古学家来说，还叫事吗？的确，对于考古工作者来说，根据出土的陶片，来确定遗址的大概年代，这是他们必备的看家本领，况且伴随着科学的进步，碳十四测年、树轮方法等测年方法都可以用来更加准确的帮助判断遗址的年代。如果遗址中出土了水稻，我们可以用碳十四测年的方法测定这个水稻的“年龄”，但是这个“年龄”仅仅代表人类为了某种目的将其带进自己居住地的时间，它反映不了这个水稻是古人种植的，还是古人采集的野生稻，因此这个时间不能确切的反映水稻起源或者说驯化的年代，只有在遗址中确切的发现了栽培稻，才能说明那个年代有了人类对水稻的驯化行为。

目前确认水稻起源时间有两个比较关键的节点：一个是人类从何时开始有意识地管理和利用野生稻，它关注的对象是人类行为的变化；另一个是水稻驯化过程中它的性状什么时候发生了变化，发生了哪些变化，关注的是水稻植物体自身的性状的改变，一旦了解了水稻性状的变化时间链条，就能反推水稻起源的时间。而要解决这两个问题，每一个都要建立在对古代不同时期出土的水稻遗存是野生还是栽培的属性判别的基础上。因此我们说判断遗址出土的炭化水稻生物学性状是野生的还是栽培的，是解决水稻起源时间非常重要的突破口。

自河姆渡遗址出土炭化水稻之后，在考古学中出现了另外一个专业——植物考古学，其研究对象是考古遗址出土的植物遗存。作为从事地层古生物研究的我，很幸运，在 20 世纪湖南彭头山遗址刚发掘完，就调到了湖南省文物考古研究所。彭头山遗址考古发掘时，在距今约 8500 年前左右的陶片中见到了水稻的印痕，主持该遗址考古发掘的领队裴安平先生交给我几包文物层的土壤，问我能不能在里面找到古水稻的信息。拿到这些土壤后仔细地寻找，没有发现炭化稻谷。后来我将这个块土拿到了实验室，想在显微镜下，看看能不能发现更小的古代水稻遗存信息。通过一系列的物理和化学分析，在土壤里发现了禾本科的花粉。在初中的生物课里，大家就学过水稻是隶属禾本科的一个植物，但在植物界中禾本科是一个大科，所谓“大”，是因为这个科囊括了 1 万多种植物，而这些植物的花粉，在显微镜下的形态特征都差不多：圆圆的球状，表面有褶皱，具有一个萌发孔，萌发孔周围具有加厚层。这个禾本科花粉是水稻的花粉吗？我不敢断定，只能向更加专业的老师求教。带着这件标本我找到中国科学院地质研究所从事第四纪研究的周昆叔先生，他看了标本之后，建议从水稻花粉及其萌发孔的尺寸入手。他认为从进化的观点来看，农作物在自然和人类选择下，花粉及其萌发孔会逐渐变大。果真这个花粉的直径介于 37.5 ~ 40 微米、萌发孔介于 10 ~ 11 微米之间，比一般的野生状态禾本科的大些，且与河姆渡遗址发现的水稻花粉基本一致。之后，这个研究结果——《湖南澧县彭头山遗址孢粉分析与古环境探讨》发表在《文物》1990 年第 8 期上，文中正式将这个花粉定为水稻花粉。继彭头山遗址发掘之后，1990 年，湖南省城头山遗址又进行了考古发掘，这里面出土了大量的炭化水稻。炭化水稻，顾名思义就是仅仅保留了水稻外观形态，而其物质成分基本为碳元素的古代水稻，这些水稻颜色为黑色，保留了水稻稻谷稃壳的称为“炭化稻”，没有保存稃壳的称为“炭化米”。当时这批炭化水稻送到了我的手中，根据水稻的长宽比，我将其分为了 7 个类型，之后研究结果——《湖南澧县城头山遗址出土的新石器时代水稻及其类型》发表在《考古》1996 年第 8 期上。考古界有三大主题杂志，《考古》《文物》《考古学报》，在这上面发表了文章，其影响力是非常大的。所以当时业内很多人就知道，湖南省文物考古研究所有专门从事古代水稻研究的人，这样每当考古遗址出土了古水稻，大部分第一时间送到我这里的，送来的同时，都不约而同的问我同样的问题：它是野生的还是栽培的？对于这个问题，我原来想得很简单，因为河姆渡遗址出土的水稻，经过农学家们的鉴定，已经将其认定为栽培稻了，也就是说相当于河姆渡文化这个时期出土的水稻都有可能是栽培稻。后来随着看的出土炭化水稻材料多了，就觉得这个问题远远没有想的那么简单，之前文章中发表的一些观点缺乏更多基础研究成果的支撑。

很多人会觉得奇怪，袁隆平院士都能利用野生稻的某些特殊性状，研发出杂交水稻，亩产达万斤，解决了十几亿中国人吃饭的大事，难道他们分不清野生稻和栽培稻吗？判断水稻是野生的还是栽培真有那么难吗？的确，判断现生的水稻是野生和栽培，不是很难的事情，但是判断炭化水稻是野生还是栽培还真是难事一件。现代的水稻是野生的还是栽培的，农学家们有很多的方法，但是这些方法基本上不适用于对古代水稻的研究。

为了能说清这个问题，我们通过一些图片简单了解下植物考古学家得到的水稻材料和农学家眼中的水稻有什么区别：

现代水稻（左：栽培稻，右：野生稻）　　遗址出土炭化稻谷

图三　现代水稻和遗址出土水稻形态对比——稻谷

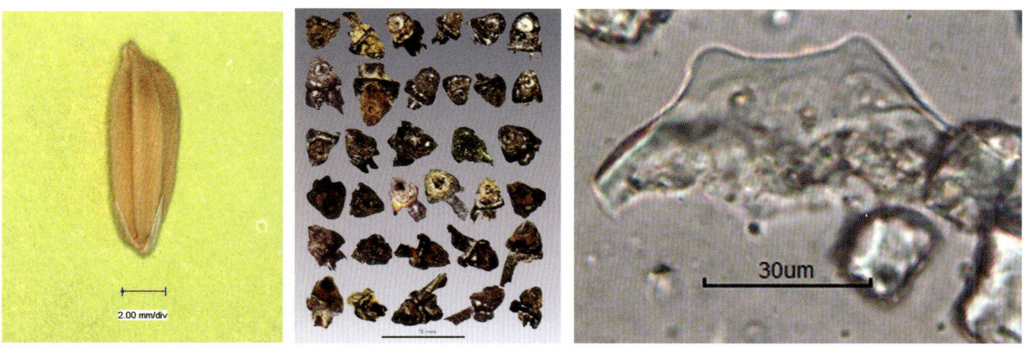

现代稻谷　　遗址出土小穗轴　　遗址中提取的稻谷双峰硅质体

图四　现代水稻和遗址出土水稻形态对比——稻谷壳

区别之一：农学家眼中稻谷是金黄色的，野生稻的顶部有一个长长的芒，而植物考古学家看到的炭化稻是黑褐色的，基本上看不到长芒（图三）。

区别之二：农学家眼中的稻谷基本是完整的，而植物考古学家看到的更多的是稻谷的碎片——小穗轴，甚至是稻壳表面的硅质细胞——双峰硅质体（图四）。

区别之三：农学家眼中的稻米绝大部分是完整的、白色的（少部分为其他颜色），而植物考古学家看到的稻米不但是黑色的，甚至是其腐烂后留在文化层土壤中的淀粉细

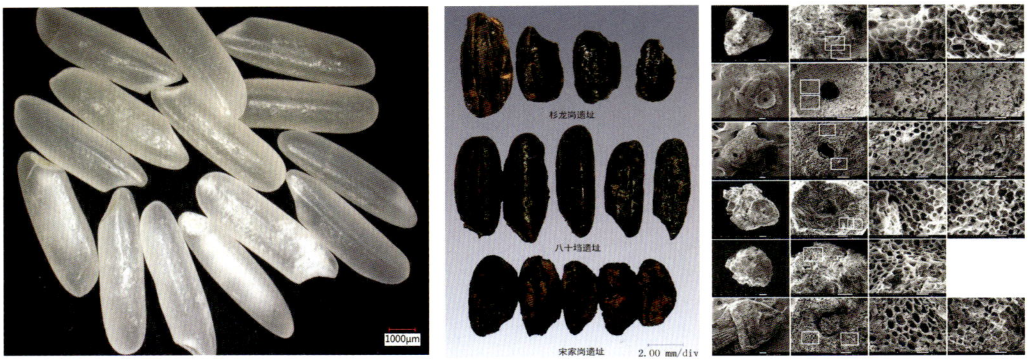

现代稻米　　遗址中出土炭化米　　土壤中提取的稻米淀粉粒

图五　现代水稻和遗址出土水稻形态对比——稻米

现代水稻稻叶　　遗址中提取的稻叶机动细胞

图六　现代水稻和遗址出土水稻稻叶形态对比——稻叶

胞——淀粉粒（图五）。

区别之四：农学家眼中水稻稻叶是细细长长的，而植物考古学家看到的只是叶片腐烂后的机动细胞——水稻扇形硅质体（图六）。

既然农学家眼中的水稻与植物考古学家在遗址中获取的水稻形态信息不一致，自然就不能完全照搬现代水稻野生和栽培属性的判别方法，因而遗址出土水稻的判别方法自然就需要植物考古学家自己来建立。那么植物考古学家是怎么利用手中的材料，逐一建立起这个标准的呢？这就需要了解野生稻驯化过程中它经历了什么。

我们说人类的驯化活动是一双有形的手，而大自然的驯化则是无形的手，人类会按照自己的“审美”观点，将野生稻驯化为“人见人爱”的栽培稻，水稻最终进化的趋势也必将是既满足人类需求又适应环境的新平衡。野生稻生长在野外，面临各种各样的环境，如何能让自己繁衍下来呢？下面从它的落粒性、休眠性、芒及刚毛的特点等方面看看它特有的办法。

水稻的落粒性　野生稻生长在野外，天敌很多，一旦成熟，往往就是小鸟等动物追逐的目标，为了保护自己的后代不被吃掉，它的办法之一就是种子一旦成熟，就迅速从母体脱离，掉到土里“藏起来”。由于一株稻穗上的不同谷粒成熟期不一样，导致野生稻的成熟季节稀稀拉拉拖得很长。野生稻这种落粒方式对于靠收集它的种子来食用的古代人来说，是非常费事的事情，因此这个特点是人类驯化它的时候要去除的。经过长期驯化，我们现在看到的栽培稻基本都在一个时间段内成熟，而且也不自动落粒了。

从水稻生长角度来看，稻谷的落粒过程实际是稻谷谷粒从小穗梗上的分离过程。高倍显微镜下观察两者接触的部位，这里的结构好似建筑学的“榫卯结构”，我中有你，你中有我，稻谷的基盘就像“榫”，小穗梗就像“卯”，小穗梗紧紧地包裹着稻谷基盘（图七）。野生稻包裹得浅，就容易落粒，栽培稻包裹得深，就不容易落粒。更进一步

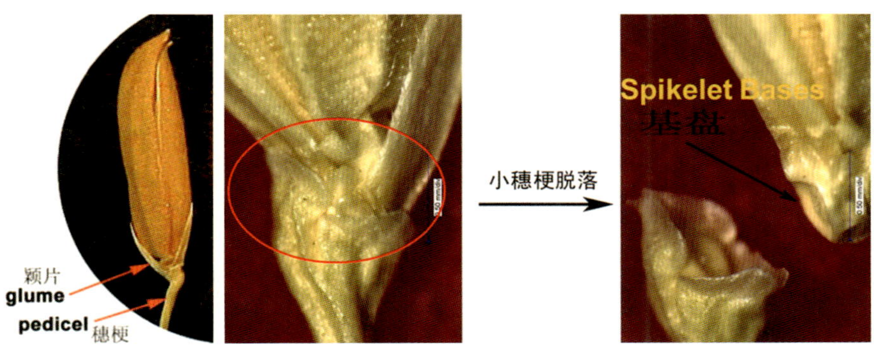

图七　稻谷与小穗梗的分离示意图

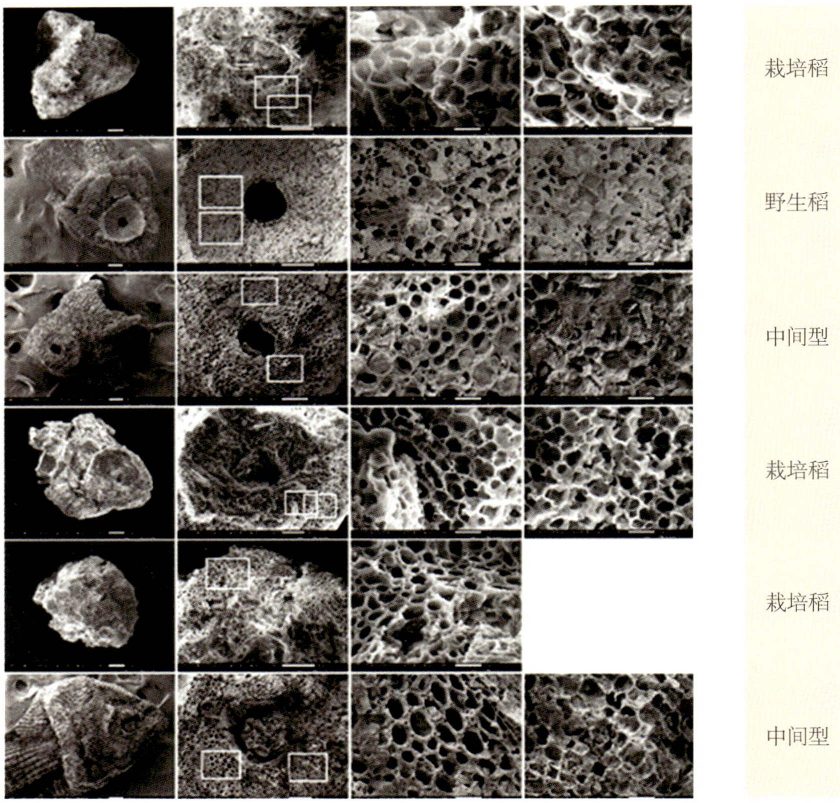

图八　野生稻和栽培稻离层细胞的对比（原图摘自与郑云飞通信）

的研究发现，它们之间除了相互包裹之外，基盘的表面常常发育有离层细胞，野生稻的离层细胞非常发达，常常连成片，组成一个光滑面，这个光滑面减少了基盘与小穗梗之间的摩擦力，摩擦力小，两者就容易分离，因此野生稻的落粒性非常强；而栽培稻离层细胞数量少，表面比较粗糙（图八），基盘与小穗梗之间的摩擦力大，这个摩擦力就像“胶水”一样，将两者牢固地粘结在一起，若要使其分离，常常需要借用外力“强行”扯开，扯开后在水稻基盘中间的小孔留有外力作用后的撕裂痕迹（图九）。

根据现代野生稻和栽培稻在基盘形态上的这种差异，就可以对考古遗址出土的炭化稻进行分析，这种方法称为“小穗轴法”。利用这种方法，对湖南考古遗址出土的炭化稻进行了分析研究。研究结果发现，距今大约8500年前、7500年前、6500年前、5000年前的遗址出土的炭化稻的栽培稻类型小穗轴的含量分别为60%、65.71%、70.62%、97.67%左右（图十），大约3500年的时间，栽培类型小穗轴的含量增加了37.67%，若不考虑其他因素，增加的速度大约为每千年10.76%。

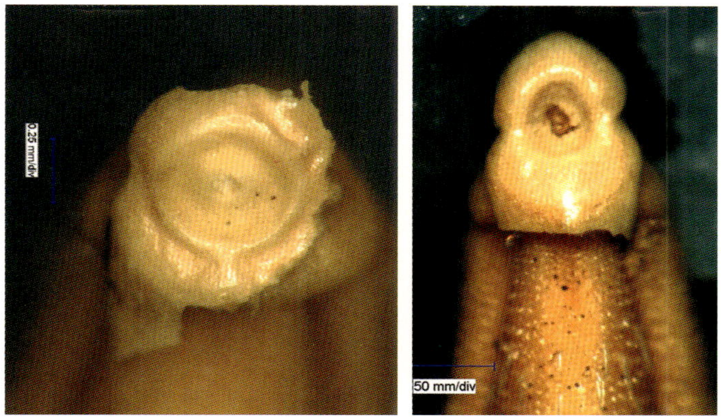

基盘中间小孔完整（野生稻） 基盘中间小孔呈撕裂状（栽培稻）

图九 野生稻与栽培稻基盘中间孔形态对比

水稻的休眠性 野生稻生长在自然环境中，什么恶劣的环境都可能遇到，在生

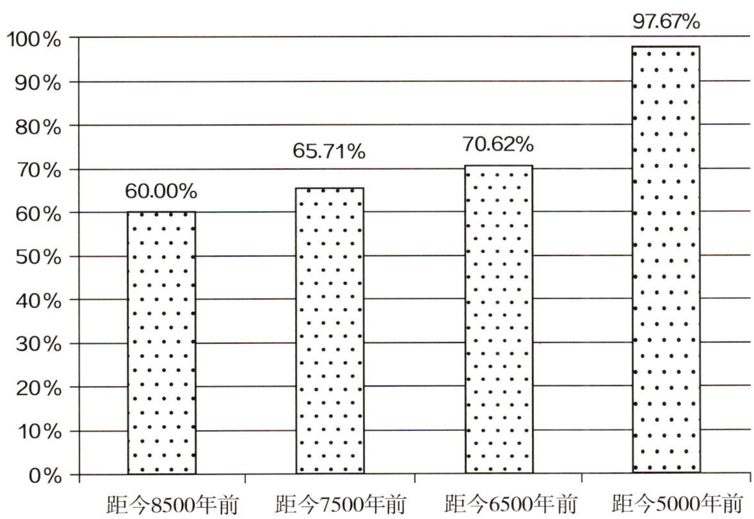

图十 湖南不同时代出土水稻栽培稻类型含量（小穗轴）

图十一 水稻根系发芽

长发育过程中，为了保护好后代的安全，其种子长期处于休眠状态，主要靠根系再分蘖生长出新的幼苗（图十一），这种繁殖方式叫无性繁殖，但是产量极低。而栽培稻主要行有性繁殖，靠种子进行萌发，当稻谷通过吸水膨胀，胚部体积不断增大，向外侧突出，迫使包着胚部的外稃基部逐渐膨大，挤破外稃，露出白色的胚部，之后不断地吸收养分，长出幼苗。

胚是种子发芽的地方，含有整个植株发育的遗传信息，是种子最重要的组成部分。它位于糙米的基部，呈长椭圆形，是幼苗的原始体，也是稻谷唯一延续生命的地方（图十二）。长期依赖种子发芽的水稻，每次发芽的时候，都要历经一个吸水、膨大的过程，长期接受这种刺激的胚，就会逐渐地变大，所以在一般情况下，驯化的水稻胚都比野生的要大（图十三）。这就给我们提供了另外一个鉴别遗址出土炭化米是野生还是栽培的方法——胚的方法。

根据对湖南考古遗址出土的炭化水稻胚的形态研究结果显示，距今大约 7500 年

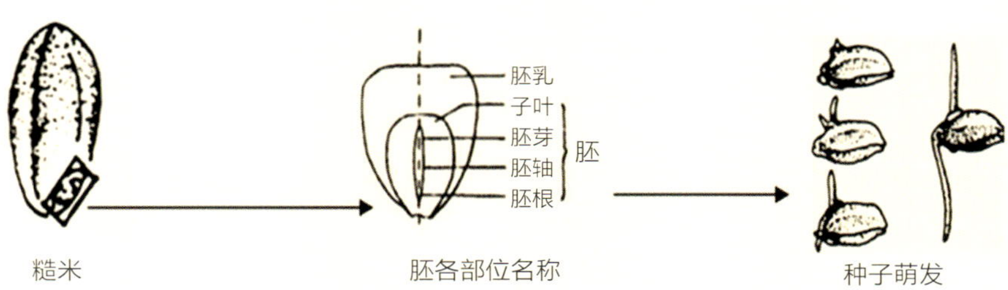

图十二 水稻种子发芽示意图

前、7000年前、6500年前、5000年前出土的炭化米栽培稻类型胚的含量分别为60%、70%、78%、87.1%左右（图十四），大约2500年的时间，栽培类型胚的含量增加了27.1%，若不考虑其他因素，增加的速度大约为每千年10.84%。

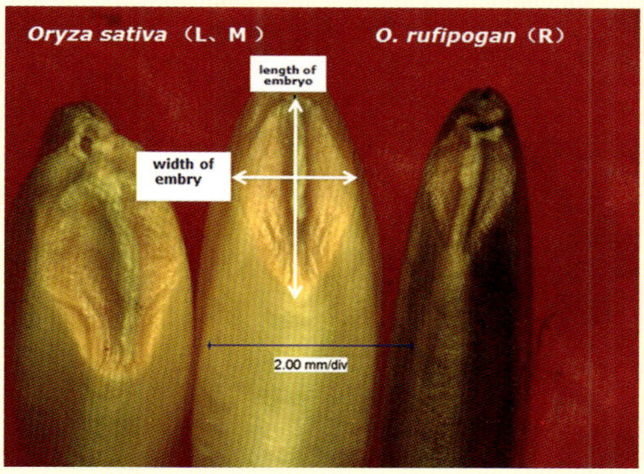

图十三　栽培稻和野生稻胚的大小对比（左、中：栽培稻，右：野生稻）

水稻的芒和刚毛　野生稻的种子除了离层细胞发育，成熟后快速的落粒以外，对付它的天敌还有一个利器，就是在种子的顶端长着一根长长的芒，芒上还有许多短的刚毛，它就像把“利剑”，直刺外来入侵者，以守护者自己的后代。但是当人类采集水稻种子时，也会被长芒毫不留情的刺痛，无形中增加了采集的难度和速度。因此人类在对水稻的驯化过程，野生稻长芒的特征也是要舍弃掉的，所以驯化后的栽培稻，大多数属于无芒类，即使有芒，芒上的刚

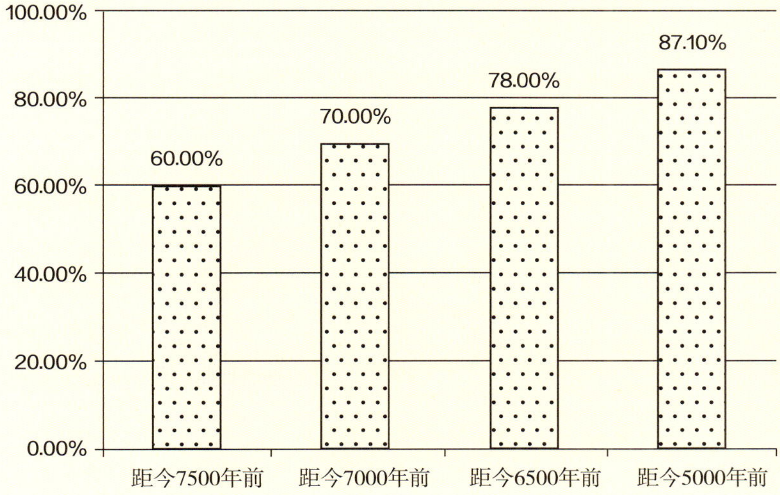

图十四　湖南不同时代出土水稻栽培稻类型含量（胚）

毛也会退化（图十五）。这就又给我们提供了一条鉴定遗址出土水稻是野生还是栽培的方法——芒的方法。但是由于水稻的芒很长，也很容易折断，因此埋在地下几千年后出土的水稻，几乎都没有保留下长芒，但是其残存部位在高倍显微镜下，我们是能够区别哪些水稻芒是退化了，哪些是断掉了的。对于那些芒已经退化了的水稻，我们基本上可以认定其为栽培稻了，至于那些有芒的类型，其性质可能是野生的，也可能是栽培的，需要今后更进一步的研究（图十六）。

根据水稻芒的方法，对湖南考古遗址出土的炭化稻芒进行了观察和统计，距今大约7500 年前、6500 年前、5000 年前的遗址出土的炭化稻栽培稻类型的芒分别为 23.33%、

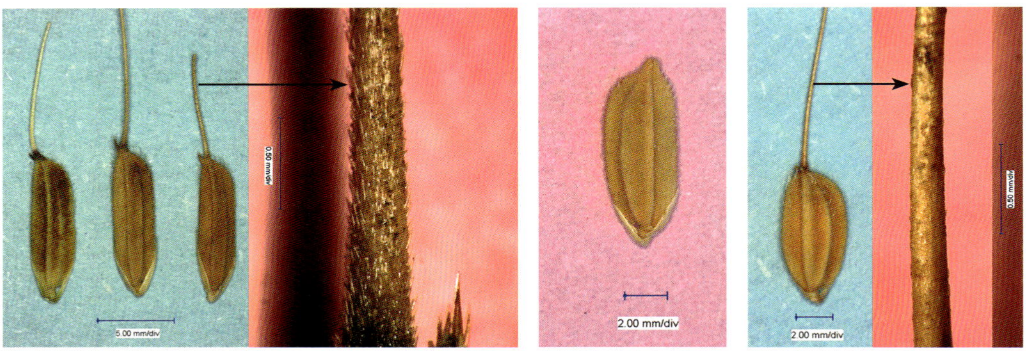

野生稻长芒和芒上刚毛　　无芒栽培稻　　有芒栽培稻及芒上刚毛

图十五　野生稻和栽培稻芒及刚毛形态对比

图十六　遗址出土炭化稻两种类型的芒

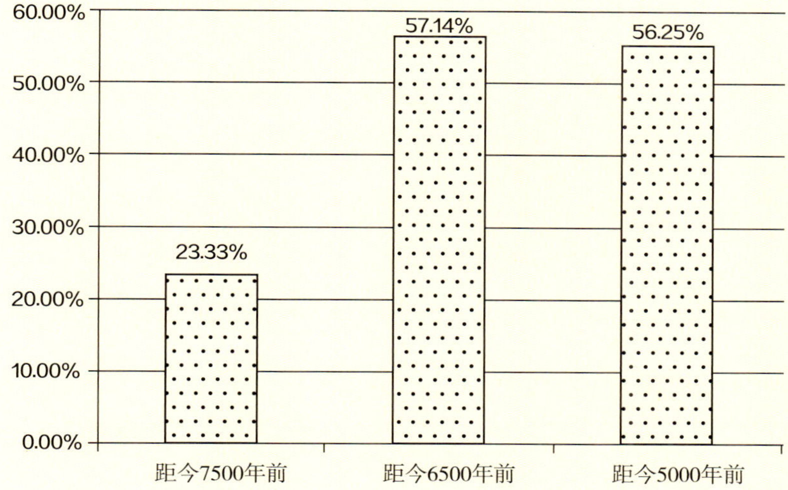

图十七 湖南不同时代出土水稻栽培稻类型含量（芒）

57.14%、56.25%（图十七）。大约 2500 年的时间，栽培类型芒的含量增加了 32.92%，若不考虑其他因素，增加的速度大约为每千年 13.2%。

水稻硅质体 炭化水稻能完整地被保存下来，是需要一些特殊的保存条件的，湖南的土壤大多是一种酸性土，不利于水稻这类有机物质的保存。当遗址中出土了炭化水稻尤其是年代较早的水稻时大家都会很兴奋，也会觉得很幸运。但是大多数的情况下，考古遗址是缺乏炭化水稻研究材料的，这样的遗址对于研究古代水稻来说，感觉碰到了“哑地层”，面对这样水稻“哑地层”来说，又怎么来确认古人有没有种植过水稻呢？这就需要在遗址的土层中，寻找水稻腐烂后留在其中的细胞，这就是解决水稻“哑地层”的神器——水稻硅质体的方法。

研究发现，稻壳和稻叶中有其独有的双峰和扇形硅质细胞（图四：稻谷双峰硅质体；图六：稻叶扇形硅质体），这些细胞由于其成分 95% 以上是硅，所以相对植物种子等有机质物来说，更加耐各种腐蚀，也更容易被长久保存下来。通过物理化学的方法，现代的技术是可以在地层中将其提取出来。这些细胞在预测古人是否利用了水稻以及寻找古代水田方面具有绝对的优势，在这方面我们是有很多的应用实例的。

图十八　考古现场水稻硅质体的分析

实例分析　2004年，欧弗·巴尔－约瑟夫来到湖南，首先是在道县玉蟾岩这个山洞里寻找古稻作农业线索，之后按照古人择址的规律，从山洞来到了澧阳平原，在这里，找到一个叫杉龙岗的遗址。这个遗址经过前期的考古调查，年代距今约8000年左右。发掘开始了，工作人员分为两个组，一组人员负责探方的常规发掘任务，另一组人员负责文化层土壤的浮选工作，希望在其中能见到炭化的水稻和其他动植物遗存。20天过去了，浮选小组虽然浮选了大量的文化层土壤，但是炭化水稻好似与大家玩起了捉迷藏的游戏，丝毫未见其踪迹。我每天除了关注浮选的工作之外，还有一个重要的任务，就是在考古人员工作的探方里，取少量的土在遗址现场做水稻硅质体的分析（图十八）。20天，看了大量的土样，每个样品中都见有水稻硅质体。

第20天到了，按照考古工作计划，这天是对媒体的开放日，将有20多家省级、市级、县级新闻媒体抵达考古工地，进行古代稻作农业线索调查的报道。因为一直没有发现炭化水稻，欧弗·巴尔－约瑟夫教授还是比较担心媒体对这方面的追问。早上起来，老教授就问我，对这个遗址出土水稻有多少把握，我说根据每个文化层都含丰富的水稻硅质细胞来看，应该是百分之百会出土炭化水稻的。就这样，根据遗址水稻硅质体的分布状况，给该遗址是稻作遗址做了一个定性。下午两点，媒体记者准时到了现场，采访工作分头进行。当他们采访我的时候，知道我是做古代水稻研究的，就直接地问我，是否发现了古代的水稻，我说：还没有，但是我们在每一个文化层中都发现了大量的水稻硅质细胞，所以炭化水稻一定会发现的。我的话音刚落，有人拍了拍我的肩膀，回头一看是临澧博物馆原副馆长黎春林，看着他的眼神，我就知道，一定是我们寻找了20天的炭化水稻出现了。我快速地跑向浮选地点，在场的所有记者也都扛着“长枪短炮”等摄影器材跟随在我的身后。于是，第二天，湖南各大报纸出现了这张放在手掌上的炭化水稻照片（图十九）。

这么多年，经过植物考古学家的努力，遗址中出土的各类炭化水稻材料，无论是炭化谷还是炭化米，甚至是水稻各种硅质细胞，基本能辨别出是否经过了驯化，也对史前古代水稻驯化的速度有了初步的了解。

图十九　杉龙岗遗址出土的水稻

三、水稻起源于何种

水稻起源于何种，这个问题一般是现在农学家或者分子生物学家非常关注的研究，植物考古学家涉及这个领域的不多。我们日常食用的水稻，在植物分类的位置属于禾本科稻属的亚洲栽培稻种。稻属有 24 个种，其中野生稻 22 个种，栽培稻 2 个种，也即亚洲栽培稻和非洲栽培稻（表一）。

目前，世界上已经完成了水稻全基因组测序工作，这项工作的完成同时，相当于给水稻做了个“亲子鉴定”。在表一中，染色体数为 24，染色体组为 AA 的亚洲栽培稻、非洲栽培稻、普通野生稻、尼瓦拉野生稻、南方野生稻、巴蒂野生稻、展颖野生稻、长雄蕊野生稻的亲缘关系比较近，其中巴蒂野生稻是非洲栽培稻的祖先，而普通野生稻是亚洲栽培稻的祖先。

表一　稻属及不同种

中文名称		学　名	染色体数	染色体组	主要地理分布
栽培稻	亚洲栽培稻	*O. sativa* L.	24	AA	全世界
	非洲栽培稻	*O. glaberrima* Steud.	24	AA	西非

续表：

中文名称		学　名	染色体数	染色体组	主要地理分布
野生稻	普通野生稻	*O.* rufipogon Griff	24	AA	亚洲热带、亚热带、澳大利亚热带
	尼瓦拉野生稻	*O. navara* Griff.	24	AA	亚洲热带、亚热带
	南方野生稻	*O.meridionalis* Sharma et Shastry.	24	AA	澳大利亚热带
	巴蒂野生稻	*O.barthii* A. Chev et Roehri	24	AA	非洲
	展颖野稻	*O. glumaepatula* Steud.	24	AA	拉丁美洲
	长雄蕊野稻	*O. longistaminata* Chev. et Roehr	24	AA	非洲
	药用野生稻	*O. officinalis* Wall et Watt	24	CC	南亚、东南亚，新几内亚
	根状茎野生稻	*O. rhizomatis* Vaughevn	24	CC	斯里兰卡
	紧穗野生稻	*O. eichingeri* A. Peter.	24	CC	非洲、斯里兰卡
	斑点野生稻	*O. punctata* Kotschy et Steud	24,48	BB,BBCC	非洲
	小粒野生稻	*O.minuta* J.S.Presl et C.B.Presl	48	BBCC	东南亚、新几内亚
	马蓝普野稻	*O.malampuzhaensis* Kishn.et Chandr.	48	BBCC	印度
	宽叶野生稻	*O. latifolia* Desv.	48	CCDD	中、南美
	高秆野生稻	*O.alta* Swallen	48	CCDD	中、南美
	大颖野生稻	*O. grandiglumis* Prod.	48	CCDD	中、南美
	澳洲野生稻	*O.australiensis* Dam.	24	EE	澳大利亚
	疣粒野生稻	*O. meyeriana* Baill.	24	GG	南亚、东南亚
	颗粒野生稻	*O. granulata* Nees et am ex wall	24	GG	南亚、东南亚

续表：

中文名称		学　名	染色体数	染色体组	主要地理分布
野生稻	马来野生稻	*O. ridleyi* Hook. f.	48	HHJJ	东南亚、新几内亚
	长颖野生稻	*O. longiglumis* P. Jansen	48	HHJJ	新几内亚、印度尼西亚
	极短粒野生稻	*O. schlechteri* Pilger	48	HHKK	东南亚、新几内亚
	短药野生稻	*O.brachyantha* A. Chev. Et oehr.	24	FF	新几内亚

四、稻作农业的不同阶段

我国从南到北大致可以分为三个起源地，分别为北方旱作农业起源地、长江中下游的稻作农业起源地和热带原始农业起源地（芋头等）（图二十）。中国的北方是我们两种小米的起源地，一个是粟，另一个是黍，这两种植物都起源于狗尾草，华南地区气候比较温暖，适宜地下块茎类植物的生长，比如芋头等植物，而炭化水稻主要集中出土于长江中下游地区，根据对炭化水稻材料的研究，更加支持这里是稻作农业的起源地。

稻作农业起源一般分为三个阶段，即稻作农业的孕育阶段、稻作农业的形成阶段、稻作农业社会的建立阶段。目前我国史前出土炭化水稻的遗址约 300 处左右（图二十一），这些遗址基本涵盖了上述这三个阶段。稻作农业的孕育阶段，时间大概距今 1 万年前左右，稻作农业形成阶段，它又分了两期，早期距今大概 8000 多年前，晚期距今大概 7000 ~ 6000 年前，稻作农业社会的建立阶段，大概距今 5000 年前左右。下面以湖南的考古发掘材料来简述上述三个阶段的特点。

（一）稻作农业的孕育阶段

距今 1 万年前左右。这个时期我们发现的遗址及炭化水稻数量都非常少，目前比较确认的有 4 个地点：湖南道县的玉蟾岩遗址、江西的仙人洞和吊桶环遗址、浙江的上山

图二十　中国农业三大起源地（原图摘自与赵志军先生通信）

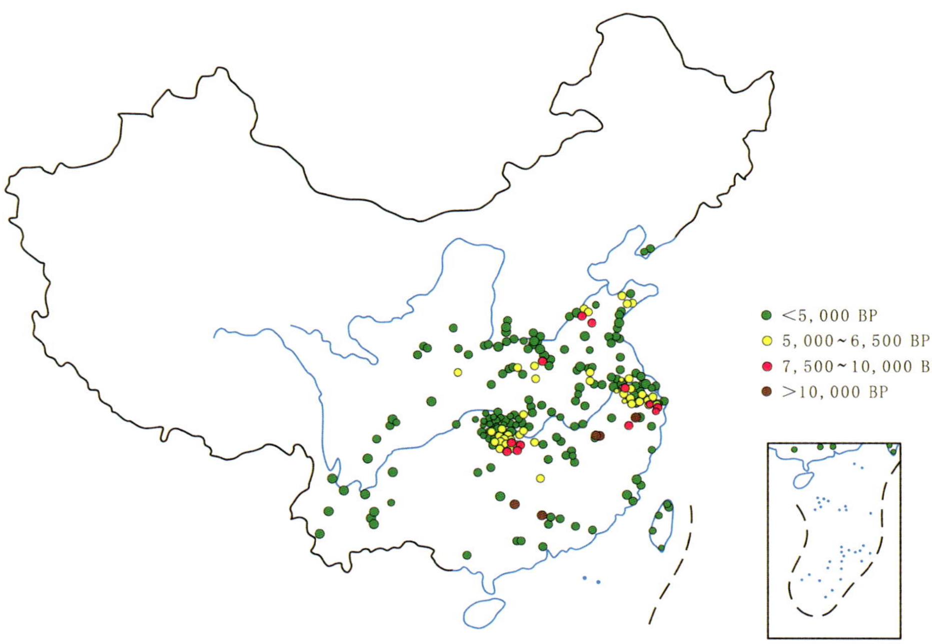

图二十一　中国史前出土炭化水稻遗址时空分布示意图

遗址。玉蟾岩遗址、仙人洞和吊桶环遗址属于洞穴遗址，这类遗址有天然的山洞做“房子”，古人走到那里住到那里，比较省事，很适合狩猎和采集这样游猎的生活。上山遗址是发现在山前盆地的露天遗址，古人离开了“洞穴”的庇护，就要自己搭建房子，当房子辛辛苦苦建造好了，一般也就不会轻易离开，这就慢慢有了定居生活。而水稻从发芽到成熟，一般需要几个月的时间，这几个月中需要人们对其进行各种管理，所以人类定居之后才更加适合对水稻的驯化。

湖南玉蟾岩遗址　这个遗址前后经历了 1993 年、1995 年、2004 年、2005 年等 4 次正式的考古发掘。1993 年考古发掘的时候就发现了水稻，但由于当时工地是开放式的管理，考古领队担心水稻是混入进来的，所以没有对外公布消息，这年考古发掘申报时的名字叫蛤蟆洞遗址。1995 年再次组队对其发掘，这次发掘的目的非常明确——寻找早期水稻踪迹及陶片。为什么还要找早期的陶片呢？我们知道，陶器的产生是与人类吃熟食有关系的，最早的狩猎采集得到肉类、果类是生吃的，但是有了火后，人们发现肉类在火上烤熟了再吃会更加美味，而像谷类等细小种子由于个体太小，不能直接去烤，就需要有个器物装着，因此人们学会了制陶。这次的考古发掘不但再次发现了水稻，而且还发现了陶器（图二十二）。很快这样的考古发掘成果惊动了当地政府，他们很重视这件事，觉得既然蛤蟆洞遗址将会在国际上产生重要影响，提议是否能将蛤蟆洞改个好听点的名字，当时的发掘领队——时任湖南省文物考古研究所所长的袁家荣先生说，那就叫玉蟾岩吧，之后玉

1995 年发现水稻遗存时的场景

出土的陶器——釜

出土的水稻遗存

图二十二　玉蟾岩遗址考古发掘

蟾岩遗址的名字就这样传开了。这次发掘获得1995年度国家田野考古发掘二等奖。

欧弗·巴尔–约瑟夫就是在这次发掘后，在杂志上看到了关于玉蟾岩遗址的报道，凭着学术敏感性，他觉得这个事情非常重要，立刻就通过中国学者找到了袁家荣先生，并表达想到湖南来进行学术交流的愿望。1998年，他第一次来到了湖南，到了玉蟾岩遗址，回国后不久就下定决心，要参加玉蟾岩的考古发掘。但是在那个年代，外国人想参与中国的考古发掘不是一件容易的事情，需要湖南省国家安全厅、公安厅、军区等14个部门盖章同意后，报请国务院的批准。因为这个遗址太重要，我们需要像欧弗·巴尔–约瑟夫这样身份的专家参与我们的工作，一起见证水稻和陶片出土的全过程，争取更多在国际学术地位的话语权。随后我们非常努力的与各部门打交道，直到2004年，国务院的批文下来了。2004年11月，湖南省文物考古研究所、北京大学、美国哈佛大学联合组建了一支考古队再次来到了玉蟾岩，这就有了文章最前面提到的“寻找水稻起源的秘密”的“多兵种合作”团队。这次考古发掘出土了大量的哺乳类、鸟禽类、鱼类、龟鳖类、螺蚌动物遗存及猕猴桃、梅、野葡萄等植物遗存，也再次发现了炭化米（图二十三）和早期陶片，这些炭化水稻出土的地层年代最早为距今1.4万前左右，测年标本采用的是地层中的炭屑。这个时期江西万年仙人洞和吊桶环、浙江上山遗址也出土了部分水稻遗存，在此不再一一叙述。

通过对玉蟾岩遗址大量的动植物的遗存分析，我们可以知道，稻作农业的孕育阶段

图二十三　中美联合考古发掘出土的炭化水稻

的古代先民通过狩猎采集得到更多的食物资源的情况下，可能会尝试种植水稻，也会出土与之相适应的器物——陶器，会出现定居或者半定居的生活。

（二）稻作农业的形成阶段

稻作农业形成的早期阶段　距今 8000 年前左右。这个时期的遗址较前阶段会增加一些。湖南这个时期发掘过很多非常著名的稻作遗址，比如彭头山、八十垱、宋家岗、杉龙岗等（图二十四），出土了很多炭化水稻。同时期其他地区的遗址，长江下游有跨湖桥、小黄山遗址等，淮河流域有贾湖、八里岗遗址，山东有月庄和西河等遗址。

湖南在这个时期出土水稻最早的遗址是彭头山和宋家岗遗址，出土水稻数量最多的

图二十四　湖南稻作农业形成早期阶段的遗址

图二十五　彭头山遗址陶片上水稻的印痕

是八十垱遗址，杉龙岗遗址与八十垱遗址基本属于一个时代的。1985年，由湖南省文物考古研究所裴安平先生领队对澧县彭头山遗址进行了考古发掘。裴先生毕业于北京大学考古系，一直非常关注稻作农业起源的研究，良好的学术素养和专业的敏锐性，使他从不放过任何一块陶片带来的信息，终于在一块陶片上发现了当时湖南最早的水稻壳的印痕（图二十五）。

1990年开始，他又担当领队，连续领衔八十垱遗址的考古发掘。八十垱遗址的年代略晚于彭头山遗址。在这个遗址旁边的古河道里，出土了8000多粒炭化水稻及其他可食性种子，比如猕猴桃、菱角、野大豆等（图二十六、图二十七），除此外，还有大量的鹿、麂、牛、猪、鸡、鱼等动物遗存。

图二十六　八十垱遗址出土的炭化水稻

图二十七 八十垱遗址出土的其他可食用植物

由于八十垱遗址出土的水稻是在自然河道中，而不是在人类居住址内，所以对古人是否利用水稻，有专家提出异议。但对于我们做水稻研究的人来看，这批炭化水稻出土时 80% 以上是不带壳的炭化米，不带壳的米是谷脱壳之后的产物，它本身就带着人类有意识加工活动，至于这些加工过的米为何出现在自然河道里，这又是另外的问题了。

2011 年，湖南省文物考古研究所和哈佛大学联合组队，对杉龙岗遗址进行考古发掘。这次发掘在多个探方的灰坑中发现了 100 多粒水稻。2014 年两单位再次组队，对宋家岗遗址进行考古发掘，这次发掘中在灰坑中发现了彭头山文化早期的炭化水稻，填补了彭头山文化早期仅有稻壳印迹未见炭化水稻的空白。

通过对这个时期出土炭化水稻小穗轴、芒和炭化米胚的野生和栽培属性的研究，推测这个时期栽培稻的比例大概为 23% ~ 63%。

这个时期出土的动植物遗存揭示，该期生业经济特点仍然是以采集、狩猎为主，虽然各地遗址中普遍发现栽培稻，但是野生稻的比例还是比较高的，稻作在此时仅是辅助性的生产活动，但是已经是真正意义上的农耕生产。

稻作农业形成的晚期阶段 距今大约 7000 ~ 6000 年前。这个时期稻作遗址非常

图二十八　城头山遗址俯视图

图二十九　城头山遗址出土炭化米

多，最著名的就是河姆渡遗址及城头山遗址（图二十八）。

城头山遗址　1991 年至 1992 年，该遗址在时任所长何介钧先生主持下，开展了第一次大规模的发掘。此次发掘在护城河的壕沟里出土了大量炭化水稻（图二十九）和薏苡、慈姑、野李、野葡萄、桃、野菱、葫芦、板栗等可食用的植物遗存，以及大量的猪、羊、狗、鹿等动物遗存，同时还发现了小面积的水田遗迹，这是湖南发现的第一处古代水田。通过对遗址出土炭化水稻小穗轴、刚毛、胚的研究，推测这个时期栽培稻的含量为 57% ~ 78%。

图三十　茅山遗址良渚文化时期水稻田

这个时期遗址出土动植物遗存的研究显示，该期处在稻作农业的形成过程中。这时虽然稻谷已经成为古代先民的重要食物资源，但是稻作生产并没有取代采集、狩猎活动成为社会经济的主体，通过采集获得的野生植物，例如菱角、薏苡等仍然是当时的不可或缺的食物资源之一。

图三十一　良渚古城出土的炭化米

（三）稻作农业社会的建立

距今 5000 年前左右。这个时期全国各地水稻遗址的分布，像雨后春笋一样，迅速丰富起来了。比较著名的遗址在长江下游有良渚遗址、茅山遗址，长江中游有鸡叫城遗址。茅山遗址发现了大面积的水稻田遗迹（图三十），良渚遗址发现了重达 2 万多斤的炭化米以及水利工程系统（图三十一、图三十二）。

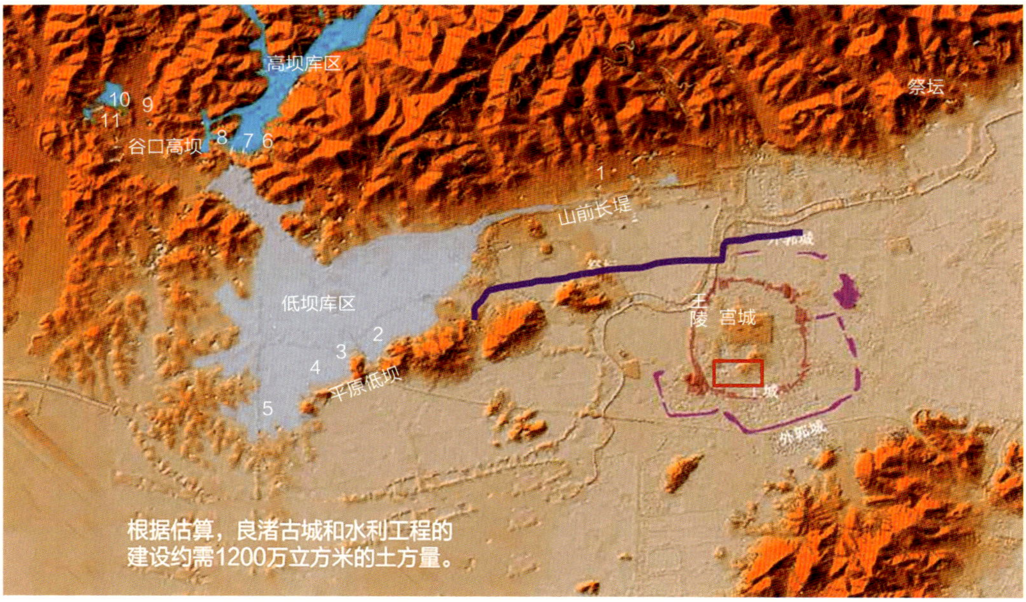

图三十二　良渚古城周围的水利设施

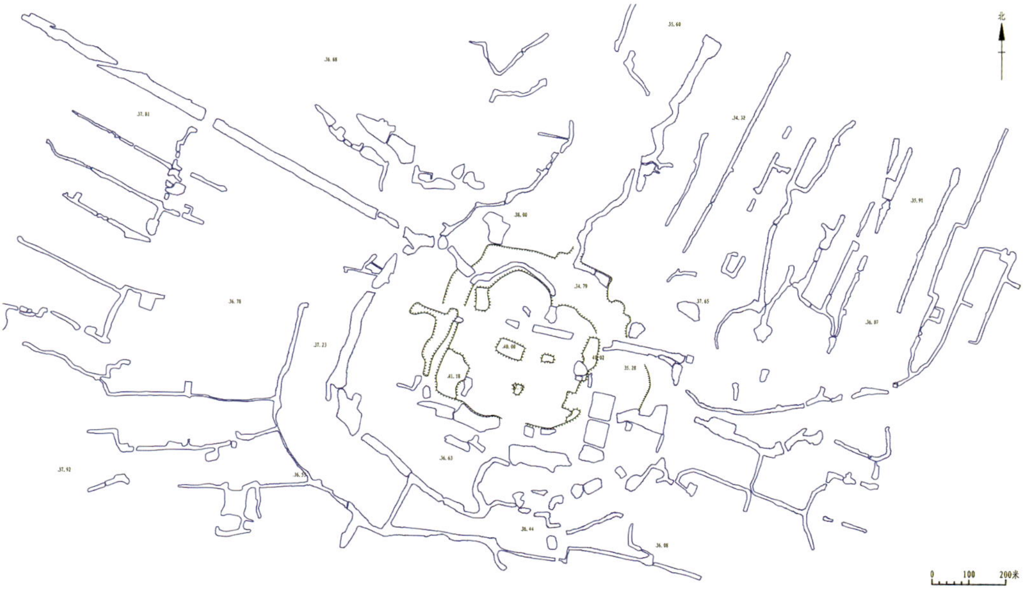

图三十三　鸡叫城古城及其周围的水网结构

湖南这个时期最有代表性的遗址就是鸡叫城遗址。鸡叫城遗址是距今5000多年前的屈家岭时期的古城，城总面积约22万平方米，东西长约480米，南北宽约460米，城外有3圈环濠及纵横交错且非常有规律分布的水网系统（图三十三），从这个城的整体布局可以看到它的文明发达程度与良渚非常相似的。通过小规模的考古试掘，在城墙下部屈家岭时期文化层中有约30厘米左右厚的黑色文化层堆积，取少量样品在高倍显微镜下观察，发现其全部为稻谷壳的双峰硅质体，据此可以断定这层为“谷糠”堆积层（图三十四），在这层堆积中还发现少量碎莎草、苔草属等稻田中的伴生杂草。通过分析，这个时期出土的水稻栽培稻的比例为56.25%～97.67%。

从这个时期遗址周围大型的水利设施的规模来看，这些设施不是一天两天就可以建成的，是需要有人长期从事这种工作，这就说明当时社会已经实行分工，已经可以常年征调大量劳动力从事与基本生活资料无直接关系的生产活动，说明稻作农业发展已经到了相当高的水平，仅需要投入部分人从事农耕生产就可以为全社会提供充足的粮食。通过对这个时期出土水稻小穗轴、芒及胚的特征分析，栽培稻的含量在56%～98%。以上证据说明，至迟在距今5000年前左右，稻作农业终于取代采集、狩猎成为社会经济的主体，进入到一个崭新的农业社会阶段。

因此我们说稻作农业起源是一个漫长的演变过程，在这个过程中，采集、狩猎在社会经济生活中的比重日渐衰落，农耕生产的比重不断增强，最终取代采集、狩猎成为社会经济的主体，人类社会发展迈入稻作社会阶段。

图三十四 黑色的“谷糠”堆积层及稻谷双峰乳突

湖湘万年古稻改写历史

一碗熬得浓稠、冒着热气的白米粥端上来。你喝一口软糯柔滑的粥，咬半片喷香的面包。那个黄灿灿的熟玉米棒，也被你啃得蛮干净。

这顿丰盛的早餐，完美组合人类最重要的三大农作物：水稻、小麦、玉米。人类费尽心力驯化的战利品，你也许几分钟就扫荡一空，但你有没有想过它们到底凭什么能亲吻你的舌尖？

解密农作物的起源，是农学家和考古学家操心的事。中国是世界农业的主要起源地之一，湖湘大地这个充满灵性的山水魔方则与水稻结下奇缘。在最深层的历史河床上，湖湘万年古水稻与堪称“东方魔稻”的现代杂交水稻，如兄弟般亲密牵手。

4 月 20 日，长沙博物馆。湖南省文物考古研究所副所长顾海滨，讲述湖湘稻作考古的故事。 在“湘稻”这株神奇植物的枝头，神农拾穗的浪漫传说与严谨的考古成果缤纷交错，风姿摇曳。

古水稻有了两大“身份证”

谷雨已至。眼下的湖湘大地，青青秧苗如成行的诗句倒映水田。澧阳平原上的彭头

显微镜下的扇形水稻植硅体

中国农业大学张文绪先生　提供

显微镜下的双峰乳突状水稻植硅体

中国农业大学张文绪先生　提供

山，也被大片青色包围。正是这里，挑开了湖南稻作考古的大幕——

1988年，考古人员在澧县彭头山遗址出土的陶器中发现了掺杂的水稻壳，距今约8500年前。

这是湖南史前水稻首次吸引世界的目光。1973年，浙江余姚河姆渡遗址发现距今约7000年前的水稻，打破了此前水稻起源的“印度说”。从此，人们把目光转向中国，特别是长江下游。彭头山则使长江中游大步跨进学界视野。

水稻最初只是长在水里的野草，它的种子很小，不像树上色彩鲜艳的苹果那么吸引人，人类怎么知道去吃它的种子并试图种植？也许人类从一些动物比如鸟的粪便里发现它，从而得知它没有毒，可以吃。也许小种子更容易发芽而被人类观察到，才会进一步尝试驯化它。但人类又如何把野生稻驯化成栽培稻？解开水稻的秘密，是一百多年来全球考古界、农学界最前沿的研究课题之一。

以彭头山为起点，一系列湖湘稻作考古成果以清晰的证据链和时间表，基本解密了长江中游地区人类驯化水稻的历史进程，湖湘大地是世界水稻起源与传播地之一。

顾海滨见证了31年来一连串奇妙的“湘稻”考古故事。

1988年进考古所，她就碰上了彭头山遗址惊喜之外的一大遗憾：“我的孢粉研究，还不能直接证明显微镜下看到的部分花粉就是水稻。”1990年，她去山东开会，得知日本专家发现了古水稻的“身份证”：稻叶上面有一种很特殊的扇形植硅体，能一直在土壤里保存，只要在显微镜下找到它就能直接判断是水稻。在进行大量分析实验时，她发现还有一种双峰乳突状的植硅体，找到它也能证明是水稻。

现在，显微镜下的古水稻有了公认的两大“身份证”。在顾海滨的眼中，它们一个像月夜，一个像雪山，有一种幽微而动人的美丽。

近万粒金色稻谷突然涌出

20世纪90年代开始，湖湘大地似乎一夜间被一根魔法棒点中，一串串惊艳世界的稻作考古成果，从山水深处蹦跶出来。

1993年11月17日下午5时30分，道县玉蟾岩——湖南稻作考古的“阿里巴巴山洞”悄然打开：考古人员在筛洗最后两袋土时，发现了两粒炭化的稻壳。

道县玉蟾岩遗址发掘现场

2004年，中美联合考古队在发掘工作中采用了当时具有国际先进水平的定位方法

当时人们并未意识到，一个改写世界稻作史的惊人发现就在眼前。主持发掘的湖南省文物考古研究所原所长袁家荣，当时想研究湖南从旧石器时代到新石器时代的过渡，就在几天前，洞内发现了最古老陶片。1994年底，北大考古系的严文明教授来长沙，告诉他陶片鉴定结果，距

道县玉蟾岩

今约 1.8 万 ~ 1.5 万年前，他简直不敢相信。陶器制作被认为距今 1 万年前以内才出现，水稻与陶片大体同时，如此早的碳十四测年数据令人震惊。1995 年秋天，袁家荣邀请了农学家张文绪、植物考古学家顾海滨参加玉蟾岩遗址的第二次发掘。他们每天工作 8 小时，累得腰酸背痛，却没瞧见水稻的影子，直到 1 个多月后的一天下午，两粒古水稻终于在一块胶结板中露脸。袁家荣激动得跪在地上拍下了它们的“芳容”。

湖南发现了世界最早水稻的消息，震惊了世界。澧阳平原上的好消息也接踵而至。

1995 年冬天，考古人员在八十垱遗址的古河道内发掘时，地下水突然往上冒，涌出大量稻谷。人们大声惊呼，用筛子一捞就是满满一筛子。稻谷刚捞出来时还是金黄色，谷壳上的芒仍清晰可见，一两分钟后就变成了黑色。顾海滨和同事一粒粒数，总计 8584 粒。这让她觉得一下子“阔气了”：“湖南的酸性土壤很不利于稻谷的遗存。这里猛地冒出这么多距今约 7500 年前的炭化稻，真是奇迹。”

第二年冬天，城头山遗址又爆出大新闻：这里不仅发现了中国最早的城墙，还发现了距今约 6500 年前的世界最早古稻田。发掘领队何介钧说古稻田里有灰白的稻蔸，还有一枚田螺壳。

2007年，就在距城头山不远的鸡叫城遗址，考古人员在沟底发现了厚达30多厘米的黑色土层。顾海滨进行浮洗时，筛子都被一层碎木屑似的东西堵住了。她在显微镜下一看，十分惊喜："镜头下全是双峰乳突状的水稻植硅体。这是细碎的稻谷壳，就是我们今天说的谷糠。"如此巨量的谷糠从何而来？今年，鸡叫城遗址将启动令人期待的第三次发掘。

魔幻般的湖南大地，迅速成了全球考古学界聚焦的高光点，哈佛大学终身教授欧弗·巴尔－约瑟夫等权威考古学家蜂拥而至。欧弗曾在西亚的一座山谷工作了近30年，揭开了小麦起源的秘密。他曾笑称自己有一个"狗鼻子"。1997年，他从一篇发表在美国杂志上关于玉蟾岩的文章中，"嗅"出了湖南的不同寻常。

论战中的"湖南之声"

若将现代人出现以来的15万年算作1小时，直到最后几分钟，农业生产才成为维系人类生存的主要方式。最后几分钟里到底发生了什么？农学家和考古学家孜孜以求答案，不断提出问题、解答问题。不断质疑与求证，才能逼近真相。

2007年，国际知名植物考古学家、伦敦大学学院考古学系教授傅稻镰发表论文，质疑河姆渡时期的稻谷遗存大多属于野生稻而不是栽培稻，引发了一场关于水稻起源的大论战。湖南，发出了自己的声音。

"傅稻镰的主要研究对象是稻谷遗存的粒型、基盘等。"顾海滨解释，"野生稻很聪明，为了避免种子被小鸟吃掉，种子成熟就立即掉落，因此它的小穗轴基盘光滑，便于种子脱落。人类不断挑选那些颗粒大且不容易落粒的植株进行栽培，因此栽培稻的基盘粗糙，种子不易掉落。湖南出土的炭化米粒比炭化稻谷更多，何不利用湖南掌握的资源找到一种更可靠的方法来区分野生稻与栽培稻呢？"

她找到了米粒上小小的胚。野生稻靠根系繁衍，栽培稻靠种子萌发。当稻谷吸水膨胀，胚部就会挤破谷壳吸收养分，长出幼苗。因此栽培稻的胚部比野生稻的胚部更大。顾海滨测定了宋家岗、八十垱等遗址里的水稻标本几千个数据，充分说明距今约8500 ~ 7500年前，湖南考古遗址出土的水稻很大一部分与现代栽培稻非常相似。

目前，顾海滨正和相关部门联手，通过DNA鉴定和分析找到万年古水稻的基因序列："地球植物约有39万多种，人类万年间驯化的农作物其实并不多。研究驯化植物的基因可以提取重要的遗传信息，对于人类的食品安全有着重要意义。"

原来，那顿美味的早餐，是远古的"基因工程师"们赐予后人的宝物。幸运的是，今天的我们，也仍有着远古先民的胃。

《汉书·公孙弘传》云："甘露降，风雨时，嘉禾兴。""嘉禾"意即茁壮之禾，祥瑞之禾。其名背后，隐藏着人类驯化农作物的行为习惯：挑选那些基因更好的优质谷物进行制种培育。中国史志中，以"嘉禾"为地名者众多，今天，湖南郴州的嘉禾县，独占美名。

湘之稻，非常稻。此刻，我们站立在见证了万年来人类伟大稻作工程的热土上，想象自己就是沐浴春风谷雨的一蔸嘉禾吧，它曾迎来先祖热切而惊喜的目光，挺立成万年长青的那株"父亲般的水稻"——这是一位湖南诗人给予湘之"稻"的由衷赞美。

大事记

中国稻作农业考古

从19世纪中叶达尔文的《物种起源》开始，西方就有学者从栽培植物的遗传变异和地理分布来研究农业的起源。稻作起源是国际考古学界和农学界的一个热门话题，"印度说""东南亚说"等半个多世纪来一直争论不休。自20世纪70年代以来，中国关于稻作农业的一系列重大考古研究成果迅速改写历史。

1973年，浙江余姚河姆渡出土大量距今约7000年前的炭化稻谷和原始耕作工具，比当时认为最早的印度的稻作历史早 3000 年。

1988 年，湖南澧县彭头山早期新石器文化遗址，发掘出土了稻谷遗存，距今约 9000 多年前，将中国的稻作历史推前了 2000 多年。

1993 ~ 2005 年，湖南省文物考古研究所对玉蟾岩进行了 4 次发掘，发现了距今约 18000 ~ 14000 年前的古栽培稻和原始陶片。

1995 年，湖南澧县八十垱遗址发现距今约 7500 年前的古水稻。

1996 年，湖南澧县城头山遗址发现世界最早的古稻田，距今约 6500 年前。

2004 年，浙江余姚的田螺山遗址，出土了大量距今约 6500 年前的古代稻谷。

2007 年，湖南澧县鸡叫城遗址发现大量炭化谷糠和完好的灌溉系统。

2012 ~ 2017 年， 浙江良渚古城遗址发现大量炭化稻谷及古水利工程。

2014 年，湖南澧县宋家岗遗址考古发掘出土距今约 8500 年前的炭化稻米。

评说

全世界有三个主要的农业起源地——我这里讲的农业主要是指谷物农业，是栽培作物。一个在西亚，这个地方是小麦与大麦的起源地。第二个就是中国，中国是小米和大米的起源地。小米是指粟、黍，主要在黄河流域起源和发展，后来成为中国北方的主要农作物。中国的长江流域是稻作农业的起源地。第三个是在美洲，美洲是玉米的起源地。它们都对后来古代文明的产生起了决定性作用。中国的文明代表了东方文明，它对周围的国家产生了非常大的影响。

稻谷作为食物的优势在哪里？它易于贮藏，填补冬季食物的匮乏。稻谷又是一种一年生的植物，种了以后等不了几个月就可以收获，到第二年开春又可以下种。要是别的植物，比如说水果或者是干果，像栗子、橡子，你把这些种子保存后播种，多少年以后才能结果，周期太长。谷类作物，包括水稻、小麦、玉米，都有这样一个共同的优点。

—— 北京大学考古文博学院教授　严文明

水稻的驯化是在人类耕种行为影响下的漫长的植物进化过程，越来越多的考古发现证实，这个漫长过程的起点应该就在长江中下游地区。稻米粒形和胚部特征在现代野生稻与栽培稻之间，存在显著的差异，这就客观上为考古遗址出土稻谷野生和栽培属性的判别提供了前提条件。根据这些方法对遗址出土稻谷野生和栽培属性及演变速率的研究显示，长江中游地区似乎要快于长江下游地区，而且二者的差别是非常明显的。当然，这个比较的前提是，暂且不考虑由于判别方法的不同而造成的可比性问题。

——中国考古学会植物考古专业委员会主任、中国社会科学院考古研究所研究员　赵志军

长江下游距今 9000 ~ 8400 年前的湖西遗址、距今 8000 年前的跨湖桥遗址和距今 7000 年前的田螺山、罗家角遗址的水稻遗存小穗轴基盘栽培型比例分别占 38.8%、41.0% 和 50.0%，明显低于长江中游的宋家岗的 60%、八十垱的 65.7% 和城头山的 68.4%，表明早期两地的水稻驯化速率是有差异的，暗示长江中游和长江下游水稻具有独立的起源和驯化途径。

长江中游的驯化开始要早于长江下游，长江中游栽培起始时间可追溯到距今 12000 ~ 9900 年以前。与该地域的新石器时代早期发现的年代基本一致，年代可能要早于下游地区。但两地均有完整的驯化历程（从野生到栽培），且驯化速率不同，表明两地可能是相互独立的驯化中心。

——中国考古学会植物考古专业委员会主任委员、浙江省文物考古研究所科技考古中心主任　郑云飞

原载于《湖南日报》2019 年 4 月 23 日第 9 版

（湖南日报记者　肖欣）

焰红石渚

——看长沙窑彩瓷中的五色大唐

◇ 张兴国

长沙窑在文物档案里的全称是长沙铜官窑遗址，于1988年被列为全国重点文物保护单位，学界多简称为“长沙窑”，或“铜官窑”“长沙铜官窑”（本文以下均称“长沙窑”）。这个遗址的窑业遗存主要分布在今天长沙市望城区铜官街道彩陶源村的石渚湖两岸，遗存散布面积达2平方公里，是现存湖南境内体量最大的一处唐代遗址（图一）。长沙窑最鼎盛的时期在中晚唐的9世纪，这一时期的长沙窑瓷器畅销海内外，以装饰丰富的彩瓷为主要特征，极具辨识度。色彩是陶瓷研究中一个常见的分类标准，有青瓷、白瓷、青白瓷、彩瓷等类别之分，而彩瓷是长沙窑在中国陶瓷史上最为突出的成就，所以色彩是我们观察长沙窑的一个重要视角。

考古遗存中色彩最丰富的一处唐代遗址要数位处陆上丝绸之路关键节点的敦煌莫高窟，敦煌把东西方各种风格的色彩聚集在了莫高窟，洞窟内的唐代壁画保存着大唐的真色。而唐代陶瓷则是移动的色彩，把大唐的灿烂文化传播到了世界各地。从色彩来看，

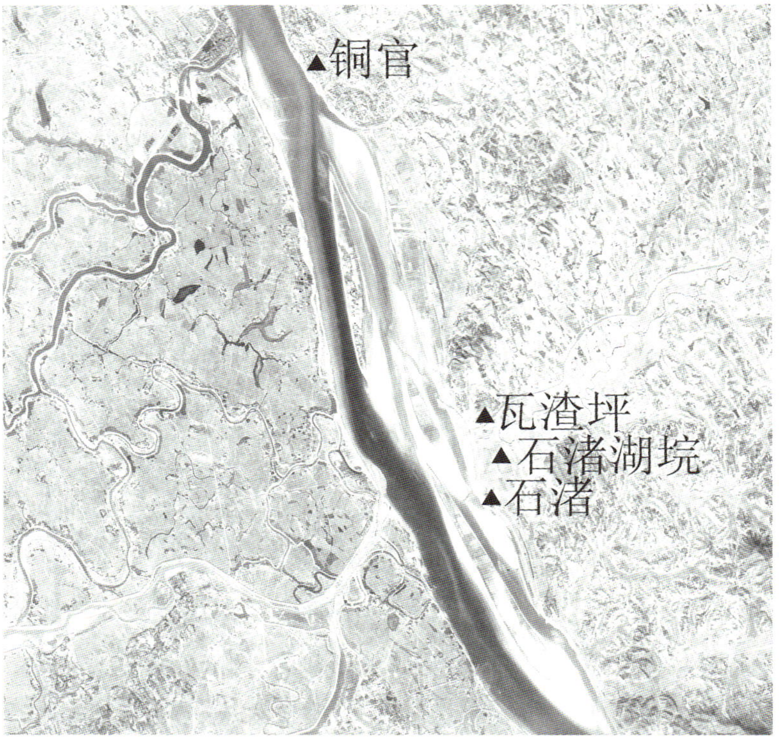

图一　20 世纪 60 年代石渚湖垸周边卫星图

唐代陶瓷业的基本格局在安史之乱前后发生了很大的变动，有一个从“南青北白唐三彩”到“南青北白长沙彩”的变迁过程，中晚唐异军突起的长沙窑可视为唐三彩的后继者，也是中晚唐瓷窑在色彩上的一面旗帜。长沙窑技融南北，艺和东西，是海上丝绸之路上最有活力的弄潮儿，不管是外观色彩还是文化内涵，长沙窑的丰富程度在中晚唐瓷窑中都显得鹤立鸡群，可谓 9 世纪的“窑业敦煌”。

“古岸陶为器，高林尽一焚。焰红湘浦口，烟浊洞庭云。”中晚唐澧州诗人李群玉曾来到石渚湖岸，亲眼见证了石渚窑业的辉煌，并写下了这首流传千年的诗篇。对于湖南来说，中晚唐是一个非常重要的发展阶段，“湖南”作为一个相对独立的行政单位名称就始于中晚唐。发现湖南、走近大唐，让我们从长沙窑开始，从石渚开始。

一、石渚：一个陶瓷草市的生命史

石渚是长沙铜官窑遗址在唐代的真实名称，这名字一直沿用到现在，是一个可以带领我们走进长沙窑历史现场的老地名。不管是中晚唐澧州诗人李群玉写下的《石渚》，还是在"黑石号"沉船出水的"湖南道草市石渚孟子有名樊家记"题铭碗（图二），都证明石渚在9世纪已经形成了一个规模庞大的、集陶瓷生产和销售为一体的陶瓷草市，它的生命史经历了一个从孕育、兴衰到重生的过程。

关于草市，历史文献目前所见最早的记载是在南北朝，不过只要有商品交易活动，就会有市场的存在，草市的起源应该更早，但在唐代早期，官方并不支持这类市场的发展。《唐会要》卷八十六有载：唐景龙元年（707）十一月敕，诸非州县之所，不得置市。到中晚唐，历史文献中频繁出现草市的记载，草市甚至成为唐朝政府税收的一个重要来源地，如王建的《卞路即事》说"草市迎江货，津桥税海商"。杜牧的《上李太尉论江贼书》，他写意见给当时的太尉李德裕，说要保护这些草市。为什么要保护草市？因为草市是税收的重要来源地，里面住了很多富室大户，好多江湖盗贼也盯上了草市。长沙窑所在的石渚草市就是这些草市中的一个。

我们可以给唐代的草市下一个简单的定义：除国家规定的州县坊市之外，在城外居民聚集之处，或者水陆交通要道、关经驿站所在之地自发形成的市场。石渚草市有确切物证和历史遗存，是现在已经被保护下来的唯一一个唐代草市遗址。长沙窑有一款诗文壶，把草市里买卖双方的心理活动写得很清楚，诗文是这么写的："买人心惆怅，卖人心不安。提诗安瓶上，将与买人看。"

图二 "黑石号"沉船出水的"湖南道草市石渚孟子有明樊家记"题铭碗

石渚草市的兴起有它特殊的背景。

首先是人口的增长。依据有关研究，唐天宝年间湖南的人口大约190多万，基本恢复到了东汉时期的人口规模，到北宋崇宁年间人口已飙升到670多万。从天宝之后的中晚唐开始，湖南得到了极大的开发，人口激增。这是长沙窑兴起的第一个背景。

第二个背景是唐代早期的七大瓷器产区。陆羽的《茶经》里面有七大瓷器产区，除了邢窑白瓷，其他都是青瓷，有越州窑、鼎州窑、婺州窑、岳州窑、寿州窑、洪州窑。这些窑址除鼎州窑以外，其他的窑址都找到了，都经过了考古确认。长沙窑所在的石渚就在岳州窑产区的边缘。所以长沙窑的兴起不是没缘由的，它得到了东汉以来岳州窑青瓷技术传统的滋养。

第三个背景，我们知道汉唐时期欧亚大陆两端的直接交流已经非常多了，经由陆海交通，湖南也参与其中，境内可以看到很多东西方文化交流的遗迹和遗物，湖南唐代早期的墓葬里面就有很多胡人的形象。唐代早期就已经有胡人在湖南活动的确切证据，他们大部分人是经商，也有人是从政的。洛阳城北曾出土过一块墓志，依据墓志铭文，墓主人是一个叫安度的长沙人，卒于659年，生前任陪戎副尉，死后葬于洛阳城北的邙山。唐代的安姓一般都被认为就是粟特胡人，这个安度可能是汉化比较深的粟特人后裔，所以他的墓志里面说“空传西域之名”。

图三　扬州出土阿拉伯文穿带壶

第四个背景是伊斯兰教的兴起。伊斯兰教创始人穆罕默德他本身就是个商人，他有一句话是这么说的：“商人是世界的信使，是安拉在大地上的忠实奴仆。”我们在长沙窑的瓷器上也可以看到类似的话（图三）。

在穆罕默德去世之前的唐代早期，伊斯兰教已经非常的强势了。这是为什么长沙窑瓷器里面会有很多域外的，特别是阿拉伯伊斯兰文化因素的原因，阿拉伯伊斯兰地区对唐代瓷器的需求极大刺激了长沙窑外销瓷的生产。

最重要的一个历史背景是安史之乱。这场战乱在中国历史上的重要性已经被广泛讨论了。对长沙窑来说，一个很重要的契机就是当时大量北方人口的南迁。《旧唐书》里面是这么写的，“自至德后，中原多故，襄邓百姓，两京衣冠，尽投江湘”，“江”是江汉一带，“湘”就是湘江流域。长沙窑诗文壶上也经常提到洛阳，“洛阳来路远，凡用几黄金”，当时洛阳是安史之乱的主战场之一，受战乱影响最甚，洛阳的窑场也受到影响，包括当时有名的巩县窑，应该有很多窑工避难迁移到了湘江下游的岳州窑产区，给这里的青瓷生产带来了新技艺。

要了解长沙窑的历史背景，还有一个非常便捷的途径，就是去看杜甫的诗。杜甫写过一首诗叫《铜官渚守风》（一名《铜官阻风》）：“不夜楚帆落，避风湘渚间。水耕先浸草，春火更烧山。”今日铜官老街有个守风亭，是后人为纪念杜甫而建的。唐代的铜官渚在哪？杜甫的避风港“湘渚”在哪呢？《水经注》卷三十八记载：“湘水右岸，铜官浦出焉。湘水又北径铜官山，西临湘水，山土紫色，内含云母，故亦谓之云母山也。”也就是说铜官浦是在铜官山的南面，铜官山也叫云母山，在现在的铜官镇，而《水经注》中的“浦”是指江河与支流的汇合处，铜官山南面符合这样地形的只有石渚湖，所以铜官浦应该就是石渚湖。那么铜官渚有没有可能就是石渚呢？

20世纪80年代石渚出土了一块咸通八年（867）的“彭城刘府君墓志铭”，依据志文，石渚当时隶属于谭州长沙县临湘乡普乐里，志文说墓主人“时年寿六十，疾疢不疗，奄终于湘渚。夫人张氏，生二子二女，孝名成著，迁奉府君，葬斯美山焉，地名渡头”。由此可知，这里说的“湘渚”就是石渚，墓主人葬于石渚的渡头。

可见，杜甫所避风的“湘渚”极可能就在石渚。为什么杜甫不像李群玉一样在诗里直言“石渚”，而是泛称“湘渚”？泛称的“湘渚”在唐诗中多给人以一种寂寥的意象，切合杜诗的意境，当时的石渚还不是很有名气，陶瓷生产规模小，热闹的草市还没有形成，杜甫看到的是一边耕种一边烧窑的景观。我们可以在江西永和镇的吉州窑看到类似的情况，吉州窑是因窑成市，它的窑业兴起之后形成了永和镇。石渚草市可能也是这样，在早期它是“民聚其地，耕且陶焉，由是井落墟市，祠庙寺观始制”。

所以我们可以比照吉州窑永和镇的发展历程，来看石渚草市的整个生命历程，它大致经历了五个阶段：孕育、形成、初兴、鼎盛、衰败。

第一个阶段是草市的孕育期，在安史之乱之后的至德到大历年间。如果从“考古学文化”的角度来观察湘江流域制瓷历史的演变，用“岳州窑”来概括湘江下游东汉至唐代以烧制青瓷为主的瓷窑群，用“长沙窑”来指代石渚湖两岸以烧制彩瓷为主要特色的瓷窑群，则可以说岳州窑是孕育长沙窑的母体。有证据显示这个时候石渚湖两岸已经有少量窑场，但还只是岳州窑类型瓷器产区的一部分，石渚窑场的产品与岳州境内同期窑口的产品在外观上难以区分开来，都是陆羽所说青则益茶的“岳州瓷”。成书于大历年间的《茶经》没有提到石渚，石渚当时的景观是且耕且陶，自产自销，还没有形成大规模的草市。这个时期也是窑业移民的聚集期，拥有不同技能的北方难民为了谋生来到了石渚湖两岸，给这里注入了来自北方的窑业基因。长沙窑的窑具和瓷器上可以看到很多种不同姓氏，最多的是张姓，还有杨、高、李、何、康这些姓氏，据不完全统计，有超过 30 个跟窑工或作坊主有关的姓氏（图四）。其中“康”字模印贴花产品极可能来自一个粟特家族的制瓷作坊，因为唐代的康姓一般都认为是粟特人，包括安禄山原本也是康姓粟特人。除了匠人，这里面还有画师，有书手，还有一部分胡人也直接参与了长沙窑的产销链，在石渚草市的孕育和形成过程中扮演着重要角色。

第二个阶段是草市的形成，大概是在大历年间。虽然考古实物证据还不充分，但在历史文献中可以找到有关线索。我们看与长沙窑有密切关系的几个重要城市：扬州、广州、潭州。

扬州在公元 760 年发生了一场刘展之乱，田神功大掠扬州，杀了很多胡商，但到大历六年（771），扬州的胡人请求建大云光明寺，这说明大历六年以后，扬州的局势已经比较安定了，胡人可以安稳的长期居住，才会要求修建他们的寺庙。《唐会要》卷八十六载：“十四年七月，令王公百官及天下长吏，无得与人争利。先于扬州置邸肆贸易者，罢之。先是，诸道节度观察使以广陵当南北大冲，百货所集，多以军储货贩，列置邸肆，名托军用，实私其利息。”可见在大历末年，扬州的商贸活动已经十分繁荣了。

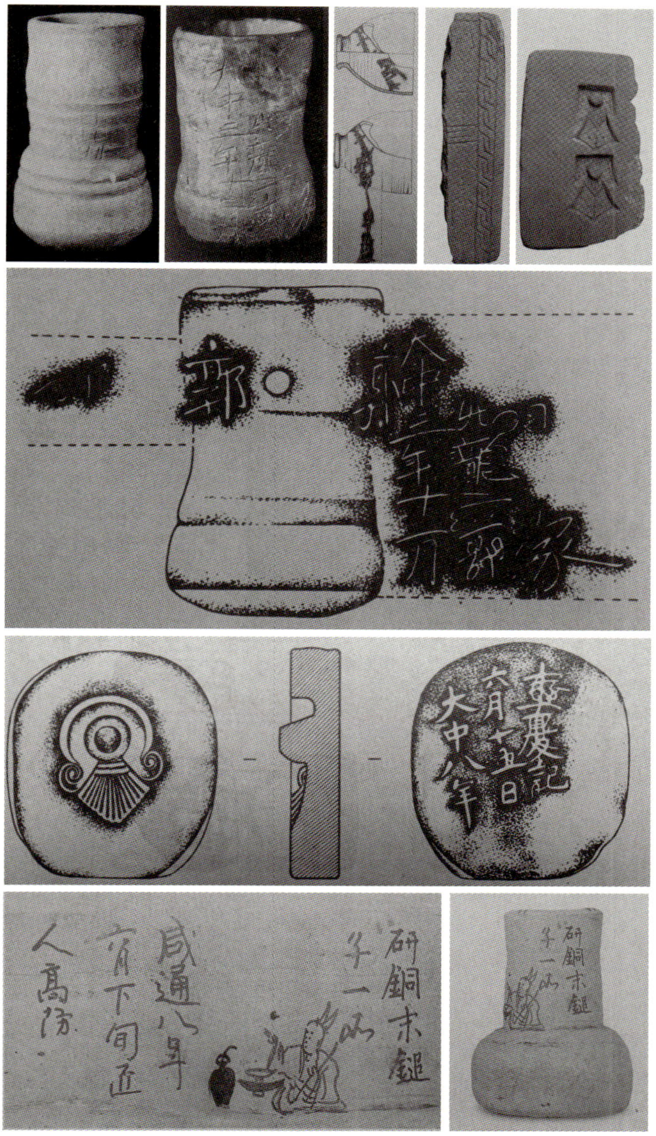

图四　长沙窑出土带姓氏的窑具

广州的情势也类同，也在大历四年（769）的时候局势基本稳定下来，来广州的外国船舶也多了起来。《旧唐书·列传第八十一·李勉传》记载：“（大历）四年，除广州刺史，兼岭南节度观察使。番禺贼帅冯崇道、桂州叛将硃济时等阻洞为乱，前后累岁，陷没十余州。勉至，遣将李观与容州刺史王翃并力招讨，悉斩之，五岭平。前后西域舶泛海至者岁才四五，勉性廉洁，舶来都不检阅，故末年至者四十余。”

潭州是窑址所在地，在大历五年（770）发生了臧玠之乱，此后潭州的局势比较安稳。与长沙窑有紧密关联的三个城市都在大历年间趋于繁荣，可推想石渚草市的形成很可能就在大历年间。

第三个阶段是草市的初兴，在建中至贞元年间。这个阶段不光是有文献的证据，还有确切物证。这个阶段的长沙窑产品已经远销到武汉了，在武汉一座建中二年（781）的唐墓里面出土了一件具有长沙窑早期风格的盘口壶（图五）。再看这个时候的扬州，权德舆所作《大唐杜公淮南遗爱碑铭序》记载：“《禹贡》淮海之域，职方东南之奥，产金三品，射利万室。控荆衡以沿泛，通夷越之货贿，四会五达，此为咽颐。”这说明杜佑任淮南节度使的时候（789—803），扬州的交易活动非常旺盛，已能“控荆衡以沿泛”，也就说当时湖南地区的商贸跟扬州有直接的联系了。与此同时，拉施德在位时候（786—809）的阿拔斯帝国也达到了非常强盛的时候，拉施德的皇宫里面就有进贡的中国瓷器，其中不排除有长沙窑的东西。

第四个阶段，是石渚草市最鼎盛的时期，在元和到咸通年间。首先看长沙窑产品的销售范围。元和年间，长沙窑彩瓷已经远销北方了。刘言史的《与孟郊洛北野泉上煎茶》描述了他和孟郊在洛阳郊区喝茶，他们用的就是湘瓷，所谓“湘瓷泛轻花”，一般认为就是长沙窑彩瓷。李吉甫在《元和郡县图志》中评述大运河时称：“自扬、益、湘南至交、广、闽中等州，公家运漕，私行商旅，舳舻相继。隋氏作之虽劳，后代实受其利。”所谓“扬

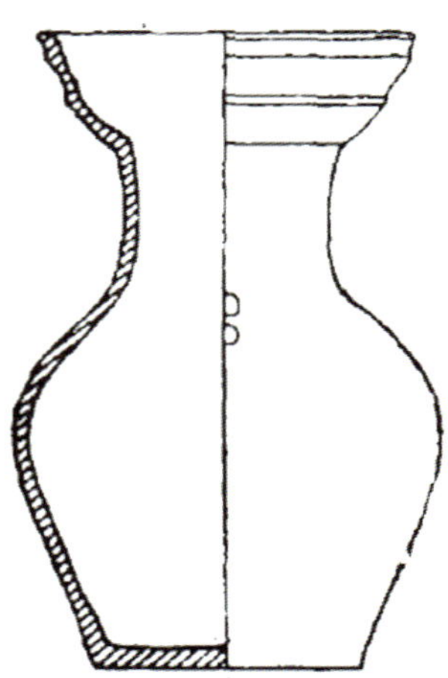

图五 武昌建中二年（781）唐墓出土长沙窑盘口壶

一益二”，李吉甫把湘南和当时最繁华的扬、益二州相提并论，可见元和年间湘江水路的繁荣程度。外销方面，“黑石号”沉船见证了宝历前后长沙窑的外销也进入了鼎盛的阶段。在窑场本地，有大中年间李群玉对石渚生产场景的细致描述，诗里可以看到它的烟火缭绕，地都被挖空了，一派繁荣景象。这个时期长沙窑的产品不光是国内出土的多，国外出土的也多，是一个国际级别的畅销品，在20多个国家地区都有出土。随着新资料的不断出现，出土点还会越来越多。

长沙窑为什么会取得这样巨大的成就？唐代后期从德宗开始到宪宗在位时期，统治策略做了一些改革，取得了显著成就，史称“元和中兴”。文宗朝有史料可证，官方对外来商船采取开放和优待政策，“任其来往通流，自为交易，不得重加率税”。这是一个重要的政策支持。此外，胡人的贡献不可或缺，他们深度参与了长沙窑的产销体系。举个例子，扬州出土的一件墓志，墓主人是个称“摩呼禄”的波斯人，死于大和九年（835），“生居西域，云水舟航，漂流楚客”，这个“楚客”有很多用法，虚指或实指都有可能，但是可以肯定他是个生意人，很有可能是一个曾到湖南经商的波斯人。

这个时候的诗人写了很多关于经商活动的诗，就是“贾客乐”，也有觉得商人不值得羡慕的，就写“反贾客乐”。张籍的《相和歌辞·贾客乐》里说到“孤帆夜发满湘渚”，这个“湘渚”指的是哪里？前引“咸通八年彭城刘府君墓志铭”里面说的“湘渚”是石渚，张籍诗文中的“湘渚”很可能也是石渚，或者说石渚是当时湘水最知名的一个“渚”。也就是说到张籍的年代，“湘渚”夜晚还在发船，这就跟杜甫来铜官的时候不一样了，杜甫说“不夜楚帆落，避风湘渚间”，就是说晚上天还没黑船帆就落下来了。这前后两个阶段的湘江夜景发生了显著的变化。

“无言贾客乐，贾客多无墓。行舟触风浪，尽入鱼腹去。农夫更苦辛，所以羡尔身。”刘驾的《反贾客乐》说航海经商太危险了，贾客多死无葬身之地，没什么值得羡慕的。这种情况在长沙窑的瓷器里面也有体现。黑石号沉船出水了一个瓷碗，碗内的彩绘就画着一条巨大的摩羯鱼张口要把帆船吞没了。摩羯鱼是大海的一种神兽，吞噬一切，着实可怕，这是对海上陶瓷贸易高风险的直观表达。

这个阶段长沙窑本土的匠人可能也参与了海外贸易。长沙窑有一首诗是这么写的："离国离家整日愁，一朝白尽少年头。为转亲故知何处，南海南边第一州。"大概在公元785年至805年间，贾耽在《皇华四达记》详细记载了从广州直至巴格达的"广州通海夷道"，成书在公元851年左右的阿拉伯文献《中国印度见闻录》也记载庞大的中国船到了波斯湾进行交易的情况。这条海上航线的开导，也有石渚人艰苦卓绝的贡献。

最后一个阶段，长沙窑的衰败，在唐末五代时期。最开始的衰败是唐末战乱导致的。首先要提的是黄巢起义，乾符六年（879）黄巢军攻下广州，《中国印度见闻录》对此进行了详细的记载："就总共有十二万人被他杀害了"，此后"中国的情形，以曾经在那里主宰一切的王法和正义为发端，全都变样了；从尸罗夫港到中国的航运也中断了"。尸罗夫就在现在伊朗的希拉夫港，黄巢起义让阿拉伯商人视中国为畏途，长沙窑的外销市场也因此丧失了一大半。第二个影响是战乱引起的人户逃亡，880年黄巢军打下了潭州城，当时潭州城的守军基本上被杀得差不多了，直接把尸体抛到了湘江，可以想象一下这些尸体顺江而下，流经石渚窑场，窑匠必然逃亡，所以文献里说湖南"人户逃亡，伤夷最甚"。第三个方面的后果是集散市场和主要销售渠道的中断。长沙窑最主要的集散地是在扬州，扬州在唐末也是战乱不已，长沙窑的销路肯定是受影响的。所以长沙窑在唐末有一个非常明显的衰落，窑场里考古发现最多的纪年窑具都在元和与咸通年之间，咸通之后很少见纪年窑具，这也是生产规模急剧衰减的表现。

长沙窑最终停烧应该是在五代。这里面有两个方面原因：一个是五代政权割据，外销受阻，五代外销瓷生产基本由沿海地区的窑场主导了。以五代时期的沉船为例，印坦沉船主要是广东和越窑的青瓷，井里汶沉船里面就基本上是越窑青瓷了，这些沉船里面都看不到长沙窑的身影。另外一个重要原因就是湘江流域的陶瓷生产中心也发生了转移，衡州地区的青瓷产业崛起了，五代时期衡州窑的规模已经非常庞大，跟长沙窑的分

图六 长沙窑特展中的“附信到扬州”诗文执壶

布范围不相上下，抢占了长沙窑在内销上的市场。

此后的历史文献对长沙窑仅有零星记载。《太平广记》里面记录了一个被挖出的瓷瓶，黄质黑文，上面写了一首诗：“一双青乌子，飞来五两头。借问船轻重，寄信到扬州。”这首诗就是长沙窑诗文壶上的诗（图六）。从考古发掘的情况看，五代之后的石渚成了一个普通村落，宋代的遗存已经非常少了，元代的有少量窑场，明清时期窑业又兴盛了起来，但这个时候生产的东西相对单一，以陶胎缸罐为主，同时也形成了集市，即地方文献里的“石渚市”。

民国祁阳人黄裔是最早关注湖南本地陶瓷历史的学者，他在《瓷史》里介绍湘州花瓷的时候提到一种白地蓝花瓷盒，是不是长沙窑彩瓷不好确定。长沙窑瓷器大量出现是在抗战时期，由于战事工程长沙城郊很多东西被挖出来了，土夫子、古董商、国内外文物收藏者，还有金石学家等各方面的人都聚集长沙。当时就有很多长沙窑瓷器流入到香港，然后被卖到国外，有见识的学者非常心痛，就像商承祚先生在《长沙古物闻见记》里写的那样。

1942 年，为有效扶助手工业发展，湖南省银行经济研究室对湘东各县手工艺品生产经营状况进行了调查，在其编撰的《湘东各县手工艺品调查》里专辟一篇记录了当时铜官陶业的基本状况，分析了铜官的制陶历史，并指出：“最初设窑制陶之处，原系石渚，石渚在铜官山上游十里，有地名瓦砾坪者，土内尚遗留陶器破片不少，然因何而衰，因何产区下移，不可复考。”可知当时的调查人员已经注意到了石渚的窑业遗存，并将其视为铜官陶业的源头，但编者把遗址内的瓷片视为陶器破片，说明对石渚一带的窑业遗存的历史属性并无准确认识。

二、遗址的新生：长沙窑考古六十年

真正给长沙窑带来新生命的是文物考古工作。最早预见长沙窑存在的是陈万里先生，他是中国最早将现代考古学方法应用在古陶瓷研究中的学者。抗战时期他在长沙得到了一个白釉碗，推测长沙附近会有一个烧制白瓷的窑场。果不其然，1956 年，湖南的文物普查工作者就在石渚湖北岸的瓦渣坪找到了这样的白瓷和彩瓷窑址。因为这类瓷器在当时的考古发掘中经常可以看到，可为什么它的青釉像岳州窑青瓷，却又多有彩绘，和唐三彩有点像，但它的白釉瓷又和北方白瓷有显著区别，大家都有一些疑惑。随着后续考古工作的开展，关于长沙窑的这些疑惑被一个个解除，长沙窑的价值日益被世人认可。遗址穿过历史尘埃，迎来了新生。

长沙窑被发现后立刻引起了国内古陶瓷研究专家的高度重视，故宫博物院两次派人到实地进行调研。1957 年夏，故宫博物院的陈万里、冯先铭、李辉柄三位专家到瓦渣坪调查，因时间短，又值阴雨，仅在地面采集了一些标本。陈万里先生注意到该窑址碎片多为贴花及有斑的壶罐之属，完整器在长沙附近墓葬中颇多发现，并把该窑址与岳州窑区别开来，称之为“长沙窑”。1959 年冬，冯先铭、李辉柄再次到瓦渣坪做了为期两天的调查，冯先铭执笔撰写了调查报告，认为该窑址所产彩瓷的装饰方法超出了唐代一般规律，突破了传统的单色釉，给予了很高的评价，并确认了国内外不少彩瓷系长沙窑产品，从而把长沙窑推介至学术界，初步确立了长沙窑的历史地位，为国内外出土的大量长沙窑瓷器找到了“娘家”。但限于国内特殊的政治局势和原始资料稀少，国内学术界此后相当长一段时间并没有对长沙窑做更深入的探讨。

1964 年冬至 1965 年春，石渚水利工程修筑新河，大片古代窑址堆积遭到破坏。为配合清理和收集流散文物，湖南省博物馆周世荣先生和技工任全生前往实地调查和试掘。这是长沙窑的第一次抢救性考古发掘，当时的工作条件非常艰苦，交通不便，抢救工作结束后周世荣和任全生用箩筐挑着收集起来的长沙窑标本，沿着泥泞不堪的湘江河岸走 10 里路到铜官镇，又水路行船 60 里才能回市里。

1974 年之后，长沙市文物局文物组对铜官一带的古窑址开展了调查，在铜官镇上的蔡家氹、沙湾寺、誓港也发现了唐代窑址遗存，并在誓港的外兴窑采集有彩瓷残件，这说明铜官的唐代彩瓷窑址不只是集中分布于石渚。1978 年 1 月和 11 月，石渚湖两次修整堤垸，长沙市文物局文物组对施工范围内的窑址进一步做了调查，实测了石渚湖两岸窑址分布图，试掘了 2 条探沟，清理了 2 座已被挖开的窑炉，采集标本 1928 件。这次考古工作的资料《唐代长沙铜官窑址调查》公布于《考古学报》1980 年第 1 期，执笔者萧湘先生系统地公布了工作成果，窑址面貌第一次得以较全面地展现出来，引起了学术界的强烈反响。

1983 年，国家文物局批准由湖南省市文物部门组成联合发掘小组，对长沙窑做了重点发掘，这次发掘之后，长沙窑的价值得到了广泛认可，国务院于 1988 年把遗址列为全国重点文物保护单位。长沙窑发掘资料的整理与研究也被列为国家“七五”重点科研计划，周世荣先生为负责人的长沙窑课题组将窑址调查及发掘所出以及国内外出土长沙窑瓷资料做了汇总，并就长沙窑兴起的历史背景及其年代、产品的主要特点及销售等问题做了专门探讨，对长沙窑的研究取得了阶段性的重大成果，这些成果整编为《长沙窑》，由紫禁城出版社于 1996 年出版。

1999 年，长沙市文物考古研究所经国家文物局批准，在窑区内的蓝岸嘴再次进行了带抢救性质的考古发掘，出土了大批长沙窑彩瓷，此外还在长沙窑区东面的廖家坝、王田坪一带的地层底部，发现有单一的青瓷堆积层，器类及风格与岳州窑产品相似，为研究长沙窑与岳州窑的关系提供了线索。

20 世纪这几次主要的田野考古工作都集中在窑址分布比较密集的石渚湖北岸，这一片也被划定为遗址的保护范围，但当年这个窑业草市聚落的真正范围远超过了现今的保护范围，在保护范围之外也有大量窑业遗存。自 2010 年以来，为配合长沙铜官窑国家考古遗址公园的建设，我们对遗址进行了全面勘探，考古发掘主要在两个区域开展，一是 2010 ~ 2012 年在遗址保护范围内配合遗址公园建设的考古工作，发掘点有谭家坡、陈家坪、大坡和石渚坪；另一块区域就在保护范围南边的石渚湖沿岸，是 2015 ~ 2017 年配合新华联铜官窑古镇的开发项目建设而开展的，在石渚湖沿岸的年丰垸、灰坪和石渚进行了考古发掘。

（一）调查：石渚草市的格局和规模

这次调查比较全面，目光没有局限在北岸，当然重点还是在北岸，同时也对石渚湖及其南岸也进行了全面的勘探。调查的主要收获有两点：一个是确认了遗址的性质，它是以石渚湖为中心的一个陶瓷草市聚落，它的主体是唐五代时期的窑业遗存，同时也有少量的新石器时代和商周时期的历史遗存；第二个方面就是基本确定了遗址的生产规模，调查确认窑址 77 处，窑业遗存分布面积近 2 平方公里，其中唐五代时候是 67 处，占了绝大部分，这个规模在同时代可能只有上林湖越窑可与之媲美。此外，对遗址的功能分区有基本的一个判断，它这里面有相对集中的生产区、交易区和墓葬区。

在烧造区可以看到窑炉基址的断面上有层层叠叠的窑床，同一个地方有多次修补的痕迹，窑炉周边则堆积大量匣钵、残次瓷器等窑业废弃物。窑炉所在山体内一般都有挖泥洞，洞内的白色黏土是制瓷的主要原料，遗址内几乎每一个山丘都有挖泥洞，跟李群玉在《石渚》里面的描述非常一致，所谓“地形穿凿势，恐到祝融坟”。墓葬区集中在大坡，一共发现 18 个点，在其中一个点发掘了一处土坑墓，墓里随葬的陶瓷器有塔式罐、小罐子，样式跟窑址的产品是一样的，所以可以判定这个墓葬是当时的窑工墓。石渚湖是窑业聚落的中心，是当时的交通枢纽，我们做了物探，也做了人工勘探，试图还原它在唐五代时期的面貌，当时这个地方有河流注入石渚湖，然后又跟湘江连通在一起，跟长沙窑诗文壶里面说的“小水通大河”情形是一致的，窑户们沿湖而居，依山建窑，临水交易。

（二）谭家坡：保存最完好的龙窑和作坊

谭家坡的龙窑在1983年已经发掘出来，这条窑保存特别完整，当时就回填保护起来了，后来又盖了保护棚，但是当时发掘经费有限，所以没有对它的作坊遗迹做大面积发掘。2010年，为了建遗址公园，就在窑炉西边的作坊区进行了发掘，这是目前保存最完整的一个制瓷单元，有关遗迹分布在三个台面上。第一个台面有拉坯房基、排水沟、陶车坑等，是拉坯成型的地方，房基内有挡水墙，地面被反复踩踏，还堆放着一些泥料。第二个台面主要是施釉绘彩的装饰区域，这里发现一组共五个釉缸（图七）。最高处是一个比较宽大的晾晒和装窑的活动平台。

发掘出土很多工具，其中匣钵和火照这两类窑具对当时的制瓷业尤为重要（图八）。在唐代，使用匣钵的窑口只有少数几个，长沙窑是其中比较早使用的，为什么长沙窑这么早？因为本地还有比它更早的匣钵，岳州窑就在使用匣钵，长沙窑继承了

图七　谭家坡作坊区的五个釉缸残迹

图八　谭家坡出土窑具

岳州窑这套东西。火照也是长沙窑比较领先的一个技术，它用来观察火候，查验产品生熟程度。还有陶车上的轴顶碗和荡箍，和景德镇地区传统的辘轳车上的轴顶碗、荡箍没有很大区别。当然也出土了大量瓷器产品，不同形制的碗、壶、枕、灯盏等，最有代表性的是执壶，造型多样，长沙窑的各种装饰技法都可以在执壶里面找到，包括诗文、花鸟彩绘、模印贴花、褐斑等。釉色主要是青釉、绿釉、乳白釉、酱釉，还有黑釉。通过谭家坡龙窑遗址的发掘我们可以得到一个大概的印象，就胎釉而言，长沙窑的胎质相对粗疏，它是以釉彩装饰取胜的。为了弥补胎质粗疏的缺陷，窑工普遍在胎体上施用化妆土。

非常幸运，这里还出土了两件纪年器，让我们对窑场的兴盛时间有了确认的认识。一个是开成三年（838）的印模，印模侧面刻有“开成三年，张宗周记”，“张宗周”是窑匠的名字，因为这种印模制作起来比较费时，又可以长时期重复使用，当时的窑匠是比较看重的，所以就在上面刻上了自己的名字，开成三年（838）正处在窑场最鼎盛的时段里（图九）。第二个纪年器是一件漏斗形残器，器底部刻有“记咸通十□□正月”，是咸通

图九　谭家坡出土“张宗周记”系钮贴花印模

图十　谭家坡出土“记咸通十□□正月”纪年器

十年至咸通十五年之间（869—874）的器具，咸通年间是这个窑场最后的兴盛阶段，遗址内其他地点的表层堆积中也经常见到咸通年间的纪年器（图十）。为了展示的需要，谭家坡的窑业堆积层没有发掘到最底层，这个窑场从什么时候开始烧制瓷器现在还不得而知。现在，这里已经建成了谭家坡遗迹馆，较完整地展示出了制瓷的整个工艺流程。

（三）陈家坪：陈列在泥土中的陶瓷博物馆

为什么选择在这个地方进行发掘？从调查情况来看，陈家坪是不同时期窑业遗存最集中的一个窑区。这里不但有唐五代的窑址，还有元明清时期的窑址，而且这个地方不光是有窑炉、废弃堆积、挖泥洞、作坊等直接与生产相关的遗存，也还有当时的大型公共建筑基址，极具展示价值，可谓是一处陈列在泥土中的陶瓷博物馆。

陈家坪窑区发掘了不同时期叠加在一起的两条龙窑，龙窑所在山体中间有一个很大的坑，坑的断面上可以很清晰地看到这两条窑相互叠压的情况（图十一）。一条是明代窑炉，一条是唐代窑炉，唐代的窑炉非常宽大，但仅存窑头保存得比较好，窑门侧开这种结构特征和谭家坡龙窑是一样的，窑头的火塘至少有两次移位迹象，说明这条龙窑建好之后经过了两次较大规模的修补，使用时间较长。

山脚是两条龙窑的作坊区。其中明代的作坊遗迹保存较好，有活动地面、釉缸、储泥坑、陈腐池等。明代作坊之下有一片大型建筑废墟，散布着大量残破的板瓦和筒瓦，还有铺地砖、兽面纹瓦当、莲花纹瓦当、瓷塑佛像、用筒瓦铺设的排水管、柱洞等，面积近800平方米。这是一个大型建筑塌陷之后留下的基址，这种规格的建筑不是普通的作坊，推测是窑神庙这

图十一 Y35叠压Y77

图十二　陈家坪大型公共建筑基址废墟

一类的重要公共建筑，如果推测不误，则陈家坪有目前所见年代最早的窑神庙遗址（图十二）。

（四）石渚坪：被腐蚀的铜钱

石渚坪紧邻石渚湖，我们依据考古调查情况把它划定为交易区，后来的考古发掘证实它确实有一些跟市场交易有关的遗迹迹象。比如沿湖分布有大量看似没有规律的小柱洞，说明当时湖边有很多简易的草棚，可以在这些草棚里售卖瓷器。另外这里的地层堆积里面还有不少已经腐蚀的铜钱，所以它确实是跟市场交易活动有关的（图十三）。此外，“石渚坪”这个地名也提示我们，石渚湖南北两岸都有跟“石渚”有关的地名，长沙铜官窑遗址在唐代的真实名称确实是“石渚”，它以“石渚”之名

图十三　石渚坪广场发掘区揭露的房屋建筑遗存

闻达于世。

图十四　年丰垸出土刻“张”字的碗残片

（五）年丰垸：张家窑户的生产和生活

年丰垸在遗址的东面，是石渚湖东北一片高凸的台地，台面平整，东西长 193 米，南北宽 175 米，平均海拔约 29 米，高出周围田地约 1.5 ~ 2 米。这里地表窑业遗存分布较少，调查时推测可能是窑工聚集的生活区。但是在 2015 年的考古发掘揭露了一部分区域之后，我们发现这一片台地并不是单纯的生活区。发掘区内有一条比较大的排水沟，沟北边接近尖子山窑堆的区域分布有作坊遗存，沟南边相对来说比较纯净。所以年丰垸台地的北部还是承担了一些生产的功能，南边相对来说是比较单纯的一个生活区。这片区域我们发掘到很多刻有张姓的瓷器和窑具，有在碗内刻“张”字的，也有在窑具上刻“张”字的，说明这里曾有一处张家作坊（图十四）。

“张”是长沙窑工匠里一个常见的大姓，窑址内的不同方位都发现了张姓窑匠遗存。最初在 20 世纪 50 年代，文物工作者就在西侧靠湘江的挖泥塅采集到印有“张”字的青黄釉褐彩贴花壶和青黄釉贴花双鱼壶，2010 年，北部的谭家坡出土了一件刻有“张宗周”的印模，2016 年，南部的石渚也出土了很多刻“张”字的火照和器具。

（六）灰坪：可分层的窑业堆积

灰坪也是在石渚湖的北岸，灰坪地表可见大量窑业堆积，是最靠近石渚湖的一个窑场。窑址发掘最困难的地方就是窑业堆积不太好分层，如果把窑业堆积倾倒在山坡，它的堆积层次可能就混乱了，但是灰坪的窑业堆积是在比较平整的地方堆积起来的，而且堆积很厚，分层明显，这对考古研究来说非常重要。因为考古很重要的一个工作就是要

图十五　灰坪发掘区第③层出土白釉褐绿彩花口碗

图十六　灰坪发掘区第④层出土褐斑彩绘碗

研究物质遗存在不同时期的变化，这些层位清晰、依次叠加起来的窑业废弃堆积，为研究该窑场的产品和制瓷技术发生了哪些变化，提供了可靠的第一手资料。

灰坪的地层堆积一共可以分为六大层，第①、②层是明清至近现代地层堆积，第③、④层是灰坪窑场的晚期废弃堆积，第⑤层及该层下的遗迹是窑场盛烧时期的窑业遗存，第⑥层是早期废弃堆积，第⑥层下的地面上有一些作坊遗迹。

不同的地层堆积里面透露出不一样的历史信息。比如第③层出土了不少白釉褐绿彩瓷碗（图十五），这种类似风格的碗在伊拉克也出土过，但伊拉克出土的是白釉绿彩陶碗，没有褐彩。这种装饰风格在伊拉克是9世纪大量出现的，但找不到本地的技术源头，而长沙窑的这种装饰风格可以追溯到北方的唐三彩和更早的白釉绿彩器，所以我们认为是伊拉克的白釉绿彩陶碗仿烧了唐代的彩瓷，是西域的制陶业吸收了唐朝的制瓷技术。

另一方面，长沙窑也吸收了西域的文化因素。第④层出土了黑石号同款褐斑彩绘碗（图十六），碗边沿有对称的褐色斑块，碗内绘有树叶纹，这种装饰方法在阿拉伯地区非常流行，长沙窑这种用于外销的瓷碗是按照阿拉伯地区的装饰风俗来制作。

在最早第⑥层也出土了非常成熟的彩瓷，有青釉褐绿红彩瓷片，一块瓷片同时出现了四种色调，其中绿色和红色都是铜元素为致色剂，在唐代这是极为难得的制瓷工艺成就。

（七）石渚：寻找黑石号的樊家作坊

石渚是一个需要重点关注的地名。前面说到，著名的黑石号出水了一只来自石渚樊家的碗，我们希望通过考古发掘找到黑石号里的这个樊家作坊，找到黑石号长沙窑这批货的产地（图十七）。在2016年度考古发掘之前，石渚有一条小街，有很多房子，房子拆迁之后，我们在大片房基之下做了抢救性的发掘。这块区域表层遗存是明清时期的建筑废墟，文献里面记载明清时期的石渚也有个规模不小的市场。明清建筑遗存之下主

图十七 长沙铜官窑遗址石渚片区地貌

图十八　石渚出土彩绘鸟纹盘

图十九　石渚出土口沿变形的青瓷四系罐

要是晚唐五代长沙窑的窑业堆积，生土面上有更早的遗存，比如汉代、隋至唐代早期的灰坑、柱洞等遗迹。

2016 年度石渚考古发掘的一个重要收获，就是在唐代窑业堆积层之下有一个很大的瓷器坑，里面出土了很多彩瓷，包括大量彩绘的瓷碟、酒盏，还有以往少见的彩绘大盘（图十八）。此外还出土了跟黑石号出水长沙窑同款的彩绘碗，碗边有四块褐斑，中间彩绘花纹，这种装饰风格的碗一般用来外销。把坑里的瓷器清理完之后，发现其实它是 3 个相邻的挖泥洞废弃后形成的坑洼地，挖泥洞洞口还有木桩子，洞内都可以看见白色瓷泥矿藏。从挖泥洞里出土的大量彩瓷我们推测黑石号里面有很大一部分长沙窑产品来自石渚，但遗憾的是我们在这地方没有发掘到跟樊家作坊有关的迹象，瓷器和窑具上出现最多的还是张姓，再次证明张姓是长沙窑工匠里的大姓。

2016 年度石渚发掘的另外一个重要收获就是在石渚发现了从汉代到隋唐时期岳州窑类型的生烧制品（图十九）。大量生烧残次品的出现一般意味着附近有同时期的窑址，因为生烧残次品一般是卖不出去的，都是窑业废弃物，也就是说，石渚这个地方在生产长沙窑彩瓷之前也生产岳州窑类型青瓷器。其实这并不意外，因为在石渚发掘区南边一公里的地方，就有一处汉晋时期的青瓷窑址，叫石门矶窑。所以石渚这个地方的制瓷传统是源远流长的，石渚在烧制彩瓷之前可视为岳州窑的一个小窑场，这个地方从汉代开始就一直有窑。

通过历年的考古工作，现在已把长沙窑的规模、范围、性质，它和岳州窑的关系，以及它的兴衰年代等基本问题解决了。接下来要着重解决的就是现在还有争议的一些问题。

三、长沙窑彩瓷的五种颜色

长沙窑彩瓷工艺是学术界讨论了很久的问题，其中长沙窑的彩釉关系是一个争议很大的问题。从彩与釉的外观颜色来看，长沙窑彩瓷最主要的五种颜色是青、白、褐、绿、红，其中青和白是底釉的颜色，褐绿红是彩的颜色。

（一）青：长沙窑的南国底色

唐代早期的制瓷格局一般用“南青北白”来概括，青色是南方制瓷业的一个底色。中国南方从汉代瓷器开始成熟的时候，就是一直是以生产青瓷为主。长沙窑所在石渚一带从汉代开始就烧制岳州窑类型的青瓷，到中晚唐长沙窑最兴盛的 9 世纪，它的青瓷都占有很大的比重，包括很多长沙窑彩绘瓷也是以青釉做底色的，比如最常见的青釉褐绿彩绘瓷。

长沙窑的青色主要用在以下几个方面：一是素青釉瓷；二是青釉彩瓷，在青釉上面做彩绘；三是做颜色釉瓷的底釉，常用于酱釉瓷器，是在先施了一层较薄的青色底釉，然后再施酱釉。

长沙窑有一种玉璧底青瓷碗，在湘江下游很多唐代早中期的窑口里可见到同一款式者，如湘阴的渔家咀窑、马王墈窑、铁角嘴窑都有这种碗，这些窑都是陆羽所言“岳州

图二十　长沙窑青瓷碗

瓷”的产地。所以，在北方窑业技术与移民迁入之前，石渚也是生产岳州窑类型青瓷的众多窑场之一，长沙窑是在岳州窑的母体中孕育出来的（图二十）。

（二）白：在南方烧制白瓷的重要尝试

白瓷在长沙窑里面不算多，但却是极有特色的一个品类。早在1954年，陈万里先生就曾敏锐地提出：“此后在长沙附近，或者会发现有一处唐代烧制白釉的瓷场。”长沙窑的白釉是一种乳浊白釉，白釉上多施有褐绿彩绘。另外一种白色来自化妆土，化妆土不见于岳州窑。长沙窑的乳浊白釉和化妆土工艺都来自北方，我把长沙窑的“白”视为北方工匠在南方烧制白瓷的一种尝试。

长沙窑的乳浊白釉瓷跟北方定窑、邢窑的精细白瓷不太一样，但是跟巩县窑却比较接近（图二十一）。如果对比长沙窑和定窑、邢窑、巩县窑的白瓷检测分析数据，我们会发现，长沙窑白瓷有更高含量的Fe、Ti和Mn，更高的CaO、P_2O_5。磷在釉层里起到了乳浊剂的作用，定窑、邢窑的白釉里基本没有磷，所以比较透明，但巩县窑白釉也含有一定量的磷，比重跟长沙窑的接近，外观也有乳浊的效果。可见，外观和检测数据分析都显示出了长沙窑与巩县窑的亲缘关系，这也是为什么我们说安史之乱之后，主要是河南一带的窑工南迁到了长沙石渚。

图二十一　长沙窑乳浊白釉器盖

图二十二　青釉褐色点彩双系罐

（三）褐：对东汉以来铁系釉彩工艺的继承

褐彩从东汉以来就一直在用，长沙窑的褐色是对东汉以来铁系釉彩工艺的继承。东汉时期，湘阴青竹寺窑的青瓷钵口沿就装饰有褐色点彩，六朝时期常见有褐斑彩，一直持续到隋唐。褐彩的着色剂是铁，含铁的制釉原料比较容易获取，所以褐彩一直是南方青瓷窑口的主要彩装饰。长沙窑的褐色在彩和釉中都可见。褐彩有褐色点彩、褐色斑块、褐书诗文，还有同属铁系彩的黑彩。铁系釉有褐红釉、酱釉、黑釉，都是用铁来做呈色元素（图二十二）。

（四）绿：北方低温釉陶工艺的升华

长沙窑的绿彩是北方低温釉陶工艺的一个升华，因为从汉代以来，北方的铅釉陶工艺一直在持续不断的发展，到北齐时出现了新品种，比较流行的品种就是白釉绿彩铅釉陶，如在河南安阳范粹墓出土的白釉绿彩铅釉陶瓶。铅釉彩陶到发展到盛唐，就是著名的唐三彩，其中巩县窑是生产唐三彩最主要的窑口。安史之乱之后，长沙窑也开始生产

图二十三　长沙窑绿釉碗

图二十四　长沙窑青釉褐绿红彩残片

绿色彩釉瓷器（图二十三），并把唐三彩的铜绿彩釉装饰技术用在了青瓷上。

（五）红：高温铜红的创新

红色在长沙窑瓷器里面比较少见，但不是孤例。有证据显示，长沙窑工匠已经明确意识到了铜在高温下的一定气氛里可以烧出红色来。长沙窑的白釉红绿彩瓷器往往出现一半绿一半红的情况，所用的彩料是一样的，都是铜彩，但是在不同气氛下，铜彩会产生不一样的色彩，铜红是在高温还原气氛下产生的（图二十四）。长沙窑不但有铜红彩瓷，还有铜红釉瓷器，有研究认为，长沙窑在中国瓷器发展史上的突出贡献之一便是最早在中国制瓷史上运用铜作呈色剂在高温中成功烧制出红釉和红彩等彩瓷。

长沙窑工匠艺融南北，充分吸收了唐代已有的陶瓷工艺技术，且善于创新，取得了非常重要的新成就，它的价值得到文博专家的一致认可，不管是在中国陶瓷工艺史，还是在中外陶瓷贸易史上，都有浓墨重彩的一笔。但是长沙窑彩瓷的具体工艺流程，一直以来都有争论，因为长沙窑的彩瓷工艺牵涉釉下彩、青花瓷的起源等重大陶瓷工艺史问题，值得认真去检视一番。

四、釉下彩还是釉上彩

彩瓷是长沙窑最具特征、最受市场欢迎的一类产品，1982 年出版的《中国陶瓷史》是这么评价长沙窑彩瓷的："釉下彩是长沙窑有历史意义的首创。"这一认识影响深远，但却是建立在前辈权威学者的经验判断之上的，因为20世纪80年代之前还没有系统开展对长沙窑彩瓷的科学检测工作。

（一）不典型的釉下彩

20世纪80年代以来，有关机构和学者陆续开展了对长沙窑彩瓷的科技检测工作，其中张福康先生的检测工作颇富成效，他发现长沙窑彩瓷着彩区域的显微结构跟典型釉下彩非常不一样。典型的釉下彩，比如元代釉下青花，在胎和釉的中间可以看到很明显的色料颗粒，但是长沙窑彩瓷看不到这种现象，长沙窑彩瓷着彩区的胎釉之间上看不到任何残留色料颗粒。另外，长沙窑彩瓷着色剂的浓度在胎釉中间层处最弱，在釉面处最强，中间呈逐步变化的过渡状态，电子探针扫描显示，褐绿彩着色元素铁和铜的浓度峰值，都不在胎的表面，而在釉的表面。

对于这些显著的差别，张福康先生认为部分长沙窑彩瓷是釉上彩，是晋代点彩工艺的继续和发展。2000年，张福康先生《中国古陶瓷的科学》中明确把长沙窑归入高温釉上彩类型窑址，认为白釉绿彩、褐斑、绿斑、褐绿联珠彩都是釉上加施的色釉彩，数量占据极大部分，只有精细彩绘是用釉下彩的方法制作的，认为这一类精细彩绘采用当时特有的工艺制作而成，彩绘所用色料的着色剂含量很高，而釉层非常薄，烧成以后只见彩而不见釉，很难区分釉上或釉下，结果就没有典型釉下彩的各种特征。

如此，长沙窑釉下彩的存在成为绝对主流的认识，似乎无可争议，社会各界普遍忽略了长沙窑釉下彩的不典型性。

（二）典型釉下彩的缺失

进入21世纪，多个品种的长沙窑彩瓷经科学检测被确认为高温釉上彩瓷，加上已被张福康先生明确为釉上彩的品种，这些釉上彩瓷的类型已经涵盖了长沙窑彩瓷的绝大部分品种，但至今都没有检测到典型可靠的釉下彩。

2008年，孙莹等人在应用能量色散X射线荧光光谱探针及线扫描技术对4件长沙窑彩瓷样品的彩绘工艺进行了研究，检测结果显示，此 4 块样品都属于高温釉上彩瓷。4 块样品分别为“红酱彩绘花壶片”“褐绿彩罐残片”“青色褐彩壶残片”“青色釉褐斑模印贴花壶残片”。这些样品是周世荣先生提供的，周先生多次主持长沙窑考古发掘，是长沙窑兼有釉下彩和釉上彩的持论者，但这次检测却也没有发现典型的釉下彩工艺，个中缘由值得深思。

2014 年，栗媛秋等人利用 X 荧光光谱分析、反射光谱、岩相分析和扫描电镜等手段对一片长沙窑白釉红彩的釉彩部分进行了成分和显微结构分析，结果表明，该样品是一件乳浊釉上施红彩的釉上彩器。

至此，长沙窑以青釉为地的褐斑彩、褐绿点彩，以乳浊白釉为地的绿彩、红彩，都有经科学检测、确实可靠的釉上彩标本。但长沙窑典型釉下彩却迟迟不现身，这恐怕不是检测样品数量有限的问题，而是长沙窑彩瓷普遍使用釉上彩工艺的结果。

那么，张福康先生所说的不典型釉下彩即“精细彩绘瓷”是真正的釉下彩吗？长沙窑独具特色的诗文瓷是釉下彩吗？ 2018 年，在整理长沙窑考古发掘标本的过程中，我们用显微镜着重观察了这两类长沙窑彩瓷。在不少生烧的青釉褐绿彩残片上，也就是张福康先生所说那一类“精细彩绘瓷”，褐彩清晰的叠压在透明青釉之上（图二十五）；在诗文壶残片的断面上，可见诗文的字迹写在青釉层之上，未融入釉层的褐彩残余颗粒都浮于釉面（图二十六）。

这些生烧的彩绘瓷残片透露出来的具体工艺流程是：在素胎或化妆土上施底釉，待釉层略干、充分吸附在坯件上后，再用褐彩和绿彩在已施釉的坯件上绘画或书写诗文。

（三）典型的高温釉上彩

部分精细彩绘瓷的彩与釉融合较好，用肉眼看，着彩部位有玻璃光泽，貌似釉下彩，但如果用显微镜去观察就会发现，这类产品着彩部位的断面只见彩而不见釉，彩与釉已充分融合，很难区分釉上或釉下。从生烧彩瓷残片所展示的工艺流程来看，这应该是釉上彩高温一次烧成造成的效果，在适当的高温下，施于釉上的彩料充分地融入了釉

图二十五　长沙窑精细彩绘瓷着彩区断面的显微观察

图二十六　长沙窑诗文瓷的显微观察

层中，扩散到了整个釉层中，类似当代高温快烧的釉中彩。

那么，有没有可能原本被釉层覆盖的彩料，在烧制过程中被气泡抬升到了釉面呢？这种可能性很小，因为气泡的抬升作用是随机的，也就不会形成有规律的釉上彩，不可能所有的彩都需要借助气泡抬升上来。很多标本的绿彩下面普遍有一层青釉，而褐彩又是常常打破绿彩的，是先画了绿彩之后，再画的褐彩，如果绿彩是釉上画的，那么褐彩肯定也是釉上的。

露底褐彩瓷也是非常有迷惑性的一类，以往被认为是长沙窑釉下彩瓷的代表之一。因为这种彩瓷器心中间有一部分没釉，周边有釉，彩在有釉和没釉的部分看起来色彩有差别，似乎是彩在罩了釉之后呈现出这种差别。但显微观测显示，这种差别应该是彩和釉融合之后形成的色差，也是釉上彩制品。

这类标本的褐彩一部分在胎上面，一部分在釉上面，两者之间有个非常重要的区别，就看它是不是有胎釉中间层，通过这一点我们可以判断它的彩到底是在釉上还是釉下。胎上的彩，下面没有胎釉中间层，因为露胎的部分没有施釉，但是青釉上面的彩，在彩和胎之间是有胎釉中间层的。胎上的彩和釉上的彩，两者断面结构有非常明显的区别。可见，这一类产品是先施釉，中间留出来不施釉，然后再上彩绘。器心不施釉是为了叠放更多的产品，这里露胎的部分不用绿彩做装饰，因为长沙窑的绿彩和绿釉没很大区别，助熔剂多，比较容易融化，不能在绿彩上再叠加其他器物（图二十七）。

长沙窑其他比较典型的釉上彩还有白釉绿彩器。因为长沙窑的白釉都是乳浊釉，如果先彩绘再罩白釉，那乳浊的白釉会蒙盖住绿彩，发不出这么鲜明的绿色，达不到装饰效果（图二十八）。

我们的观察得到了北京大学考古文博学院科技考古实验室的支持，从彩釉的成分去做量化分析，也证明彩是施加于釉上的。现在可以得出这样论断：

长沙窑精细彩绘瓷，即所谓的“不典型的釉下彩”，也使用了高温釉上彩技术。长沙窑精细褐绿彩绘瓷的色料配方特色鲜明，褐彩使用较纯的氧化铁矿物而不特意添加更多的助熔剂，有助于彩釉属性的区分；而绿彩则更接近色釉浆，是铜料、草木灰与基础

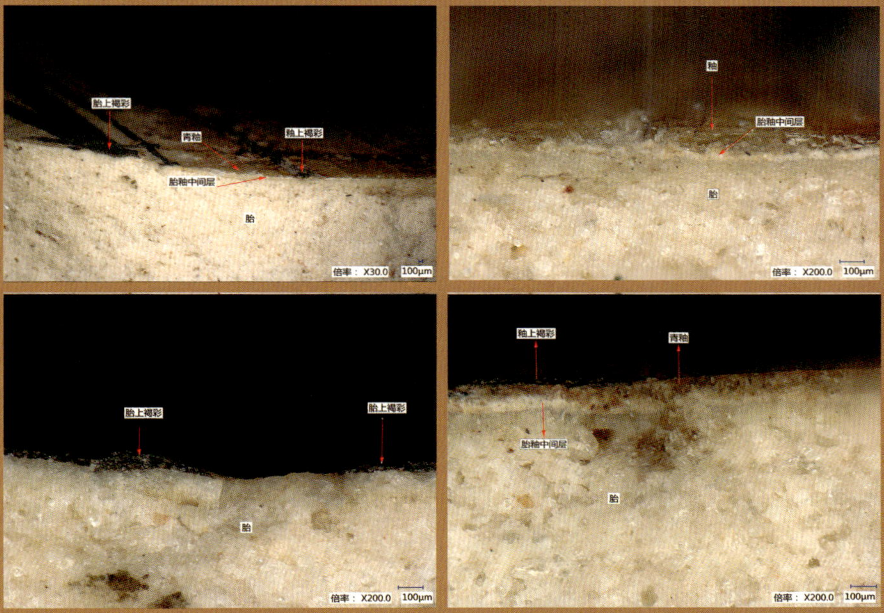

图二十七　露底褐彩瓷的显微观察

图二十八　长沙窑白釉褐绿彩瓷的显微观察

釉的“三元配方”，易与底釉熔融。部分彩釉融合较好的彩瓷有“着色区断面上既看不到底釉，也看不到面釉”的现象，这是长沙窑部分产品彩釉属性出现争议的主要原因。

2016年度石渚片区的考古发掘在地层上明确了长沙窑与岳州窑继承关系，而其高温釉上彩工艺显然是继承了唐三彩的彩釉工艺，唐三彩的主色调为白、褐、绿，长沙窑彩瓷的主色调则为青、褐、绿，长沙窑工匠把唐三彩等北方彩釉工艺嫁接在了岳州窑类型的青釉瓷器之上，可以说，长沙窑彩瓷是8世纪后半期岳州窑与唐三彩的直系后裔。如果把长沙窑放在中晚唐的制瓷格局里看，长沙窑高温釉上彩的出现是符合当时的陶瓷技术背景的，包括鲁山花釉、耀州窑的素地黑花、巩县窑和邛崃窑，都有类似工艺的产品，甚至唐青花也可能使用了釉上彩技术。

当代铜官窑仿古瓷都是按照釉下彩的方法来做长沙窑的仿烧品，与长沙窑出土彩瓷的真实面貌有非常明显的区别，在显微镜下，当代仿烧品的表面十分光滑，而窑址出土的长沙窑彩瓷表面褶皱很多。日本学者水上和则做过长沙窑彩瓷仿烧实验，他的仿烧实验结果暗示长沙窑彩绘是釉上彩的可能性更大。把科学检测和仿烧实验结合起来，做更多有针对性的仿烧实验，这个争论多年的问题便可彻底得到解决。

不论长沙窑彩瓷是否使用过釉下彩工艺，它在中国陶瓷史上的地位丝毫不减。长沙窑是中晚唐草市繁荣的物质见证，是9世纪海上陶瓷贸易最活跃的参与者和开拓者。长沙窑工匠把中国传统的绘画、书法、诗文等多种的艺术形式应用在瓷器上，拓展了中国瓷器的审美维度。

长沙窑高温釉上彩绘瓷创造性地综合利用了色釉彩和纯氧化铁矿物颜料，是唐代彩瓷窑场中的翘楚，在中国彩瓷发展史上扮演了承上启下的关键角色。

长沙窑是9世纪不同文明之间通过商业贸易进行友好往来和交融的典范。通过商业贸易来进行友好交往，互通有无，构建人类命运共同体，千年前就已通江达海的长沙窑也启示着我们当今社会，这一点契合我们国家当前“一带一路”的倡议。

焰红石渚的世界工厂

——看长沙窑彩瓷中的五色大唐

今天，当“Made in China”（中国制造）在全球掀起一波波的浪潮时，人们可曾记得，1000 多年前，在长沙城郊的铜官石渚湖边，一炉炉窑火也“烧”出了一个世界工厂，“烧”出一个古代海上丝绸之路的民间贸易起点。

穿越千年岁月，我们似乎看到了窑工们用黝黑弯曲的手题诗作画、涂色上釉，闻到了阿拉伯商船伴着海风带来的咸湿味道，听到了石渚草市里各种方言交织的交易吆喝声……

那是泱泱大唐的一角缩影，那是属于长沙窑彩瓷的灿烂时光。

4 月 27 日，湖南省文物考古研究所副研究员张兴国，在长沙博物馆开讲“发现湖南”系列之“焰红石渚”，带人们回到千年前的石渚湖畔，领略长沙窑彩瓷中的五色大唐风度。

草市石渚：开启了一个灿烂的彩瓷时代

让我们将时间回溯到 1100 多年前的唐宣宗年间。经历了安史之乱的李唐王朝，告别了繁花似锦、歌舞升平的黄金时代，都城长安渐趋冷清衰落。

长沙窑瓷器出土地点分布示意图

远在千里之外，江南道潭州（长沙）治所的一片丘陵起伏的村落里，却洞火冲天，响声震耳，热闹壮观。人们正在一个个龙窑里，用山柴烧制瓷器。

“古岸陶为器，高林尽一焚。焰红湘浦口，烟浊洞庭云。迥野煤飞乱，遥空爆响闻。地形穿凿势，恐到祝融坟。”一个名叫李群玉的诗人，来到这里，此情此景，令他诗兴大发，写下了这首激情燃烧的《石渚》，为人们呈现了一幅当年窑工们制瓷时的生动画卷。

4 月中旬，一个雨后初晴的日子，记者从长沙往西北驱车约 30 公里，来到位于湘江东岸的铜官镇。沧海桑田，石渚湖虽消失了，但谭家坡遗迹馆里，保存并复原了制坯与烧造的完整工序。从堆积如山的残瓷碎片里，长达 40 多米的龙窑遗址上，仍可见当初的辉煌。人声稀落，天地寂寥，久远的陶瓷气息，密密匝匝，芬芳未减。

据考证，长沙窑始于中唐，盛于晚唐，衰于五代。自 1956 年发现第一座古窑址以来，铜官古窑址已确查 70 多处，星罗棋布，遍及全镇。考古队还发现了唐五代时期，以石渚湖为中心的陶瓷草市聚落遗存。何为草市？顾名思义，即自发形成的民间集市。

由于安史之乱，北方窑工大量南下逃难，带来先进的制瓷工艺。长沙窑将唐三彩

长沙窑白釉红绿彩壶

“黑石号”沉船出水的“湖南道草市石渚盂子有明樊家记”题铭碗

长沙窑青釉褐彩“春水春池满”诗文执壶

的多彩釉陶工艺嫁接到了岳州窑的青釉瓷之上，南北陶瓷工艺熔为一炉，成为唐代彩瓷窑场中的翘楚，打破了当时制瓷“南青北白”的格局，初步形成青、白、彩三足鼎立之势。

青白褐绿红，五彩辉映。栽好梧桐树，凤凰自来。

中外商贾，络绎不绝，江上樯帆云集，岸边酒肆林立，石渚草市一时繁盛之极，成为集生产与销售为一体、产销两旺的陶瓷市场。

探宝“黑石号”：海上丝绸之路最活跃的弄潮儿

长沙窑，大唐造。千年之后，一艘古老的沉船，再次揭开了这段波澜壮阔的历史。

1998 年，在印尼勿里洞岛西海域，一艘阿拉伯独桅三角帆商船“黑石号”被打捞出水。船上器物总共约有 7 万件，其中陶瓷达 67000 余件，约 57500 件是长沙窑瓷，有碗、壶、罐、水盂、烛台等各种器物。

“黑石号”出水大量长沙窑彩绘瓷碗

两件青釉褐斑彩绘碗尤其引人瞩目，一件在碗心用彩料书“湖南道草市石渚盂子有明樊家记”，另一件外壁刻有“宝历二年七月十六日”。张兴国解释说：“前者明确指示了瓷碗的作坊产地，后者标明瓷碗的制作时间。”

那驾着商船，在石渚草市完成交易，走湘江、过洞庭、下长江，再经扬州、广州等港口转运，穿行于星辰与大海间的“辛巴达”们，早已湮没于历史长河中。而这些未达彼岸的货物，却鲜活地证明了——长沙窑是中晚唐海上丝绸之路的开拓者和主力军。

现代考古发掘表明：长沙窑瓷器在亚非大陆20多个国家和地区都有出土，分布范围之广让人惊叹，几百年后郑和下西洋也没有超出这个范围。

在当时，一个窑场一次能出口数万件瓷器，国际贸易能力令人叹为观止。

“量大，价廉，物美。”张兴国这样总结长沙窑赢得市场的原因。长沙窑当时正处于鼎盛时期，产量巨大。在石渚草市，三五枚铜钱，即可换一把瓷壶，“黑石号”上的那种碗更便宜，而同时期的越窑瓷器，一件瓶子的价格，就要价千文。窑主们还敢于创新，能按洋买主的喜好“私人定制”，胡旋舞、椰枣纹、粟特风，大量域外文化元素融入其中，所以销路大好。

这显示了长沙窑惊人的生产力和创造力，大唐的恢宏气度与包容创新精神也由此可见一斑。

据长沙铜官窑遗址管理处副主任何莉介绍，2017 年 11 月，“黑石号”上 162 件（套）文物辗转回到“出生地”，落户于长沙铜官窑博物馆。今年 4 月 11 日，其中的 5 件馆藏文物又充当文化使者，进北京参加“殊方共享——丝绸之路国家博物馆文物精品展”，向更多人讲述千年前的“海丝”故事。

彩瓷与青花：相隔 600 年的前世情人

公元 1717 年，600 名全副武装的萨克森近卫骑兵在德国城市德累斯顿集结完毕，奉命前往普鲁士。他们不是去执行作战任务，而是神圣罗马帝国的萨克森选帝侯兼波兰国王奥古斯都二世选派的交换物，用以换取普鲁士国王威廉一世收藏的 100 多件中国青花瓷。

这个用兵团换青花的故事一直被人津津乐道，也是中国青花瓷风靡欧洲的绝好例证。

青花瓷成熟于元代、盛行于明清，是一款典型的釉下彩瓷。长沙窑彩瓷一度被认为是釉下彩技术的源头，当地的村名也因此改成了“彩陶源村”，所以很多人将长沙窑彩瓷视为青花瓷的重要源头之一。

但是，学术界对此一直争议不断，60 多年来形成釉下彩派、釉上彩派、釉上釉下兼有派三个流派。各派都力证自己的观点，但又不能完全说服对方。

历史的细节是丰富而生动的，想要接近历史真相，既要大胆想象，更需要小心求证。

近年，专家通过对彩瓷标本进行光学显微观测，随机选取的100余片长沙窑彩瓷残片均为釉上彩，迄今未发现一件釉下彩。长沙窑工匠使用过釉下彩技法吗？这不由得令人发出疑问。

那么，这两款前后相差约600年的彩瓷还有关系吗？

“他们之间的关系恰如长沙窑那首著名的情诗：‘君生我未生，我生君已老。君恨我生迟，我恨君生早。’他们是情人，不过是前世的情人，不只相隔600年，中间还隔着一层釉，一个在釉上，一个在釉下。”张兴国的比方，幽默又通俗。

诗情画意：瓷有书画而雅，书画以瓷而载

“春水春池满，春时春草生。春人饮春酒，春鸟哢春声。”这首题记在长沙窑酒壶上的唐诗，以8个春字写尽春意，句意简明，朗朗上口，诗趣盎然。

2018年1月14日，在央视《国家宝藏》节目中，这件青釉褐彩“春水春池满”诗文执壶与皿方罍、辛追墓T形帛画一道，代表湖南省博物馆的宝藏参加“竞宝”，赢得了观众的热烈关注。

长沙窑有许多创举，如对高温铜红釉的尝试，最早涉足商业广告语，丰富的装饰手法，等等。其中，最耐人回味的是瓷器上的诗情画意。

“瓷有书画而雅，书画以瓷而载。长沙窑将诗书画艺术植入瓷器，提升了瓷器的品质与文化内涵。”时任湖南省博物馆党委书记、副馆长李建毛如此评价。

“一别行千里，来时未有期。月中三十日，无夜不相思。”这样的爱情诗，让人回味悠长。

“古人车马不谢，今时寸草须酬。”12字，则发出今不如昔、世态炎凉的慨叹。

长沙窑石渚发掘区出土的彩绘凤鸟纹瓷盘

“黑石号”模型

“悬钓之鱼，悔不忍饥。”“罗网之鸟，悔不高飞。”借物喻人的警句，规劝世人勿生贪念，免遭恶果。

这是瑰丽的民间文学艺术宝库。据统计，长沙窑遗址出土的带题诗的器物共190多件，不重复诗文60多首。中国国家博物馆研究员李知宴说：“长沙窑上包含着丰富的唐代诗歌信息，是对《全唐诗》的补充。”

正是有了这泥与火写就的不朽华章，长沙窑瓷器才显得粗放而不失典雅，古拙而不乏灵气。那动人的诗句，那多彩的线条，历经千年，仍散发出令人陶醉的艺术气息。

大事记

1956年，湖南省文物管理委员会在长沙县书堂乡瓦渣坪一带进行文物普查，发现了这处重要的彩瓷烧制点。

1957 年夏，故宫博物院专家陈万里、冯先铭、李辉柄对长沙铜官窑遗址进行调查，初步认识到该窑址与岳州窑的区别，命名为“长沙窑”。

1959 年冬，冯先铭、李辉柄再次对长沙铜官窑遗址进行实地调查。冯先铭执笔撰写了调查报告，给予了很高的评价，认为彩瓷的装饰方法超出了唐代一般规律，突破了传统的单色釉，“褐绿彩都是釉下彩”，是“青花瓷的鼻祖”。

1964 年底至次年春，在石渚湖南面的石渚、老窑上、游船咀也发现了窑址。

1983 年 4 月、11 月至 12 月，湖南省博物馆、长沙市文物工作队在蓝岸嘴、谭家坡、廖家坡、尖子山、都司坡等 8 个地点共发掘探方 7 个、窑址 7 处，其中整龙窑 1 座为谭家坡 1 号窑，余均为残窑。此次发掘面积 400 平方米，共出土陶瓷器 7211 件。周世荣等专家随即将长沙窑申报并列入了国家“七五”重点科研计划，研究取得了阶段性重大成果。

1988 年 1 月，长沙窑被公布为全国重点文物保护单位。

1999 年 11 月，长沙市文物考古研究所在蓝岸嘴进行发掘，出土可辨器形陶瓷器 1692 件。

2010 ~ 2017 年，为配合长沙铜官窑国家考古遗址公园及其配套服务设施项目工程的建设，湖南省文物考古研究所对遗址开展了持续的考古调查、发掘和研究工作，探明了遗址的规模、布局和性质，开展了大量科学检测分析工作，对长沙窑彩瓷的工艺属性提出了新的认识。

评说

唐朝是中国陆路对外交通的鼎盛时期，以闻名中外的丝绸之路（沙漠道）为代表，这一点人们有着比较充分的认识。同时，唐代还是中国古代大规模海上对外交流的创始时期，陶瓷器是当时海上贸易最主要货物。之所以要强调“大规模”这个观念，是因为通过海路与外界的交往，在中国古代开始得很早，秦汉时期，中国的先民们就已经掌握了较成熟的近海航行技术，个别航程已经可以到达印度东南沿海和斯里兰卡。

9 至 10 世纪时期，瓷器的外销在其创始后 (8 世纪中叶) 不久，从销售范围、销售规模以及器物的种类和质量等方面都迅速发展，达到了一个高峰时期，即中国瓷器外销的第一个高峰时期。这一时期海上的陶瓷贸易已经形成了一次贸易达到数万乃至数十万件的规模。外销瓷器的特点，是输出产品的生产地遍布南北方的许多重要窑口，主体产品在 9 世纪主要是长沙窑瓷器，10 世纪则变成了以越窑青瓷为主。当时在环印度洋地区形成了三个贸易圈，中国的直接贸易目的地应该是位于苏门答腊岛室利佛逝王国的巨港。

——北京大学考古文博学院教授、博士生导师　秦大树

长沙窑的分期可分为：岳州窑期、演变期、繁荣期、空白期、衰落期。

自东汉晚期至盛唐是岳州窑期。长沙窑所在早期为岳州窑的外围窑区，自东汉便生产青瓷。演变期当在安史之乱之后至八九世纪之交。长沙窑的出现实际上是南北瓷艺融合的产物，它既不是岳州窑发展的结果，也不是中原地区制瓷工艺的简单植入，而是二者融合后产生的。并出现有别于其他窑的特质，如在南青北白基础上的新品——彩瓷，以书画饰瓷的特殊工艺，模印贴花的范式，为茶酒时尚文化开发的茶酒具，为外销新制的洋用物等等。以“黑石号”出水瓷器纪年为标志直至公元 870 年是繁荣期。咸通末年至马殷定楚为空白期。繁荣期的纪年瓷很多，几乎无间隔。但自咸通年间的两件纪年瓷之后，纪年瓷便出现了多年空白。是什么原因造成鼎盛时期的长沙窑戛然而止呢？当与唐末黄巢起义及唐末动乱有关。衰落期为五代时期。扬州这个主销通道被战乱切断，加上衡州窑的兴起，长沙窑走向衰落。

——湖南师范大学历史文化学院教授，中国古陶瓷学会副会长　李建毛

长沙铜官窑遗址是晚唐至五代时期中国南方最为重要的彩瓷和外销瓷基地，反映了

湖南当时最高的手工业生产水平，也是商业贸易的重要历史见证。

如何让遗址“活”起来？在考古发掘的基础上，反映长沙窑瓷业技术的谭家坡1号窑保护展示，不仅展示一条完整的龙窑，也展示了与之配套的作坊遗迹。展示方式也是多样的：既有原来的真实遗迹，又有瓷窑复原和模型；既有考古标本，又有仿制彩瓷；既有标牌说明，又有语音导览；既有遗迹现场，又有虚拟复原；既有考古成果，又有考古过程；既有保护大棚，又有保护监测；既有遗存展示，又有陶艺体验。在这样的公共空间，集考古发掘、研究和文物保护、展示利用于一身，多功能叠加与融合，在国内外的考古遗产展示利用中都是不可多得的范例。

——湖南省文物考古研究所研究员、所长，中国考古学会常务理事　郭伟民

原载于《湖南日报》2019年4月30日第9版

（湖南日报记者杨丹）

土司的盛宴

——永顺老司城遗址动物考古学的解读

◇ 莫林恒

什么是土司？简单地说，土司是一种制度，或者说是一种官职。古代中央王朝为了维护其在少数民族地区的统治，通过朝廷授权的方式承认少数民族部族首领在其势力范围内拥有管辖权力，相应的部族首领称为土司。老司城遗址位于湖南省西北部、湘西土家族苗族自治州永顺县境内，在县城以东 19.5 公里灵溪河畔的一座山坡上（图一、图二），是一处重要的宋元明清时期土司遗址。遗址经过多次发掘（图三），出土了一系列重要遗存，被评为 2010 年度全国十大考古新发现之一。2015 年度，老司城遗址与贵州省海龙囤遗址、湖北省唐崖遗址共同申报世界文化遗产并获得成功，是湖南省目前唯一一处世界文化遗产。

老司城原来的建筑大部分都已经不在了，我们这么多年的考古发掘，主要是在它的遗址区范围内，尽最大限度地还原这个古城的基本布局和结构，并尽可能多的展现他们原来的一些生活细节。在考古发掘中，我们在老司城遗址发现的遗存主要有三种类型：

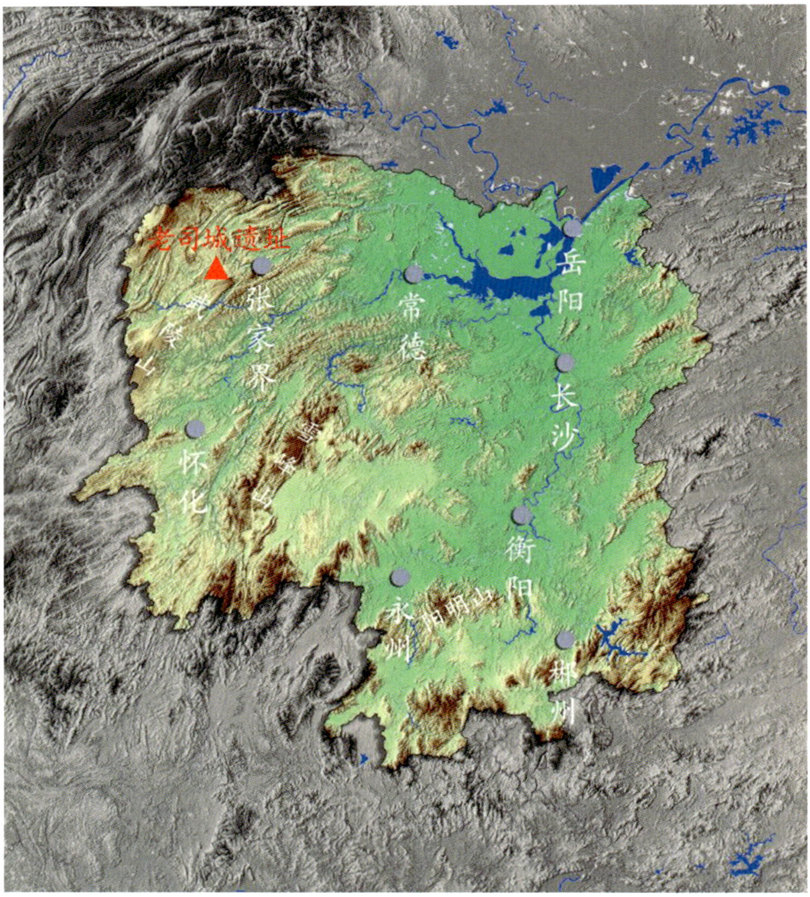

图一 永顺老司城遗址地理位置图

一种是建筑构件，包括各种石构件、砖雕、瓦当、滴水等；一种是生活器具，如陶器、瓷器、铁器等，其中瓷器最多；另一种就是各种动物遗骸，在 2010 ~ 2012 年老司城遗址考古发掘中，出土了大量的动物骨骼（图四），总计达到 41000 余件。

我们可以这样划分，大量建筑构件对应的是当时人们“住”的生活内容，出土的生活器具对应的是当时人们“用”的生活内容，而大量的动物骨骼则反映出当时“食”方面的生活内容。咱们中国有句老话，叫“民以食为天”。所以以这批骨骼材料为基础，

图二 老司城遗址航拍图

图三 老司城遗址考古发掘照

图四 老司城遗址动物骨骼出土照

我们可以释读出大量土司时期人们的饮食习惯和饮食构成，当然也可以看到他们对动物资源的利用信息。这有利于我们认识那个时期古人利用动物的各种行为，更好地理解老司城遗址的历史和价值。在此基础上，我们也可以进一步探讨当时社会政治、经济、文化、生活、习俗等各个方面的内容。

考古工作者是如何从毫不起眼的动物骨骼入手，来探寻几百年前古人的生活呢？首先，我们对这批动物骨骼开展了基础的整理工作（图五），整理大致分为这

图五　老司城遗址出土动物骨骼整理现场

样几个步骤：

第一步，根据遗址动物骨骼整体保存较好的情况，先对所有动物骨骼都进行了清洗。清洗中，要先进行短暂地过水浸泡，把附着在骨骼遗存上的各种泥土杂物泡软，然后用竹签清除骨骼附着的泥块，最后用软毛刷子带水清洗骨骼表面。

第二步，对每一件动物骨骼都按出土单位编号，并将编号书写在动物骨骼表面。

第三步，对动物骨骼进行分类。首先是按贝类、鱼类、鸟禽类、哺乳类等大类分开，再对出土数量众多的哺乳类和鸟禽类按照骨骼部位分类，如哺乳动物按照角、头骨、牙齿、上颌骨、下颌骨、肩胛骨、肱骨、尺骨、桡骨、股骨、胫骨、掌骨、跖骨、寰椎、枢椎、盆骨、中央跗骨、髌骨、跟骨、冠骨、系骨、蹄骨等共计 33 种骨骼部位分类。鸟禽类按照头骨、肩胛骨、肱骨、桡骨、尺骨、喙骨、锁骨、胸骨、腕掌骨、股骨、胫骨、跗跖骨、骶骨、盆骨、趾骨共 15 种骨骼部位分类。

第四步，将各种部位骨骼按个体大小分成“大”“较大”“中”“较小”“小”这几个类型，这样做的目的，是为了方便进行进一步的种属鉴定。

第五步，动物骨骼的种属鉴定，我们是通过将完成各种分类的动物骨骼和动物骨骼图谱资料与现代动物标本进行对照来进行分辨的。

第六步，对于可以鉴定到种属的骨骼进行逐件观察、测量、记录等，填写鉴定分析卡片（表一、表二）。

第七步，那些不能鉴定到种属的骨骼按骨骼部位、大小分类。对于最终无法分辨骨骼部位的，按照骨片与骨块分类，并从中抽取一定比例进行骨骼尺寸大小、重量的测量，以及观察人工痕迹。

第八步，将卡片鉴定分析及各类抽查骨骼观察内容利用 Excel 软件编制表格。通过这些烦琐而又细致的清理、分类和鉴定工作，我们大致可以得到以下这些信息。

表一　老司城遗址动物标本鉴定分析记录卡片（正面）

编号：　　　　　　　　　填卡人：　　　　　　　　　日期：

<table>
<tr><td>骨骼编号</td><td colspan="2"></td><td colspan="2">动物种属</td><td colspan="2"></td><td colspan="2">骨骼名称</td><td colspan="2"></td><td colspan="2">骨骼重量</td><td colspan="2"></td></tr>
<tr><td rowspan="2">左 / 右</td><td>左</td><td>右</td><td colspan="2" rowspan="2">骨骼部位</td><td>完整</td><td>近</td><td>中</td><td>远</td><td colspan="2" rowspan="2">骨骼愈合状况</td><td>A</td><td>B</td><td>C</td><td>D</td></tr>
<tr><td></td><td></td><td></td><td></td><td></td><td></td><td></td><td></td><td></td><td></td></tr>
<tr><td rowspan="2">动物大小</td><td>大</td><td>大中</td><td>中</td><td>中小</td><td>小</td><td colspan="3" rowspan="2">测量数据（mm）</td><td colspan="2">长</td><td colspan="2">宽</td><td colspan="2">高（厚）</td></tr>
<tr><td></td><td></td><td></td><td></td><td></td><td colspan="2"></td><td colspan="2"></td><td colspan="2"></td></tr>
<tr><td rowspan="2">年龄</td><td></td><td colspan="2" rowspan="2">性别</td><td>雄</td><td>雌</td><td colspan="4" rowspan="2">破碎程度</td><td>A</td><td>B</td><td>C</td><td>D</td><td>E</td></tr>
<tr><td></td><td></td><td></td><td></td><td></td><td></td><td></td><td></td></tr>
</table>

<table>
<tr><td rowspan="2">人工痕迹</td><td>切</td><td>砸</td><td>砍</td><td>劈</td><td>剔</td><td>烧</td><td>烤</td><td>锯</td><td>其他</td></tr>
<tr><td></td><td></td><td></td><td></td><td></td><td></td><td></td><td></td><td></td></tr>
</table>

表二　老司城遗址动物标本鉴定分析记录卡片（反面）

测量数据	
备　注	

一、土司的餐桌上有哪些肉食美味？

对于这批数量庞大的动物骨骼，我们首先关心的是那时候到底哪些动物成了土司餐桌与盛宴上的美食。根据不同动物不同的骨骼形态特征，我们进行了种属鉴定。总的来看，土司吃得很好，天上飞的，地上爬的，水里游的，应有尽有，包括软体动物类、爬行动物类、鱼类、鸟禽类、哺乳动物类等计 5 纲、11 目、17 科、33 种属（图六 ~ 图九）。软体动物类鉴定出的软体动物有泥蚶、圆顶珠蚌、剑状矛蚌、海螺。发现的爬行类动物只有龟鳖目鳖科的中华鳖。发现的鱼类都属于内陆淡水环境的硬骨鱼

图六　出土水生动物骨骼

1. 泥蚶左侧壳体　2. 剑状予蚌　左侧壳体　3. 海螺螺壳　4. 圆顶珠蚌　5. 中华鳖右下腹板　6. 中华鳖左侧肱骨　7. 中华鳖左侧背板　8. 鳙鱼右侧咽骨　9. 草鱼右侧咽骨　10. 青鱼脊椎骨　11. 鲤鱼支鳍骨 12. 鲤鱼左侧腹鳍骨　13. 鲃亚科右侧咽骨　14. 鲤鱼右咽骨

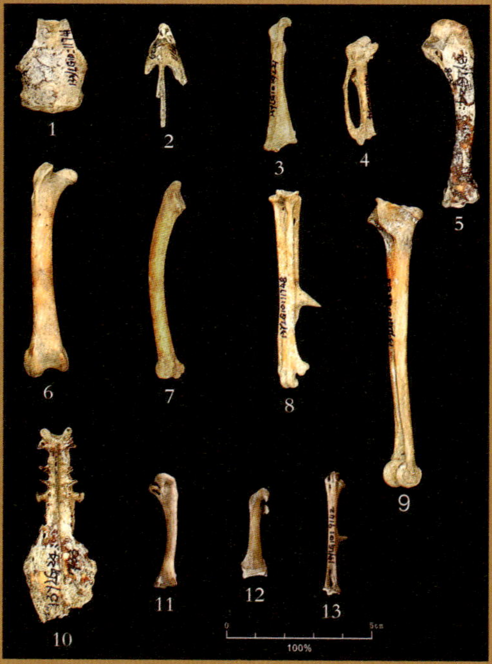

图七　鸡、竹鸡动物骨骼

1. 鸡头骨　2. 鸡颌前骨　3. 鸡右侧喙骨　4. 鸡左侧腕掌骨　5. 鸡右侧肱骨　6. 鸡右侧股骨　7. 鸡左侧尺骨　8. 鸡左侧跗跖骨　9. 鸡左侧胫骨　10. 鸡腰骶骨 11. 竹鸡右侧肱骨　12. 竹鸡右侧喙骨　13. 竹鸡左附跖骨

类，以鲤科为主，有草鱼、青鱼、鲤鱼等。单单就是这些，就可以呈现一餐河鲜盛宴了。鸟禽类包括2目2科4种，以鸡、鸭、鹅等家禽为主，另有少量竹鸡骨骼。哺乳动物包括灵长目、啮齿目、食肉目、奇蹄目、偶蹄目5目，猴科、竹鼠科、豪猪科、犬科、熊科、猫科、马科、猪科、麝科、鹿科、牛科11科，猕猴、竹鼠、豪猪、狼、狗、黑熊、猫、豹、华南虎、马、野猪、家猪、麝、赤麂、小麂、水鹿、梅花鹿、黄牛、水牛、苏门羚、山羊21种。

从上面这些分析我们可以看到，湘西地区的野生动物种类，在那个时候还是非常丰富的，这与湘西地区拥有山地、丘陵、小盆地和众多河流的丰富自然环境有关。但到目前为止有多种野生动物在当地已经灭绝，这些动物有水鹿、梅花鹿、虎、豹、黑熊等，

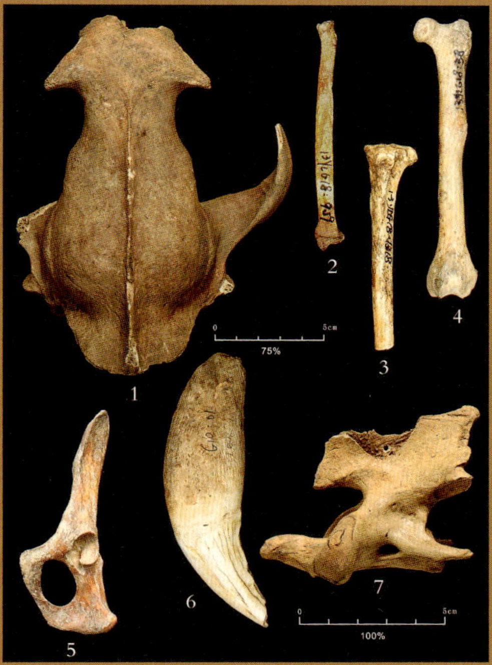

图八　豹、猫、虎动物骨骼

1.豹头骨　2.猫左侧桡骨　3.猫左侧胫骨　4.猫左侧股骨　5.猫左侧盆骨　6.虎右侧上犬齿　7.虎枢椎

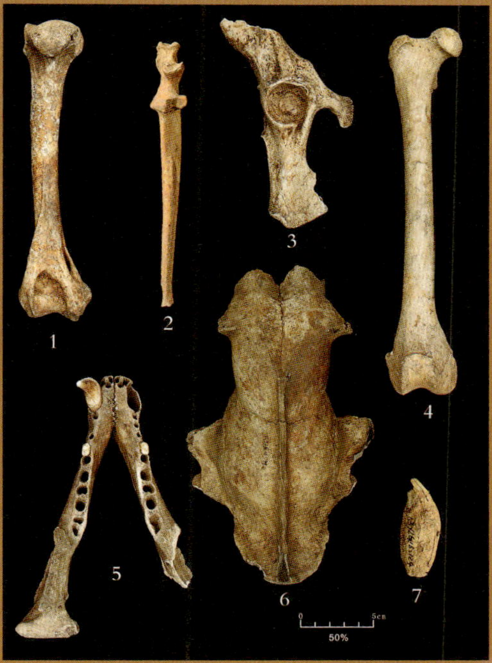

图九　豹、黑熊动物骨骼

1.豹右侧肱骨　2.豹左侧尺骨　3.豹右侧盆骨　4.豹右侧股骨　5.黑熊下颌骨　6.黑熊头骨　7.黑熊左侧上犬齿

这些动物的灭绝主要与人类的捕猎和对环境的改变有关。中华人民共和国成立以后，这里依然有老虎、黑熊、豹子、狼、豺等野生凶猛动物，但在近几十年都相继灭绝了。

发现的这些丰富的动物种属信息，给我们传达的历史讯息是很丰富的。它一方面代表土司时期时，已经饲养猪、黄牛、水牛、马、山羊、狗、鸡、鸭、鹅等多种家畜，家养动物的种类齐全、六畜兴旺，饲养技术水平很高。另一方面发现的黑熊、豹、华南虎、野猪赤麂、小麂、水鹿、梅花鹿、苏门羚，代表这一区域野生动物的种类丰富。另外，发现的泥蚶、海螺等海洋性动物，说明当时的土司具有远距离的运输能力，历史记载，明代土司曾响应中央朝廷号召去沿海地区征讨海盗，这些海鲜可能就是在那个时候带回来的。

二、土司的肉食菜单中，是野生动物多还是家养动物多?

我们在获知土司吃了什么动物的基础上，接下来最关心的是土司吃什么动物吃得多，什么动物吃得少。在老司城遗址我们对 50 位当地村民做了调查，其中有 29 人（占 58%）认为当时野生动物丰富，土司应该吃野生动物为主，另外的人则认为吃家养动物为主。到底这个时期土司城和土司的食物中，哪种类型的动物消耗得多一些，要回答这个问题，不能靠猜测，动物考古学可以通过科学的手段统计出对各种动物消耗情况，来告诉大家一个相对确切的信息。数量方面，主要是依靠目前学界使用较为普遍的可鉴定标本数（NISP）统计与最小个体数（MNI）统计。一批骨骼材料中能够鉴定到动物骨骼部位种属的数量，就是可鉴定标本数（NISP）。最小个体数（MNI）是遗址内一个出土单元的动物骨骼所能代表的最少动物个体数量。我们在对这批骨骼材料开展可鉴定标本数和最小个体数统计的基础上，结合骨骼重量和估算肉量等各种统计分析后，认识到老司城遗址肉食消费以家养动物为主，野生动物为辅，家养动物约占肉食贡献的 80%，野生动物约占肉食贡献的 20%。猪、黄牛、水牛是最重要的家养动物，当时餐桌上的猪肉、黄牛肉、水牛肉应超过了肉食量的一半以上。这三种主要家畜中猪的消费个体数量最多，其次是黄牛，水牛最少。家禽类动物鸡、鸭、鹅的消费个体数量超过哺乳类家畜动物猪、牛、羊等，其重要性应大于次要家畜羊、狗、马、猫。

野生动物中，鹿科动物提供的肉量超过其他野生动物，是最重要的野生动物类型（图十、图十一），在重要性方面或许仅次于主要家畜猪、牛，而与家禽类动物地位相当，但提供的肉量或大于家禽类。小型野生动物仅发现竹鼠、豪猪、竹鸡、猕猴，鱼类只发现青鱼、草鱼、鲤鱼、鳡鱼这几种，这是由于这些小骨骼不容易采集保存的原因，在统计中所占比例较小，其实际消费的数量比例应该更大。

调查中超过一半的当地人认为土司时期食用的动物以野生动物为主，而我们通过对

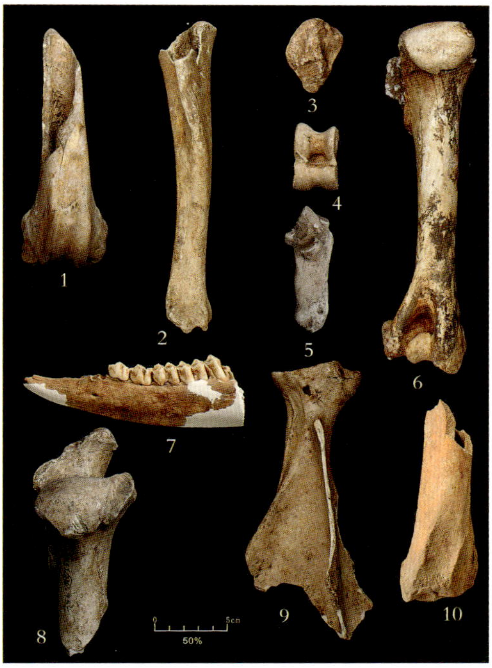

图十　野猪、水鹿动物骨骼

1. 野猪左侧股骨　2. 野猪右侧胫骨　3. 野猪左侧髌骨　4. 野猪右侧距骨　5. 野猪左侧跟骨　6. 水鹿左侧肱骨　7. 水鹿左侧下颌骨　8. 水鹿左侧肱骨　9. 水鹿左侧肩胛骨　10. 水鹿左侧桡骨

图十一　水鹿、梅花鹿动物骨骼

1. 水鹿右侧距骨　2. 水鹿左侧跟骨　3. 水鹿左侧系骨　4. 水鹿左侧冠骨　5. 梅花鹿头骨　6. 梅花鹿右侧角　7. 梅花鹿左侧下颌骨　8. 梅花鹿左侧肱骨　9. 梅花鹿右侧尺骨

出土动物骨骼的研究认识到，当时是以家养动物为主要肉食来源的，这无疑是我们动物考古学研究价值的一种体现。老司城遗址是湘西彭氏土司选择生活居住的地方，出土的动物骨骼显示出，当时的家畜饲养业已经较为发达，同时也有丰富的野生动物资源。从动物骨骼的角度也辅佐说明，无论从生产发展水平，还是人口聚集程度，此处应该不是一般普通的聚落遗址，而是一处中心聚落。生产力决定生产关系，经济基础决定上层建筑。一个政权的稳定必须要有稳定的经济基础，而食物来源就是经济基础的一种重要体现。要维持统治政权这一群体的生活就必须要有稳定的肉食供应。大力发展家畜饲养，提供肉食供应是维护土司统治的重要经济基础。因此发达的家畜饲养和丰富的野生动物资源为土司王朝的可持续发展奠定了坚实的经济基础。结合在遗址中发现海螺、泥蚶等远距离海洋性动物，说明土司城的活动范围和政治影响力也在一定程度上超出了土司城的范围。上述诸多情况显示，老司城遗址不仅仅是一处中心聚落，从其对动物利用的角度上可以看出该遗址带有一定古代“都邑”的性质。

三、动物骨骼测量数据告诉我们什么

对动物骨骼标本进行特定部位的长度、宽度、高度（厚度）测量，是科学客观记录动物骨骼大小尺寸的一项基础工作，同时也是一种动物考古学研究的视角。

我们通过对猪的下颌骨第三臼齿的长度（图十二）和肱骨、桡骨的宽度，黄牛、水牛掌骨的长度、宽度，狗的下颌骨及牙齿的测量数据，与新石器时代以来其他遗址出土的这几种家畜进行了比较。在比较中我们发现从长时段的家养动物个体大小考察情况来看，这几种家养动物的个体是处于不断缩小的趋势，这一趋势延续至以老司城遗址为代表的明清时期。就是说，随着对这些动物的驯养，这些动物个体逐渐缩小了。或许有人会问，现在的家猪挺大的呀，为什么说是家猪越来越小了呢？那是因为，现在的猪已经品种改良了，不再是以前的喂养的土猪，而是一种大约克猪。所以现在各种家畜体型的

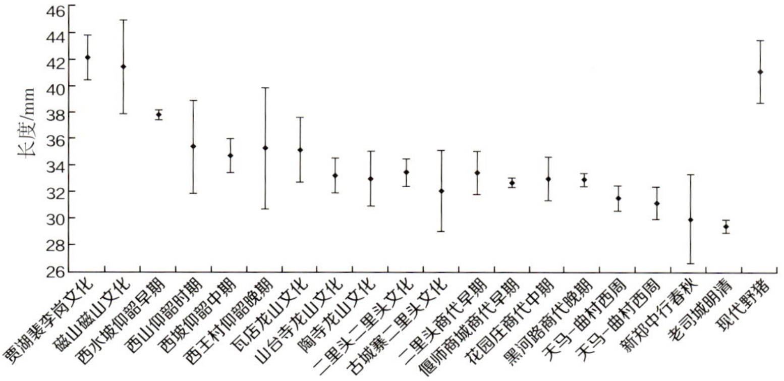

图十二　猪下颌骨 m3 长度均值的历时性变化图

变化主要是由于近现代以来动物品种的杂交改良、喂养环境和食物变化所导致的。但是从原生野猪到家猪的自然驯化和家庭驯养来看，它的体量是逐渐变小的。

同时我们比较了几种形态相近的动物骨骼的测量尺寸，比如说黄牛与水牛、水鹿与梅花鹿、老虎与黑熊、鸡与鸭等，发现不同动物骨骼的测量数据不同，实际上是其动物运动功能上存在差异的体现。比如鸡与鸭的比较中，鸡的各种上肢骨如肱骨、桡骨、尺骨、腕掌骨、喙骨的长度数据均不如鸭大（图十三）。与此相反，鸡的各种下肢骨如股骨、胫骨、跗跖骨的长度数据都比鸭大，因此根据鸡与鸭的各种肢骨长度测量数据可以

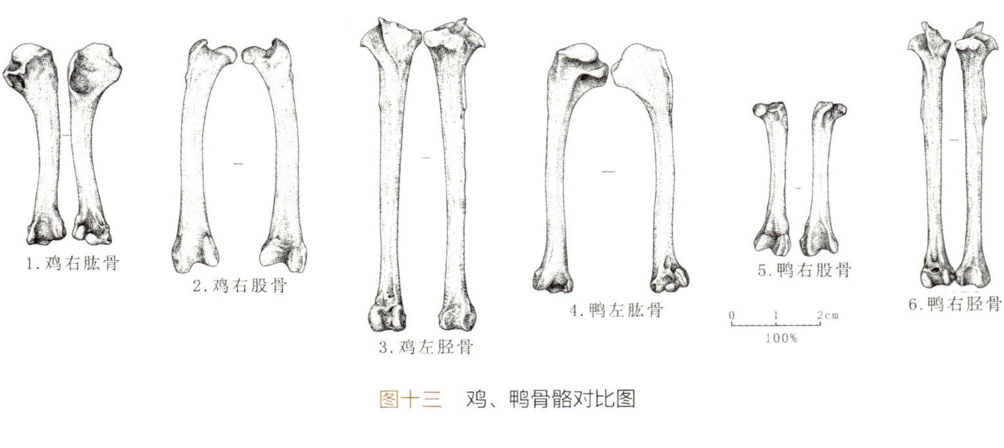

图十三　鸡、鸭骨骼对比图

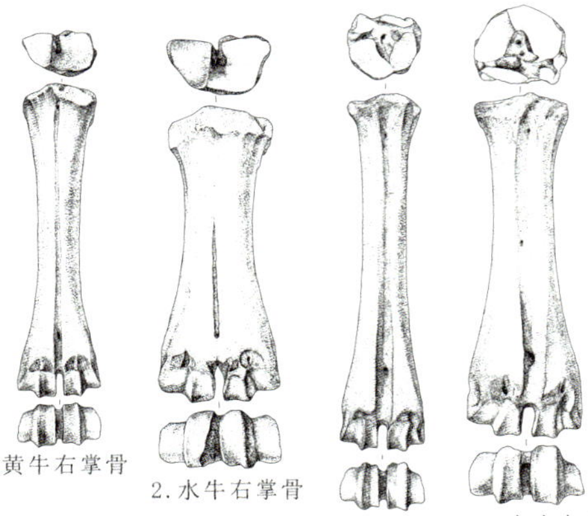

图十四　黄牛、水牛骨骼对比图

得出一规律性认识：鸡的上肢骨不如鸭发达，而下肢骨要比鸭发达。对此现象我们的解读是，这种上下肢骨长度大小差异的相反性实际是两种动物身体运动结构功能不同所导致的。鸡由红原鸡驯化而来，擅长山地奔跑，所以腿部骨骼更加长而粗壮。鸭是由野鸭驯化而来，在飞翔能力上较鸡强，所以上肢骨骼要比鸡的发达。

另外在比较水牛与黄牛的骨骼特点时（图十四），我们根据水牛比黄牛的骨骼更加粗壮，认为水牛在力量上比黄牛大，而黄牛在速度和山地行走能力上比水牛强。在虎和熊的比较中，黑熊肱骨远端比虎的大，胫骨比虎的短，这是熊的上肢力量比虎大，而奔跑速度不如虎快的体现。

这样说来，动物骨骼的测量尺寸是不是也给我们带来很多历史信息呢？

四、动物骨骼年龄告诉我们什么

动物骨骼的年龄是一个十分重要的信息，在动物考古研究中意义十分重大。通过研究动物的死亡年龄可以获知家养动物的饲养水平、饲养策略，可以了解野生动物的自然年龄分布、知晓古人狩猎方式。目前学界对动物年龄研究所使用的最为普遍的方法，是通过牙齿萌生磨蚀和骨骼愈合情况来观察动物年龄，我们在研究中使用的也是这两种方法。这两种方法的原理是哺乳动物的门齿、犬齿、前臼齿会经历一个从长出乳齿到换成恒齿、恒齿齿尖磨蚀、齿冠降低，最后齿质开始磨蚀的过程，而更换时间是有规律的。这和同样是哺乳动物的人大概是一样的情况，大家也都有不同年龄段换牙、掉牙的经历。同样，骨骼也有一个从早期愈合、中期愈合到晚期愈合的生长过程，因此根据愈合状况就可以大致判断出动物处于那个生长阶段。

我们先将研究对象分为家养动物和野生动物两个类型。家养动物包括水牛、黄牛、猪、狗、羊、马、鸡、鸭、鹅，野生动物包括水鹿、梅花鹿、野猪、赤麂、小麂等。

家养动物以猪的研究为例。通过下图（图十五）猪下颌骨牙齿生长模式显示，6 个月以下猪标本仅 4 件，只占 1.52%。6 ~ 12 月的 88 件，13 ~ 18 月的 98 件，19 ~ 24 月的 50 件，分别占 33.59%、37.4%、19.08%，是比例最多的几个年龄阶段。25 ~ 30 月的有 13 件，占 4.96%。30 月以上的 10 件，占 3.82%。统计显示大部分猪都在 2 岁以下（包括 2 岁的），占总数的 91.22%。

研究中我们发现，猪的肱骨、桡骨、胫骨等骨骼愈合状况中，中期愈合的比例为

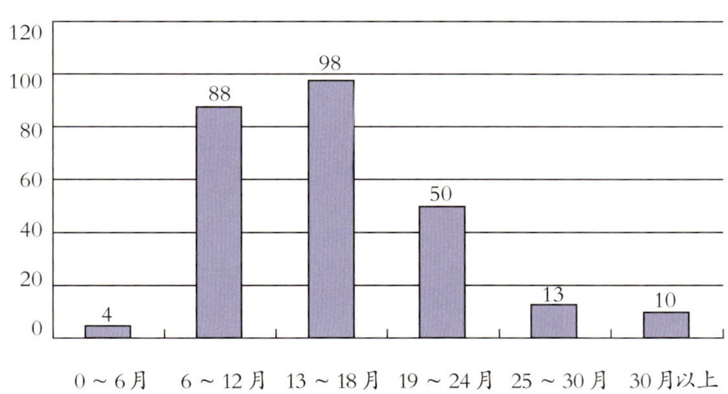

图十五　猪下颌骨显示各年龄段分布图

19.16%。我们按照中期愈合为 24 个月为标准，可以看到超过 2 岁的猪约占 19.11%，也就是说超过 80% 的猪没有达到 2 岁。从牙齿萌生和骨骼愈合状况两种比较年龄统计方式来看，统计结果是相接近的。猪在成年之前，是生长发育较为迅速的时期，而一旦到了 2 龄之后，生长发育就明显减缓，此时如果继续喂养，在经济上就不那么合算。老司城猪的年龄主要集中在 9 ~ 24 个月，因此从猪的年龄结构可以反映出当时人们是以高效获取肉食作为饲养目的的。

综合其他家畜的观察结果显示，家养动物死亡年龄分为两个类型，一种是以未成年或刚成年的个体为主，如猪、山羊、鸡、鸭、鹅，这几种家畜的饲养主要是为了最经济的获取肉食，因此不会将这几种动物饲养的太久，这在经济上不合算。而另外的一种是以成年个体为主，如水牛、黄牛、马、狗，反映出饲养这些动物不单纯是为了获取肉食，还有其他利用功能的饲养意图。比如水牛、黄牛是用来耕田，马是用来运输，狗可以看家护院，因此这几种家畜喂养的年龄就相对较大。

野生动物中比较典型的是各种鹿科动物，水鹿、梅花鹿的死亡年龄特点显示出存在大量的未成年个体，这说明它们在未成年的时候就被人类捕杀了，按照专业解读就是承受着很大的狩猎压力。对幼鹿的过度捕猎带来了很严重的后果，根据文献资料和实地询访，水鹿、梅花鹿在当地的灭绝时间很可能就在明清之际，其背后的原因就是对这两种鹿科动物的过度捕杀。这一历史信息也在一定程度上启示我们，为了保持生物多样性和自然生态平衡，我们要保护野生动物。

对于其他野生动物而言，如大型凶猛动物虎、黑熊、野猪和小型动物猕猴、豪猪、竹鼠的死亡年龄反映出它们的自然年龄分布，即以成年的个体为主，这说明对这些动物而言一般是看到什么就捕获什么，捕获动物的年龄比较随机。

六、动物骨骼的人工痕迹告诉我们的信息

在动物骨骼上通常会留下各种人工痕迹，如“砍”“砸”“切”（图十六、图十七）等，每一件骨骼上的人工痕迹都是人类行为方式的遗留，是一种特殊的遗迹现象，反映着一定的人类加工意图。我们可以通过对各种类型人工痕迹的综合考察，分析其代表的行为意图。

“砍”是一种使用得最为普遍的分断骨骼和附着肉体的肢解方式。“砸”是一种使用相对较钝的厚重工具大力作用于骨骼，主要代表分断和砸碎骨骼的肢解方式。“切割”也可简称“切”，这是一种用刀具分断骨骼上的肉体、韧带、肌腱的人类行为方式，这是使用最为普遍的一种分割肉体的肢解方式，这种人工痕迹在骨骼上通常会留下较浅的、长短不一的“V”字形痕迹。

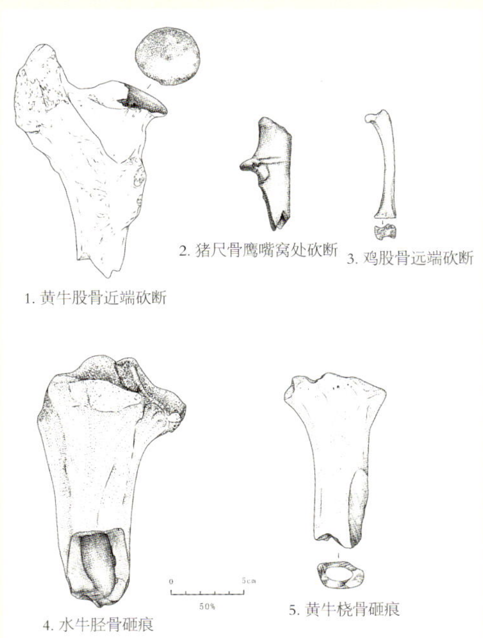

图十六 骨骼砍、砸痕

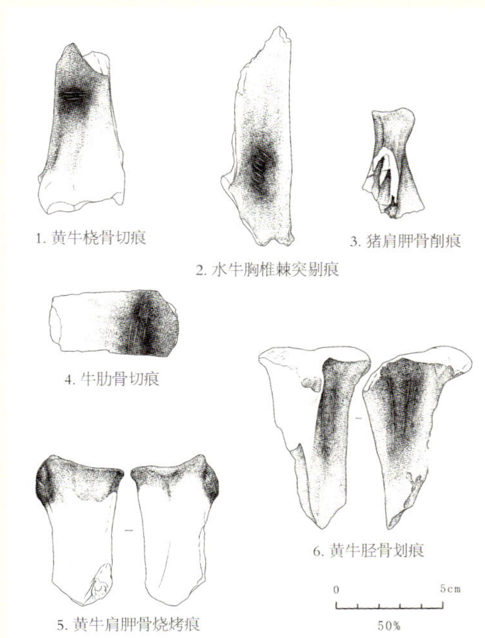

图十七 骨骼切、剔、削、划、烧烤痕

另外还有“劈”“削”“剔”“锯”“烤”“划”“烧”等多种人工痕迹类型（图十八）。从这些遗留在动物骨骼上的人工痕迹我们可以了解到，我们认识到对动物的分解大体可分为分断和分割两种类型，分断主要是针对骨骼并顺带包括了附着的肉体，以“砍”“砸”“劈”“削”“锯”为主。分割更侧重于分解肉体，以“切”“剔”“划”为主。当然这两种类型划分不是绝对的，例如有的“砍”“削”实际上是将肉体从骨骼上分解下来。而“烤”是一种加工熟食的烹饪方式，“烧”时常作为一种处理动物附着皮毛的方式，并可能带有初步的烹饪性质。

在分析中我们也发现，土司城的人们针对不同动物采取了不同的分解加工手段。针对不同动物采取了不同的分解加工手段。动物个体的大小、含肉量多少、骨骼的特点如粗壮程度等是使用不同加工方式的客观基础。具体来说，针对大型哺乳动物如水牛、黄牛、水鹿、梅花鹿等的分解手段更为丰富，其中“砸”是一种重要的分解手段。体型越小的动物，使用的分解手段越简单，如在个体较小的豪猪、猕猴以及鸡、鸭、鹅上没有发现“砸”“劈”“削”“剔”的痕迹。对于相同类别、个体大小相近的动物，其分解的方式大体相近，如水牛与黄牛、水鹿与梅花鹿、鸡与鸭等。

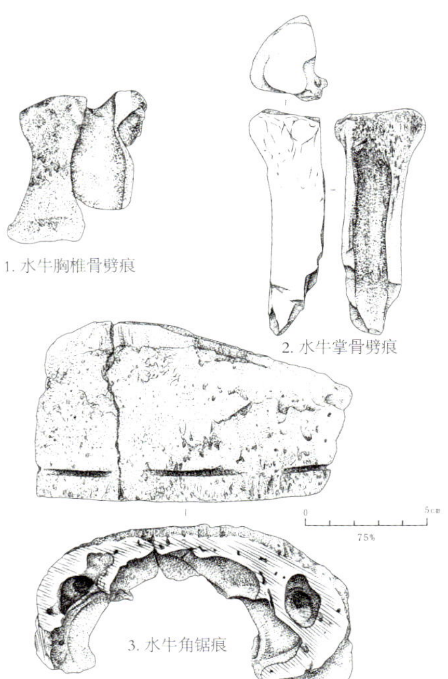

图十八 骨骼劈、锯痕

通过以上对人工痕迹的综合分析，考察其在具体动物、具体骨骼部位的运用之后，我们对人工痕迹形成了总体性的解读。“砍”“砸”“切”“劈”“削”“剔”这几种人工痕迹从步骤上看，都是发生在屠宰之后，烹饪加工之前，其目的是将动物骨骼肉体肢解成烹饪所需的大小形状。根据具体动物个体大小、骨骼长短粗壮程度、肉体附着情况，采取相应的分断和分割加工手段，因此在骨骼表面遗留下了各种人工痕迹。

七、在老司城遗址里也生产骨器

老司城遗址中出土的动物骨骼，也有一些是用作装饰和其他生活所用的，这就是骨器。动物骨骼是一种加工骨器的材料，但并不是每个出土动物骨骼的遗址里都会发现制作骨器的证据。在以往有大量动物骨骼出土的考古遗址中，很多遗址曾出土过骨器，有的重要遗址中还曾发现专门制作骨器的作坊，但都以汉代以前的遗址为主，到明清时期在考古遗址里很少发现制作骨器。而在老司城遗址出土 4 万余件骨骼中，尤为珍贵的是发现了 100 余件与骨器制作有关的动物骨骼。

目前可以确认水牛、黄牛、水鹿、虎、猪、赤鹿这几种大中型动物是骨器制作经常选择的动物种类，其中最主要的是水牛和黄牛。制作骨器选择的骨骼部位主要是大型动物的管状肢骨如肱骨、股骨、胫骨等，因为这些骨骼具有骨壁厚，肢骨较长直等特点。其他还有角骨、下颌骨、犬齿等骨骼部位。通过骨骼部位的选取，我们可以看出，人们在制作这些骨器之初就已经有了明确的成品构思。

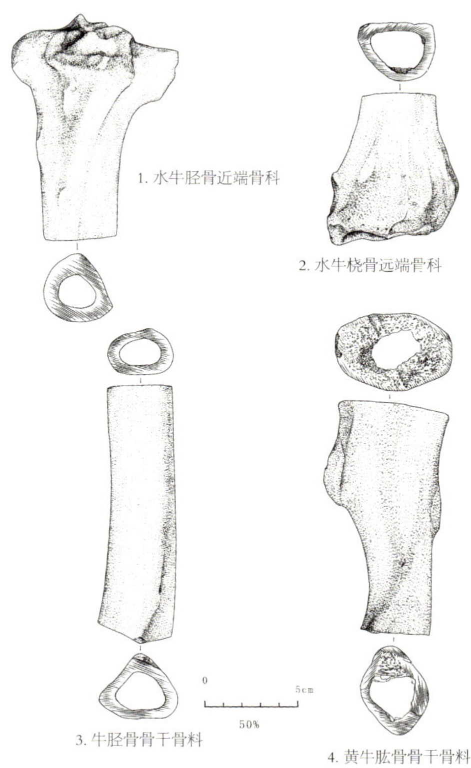

图十九 骨料

骨器的制作流程是选料，解料，进一步加工，最后成器（图十九）。制作过程按部就班，因此有可能上个工序没加工处理好，骨料就废弃了。对骨料的初步加工

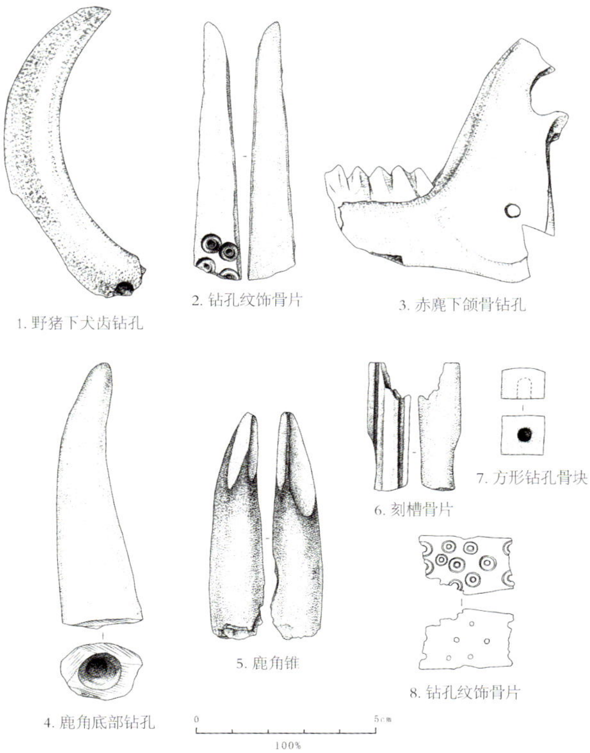

图二十 骨器成品、半成品

一般使用“锯”，相对于“砍”和“砸”，“锯”是一种很费时费力的分断骨骼的行为，这是为了能够平整地截取骨骼。在解料后，一般会根据骨料对象使用“削”“钻孔”“打磨”等后期进一步加工手段。

目前老司城遗址发现的骨器成品及半成品大体可以分为两类：一类是小的装饰品，如钻孔的野猪獠牙、钻孔的赤鹿下颌骨等；一类是小的生活工具，如骨簪、角锥、方形钻孔骨块、刻槽骨片等（图二十）。总体来看主要都是小件骨器，发现的骨器种类不多，没有发现明显的生产类工具，推测这一阶段很少使用骨器作为生产工具。目前来看选择大型动物肢骨骨料可能主要是为了制作佩带装饰品和骨簪等。另有一些小的构件，比如刻槽骨片、方形钻孔骨块等，具体用途还待考证。

从老司城地区丰富的动物资源判断，骨器的制作应有充足的骨料来源。从出土的骨器类型和数量来看，老司城遗址的骨器有一定专业生产的性质，但生产规模不大。各种成品或半成品的数量都不多，说明没有专业的大量生产的产品类型。制作产品的工人可能是兼职，而不是专职的。制作骨器的性质介于小型作坊生产与家庭副业生产之间。制作者可能不一定是专门的骨器手工业者，而是由屠夫、厨师之类的人员兼任。

老司城遗址作为一处以明清时期遗存为主体的遗址，这里发现的各种类型骨器，是目前所见考古年代最晚的骨器。这说明至少在明清时期，很多地区都还在制造、使用骨器。总的来说，从骨器的生产来看，在明清时期，各种竹木及金属材质的生产工具、构件制作已经达到了较高的水平，骨器的生产已衰落，它们在人们生活中的重要性已经下降，但由于骨器材质特殊，使得它们还在延续制作使用。有学者指出：“骨器在硬度上独具特征，它比陶、石、铜等质地的遗物硬度低，但比木、竹、麻的遗物硬度高，是其他材质的工具不能取代的。”另外，骨器有一些独到之处，比如野猪獠牙挂饰，比如用湘西地区水牛角制作的号角等，这种根据特殊种属、特殊骨骼部位制作的骨器具有不可替代性。总而言之，老司城遗址出土的骨料、骨器是探讨明清时期的骨器利用的宝贵材料。

八、动物骨骼上的一些病理现象

动物也会生病，这些信息也会在动物骨骼遗存中保留。动物骨骼病理现象为我们提供了了解动物本身机能、人与动物关系的一个视角，是动物考古学研究的一项重要内容。我们将各种属的动物病理按照 5 种骨骼部位进行归纳，即下颌骨及牙齿的病理、肢骨的病理、脊椎骨的病理、盆骨的病理、枝梢骨的病理，并对各骨骼部位病理做相应的分析与探讨。

（一）下颌骨及牙齿病理

下颌骨及牙齿病理主要发现于狗、豹、黄牛、水牛等几种动物上（图二十一）。在14件狗下颌骨中，有4件标本发现有牙齿缺失的情况，有的是牙齿缺失后齿槽孔愈合，有的是本身齿列不齐。

猫科、犬科这类肉食性动物与偶蹄目这类草食性动物在下颌骨牙齿病理上有所不同。随着年龄的增长，肉食性动物牙齿有崩断缺失的现象，特别是中老年动物个体容易牙龈松动，骨骼更容易缺钙，造成牙齿的硬度降低。这和同样是哺乳动物的人的生理新陈代谢现象也是一致的。狗、豹这类食肉目动物年老后，啃咬较硬的动物骨骼时发生崩断缺损的概率增大，所以研究中观测到牙齿缺失的标本都是中老年个体。从牙齿缺失的齿位来看，发现大多是前臼齿和犬齿缺损。这是因为犬齿、前臼齿主要发挥咬断（啃咬）撕裂切割食物的功能，施力多，后臼齿是发挥咀嚼的功能，施力少，另外，前牙之间有较大间隙且犬齿、前臼齿是单齿根，后臼齿是双齿根，因此后臼齿更加稳固。牙齿在缺失后，一般都会自然修复愈合，形成齿槽孔闭合。这些牙齿缺失后齿槽孔自然愈合。草食性动物的牙齿不断磨蚀变短，普遍有牙结石现象。

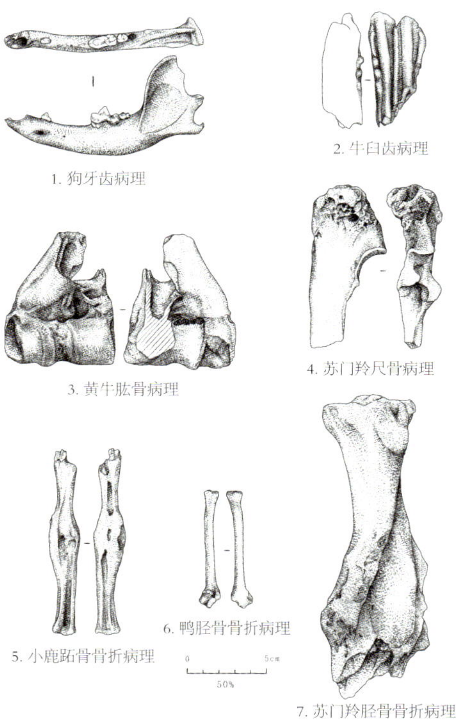

图二十一　牙齿、肢骨病理

食草类动物由于以植物作为食物对象，只需将植物类食物咬断咀嚼，因此通常存在牙齿磨耗问题。通过对偶蹄类动物牙齿的观察发现，各种动物的臼齿一般都有一定程度的牙结石。

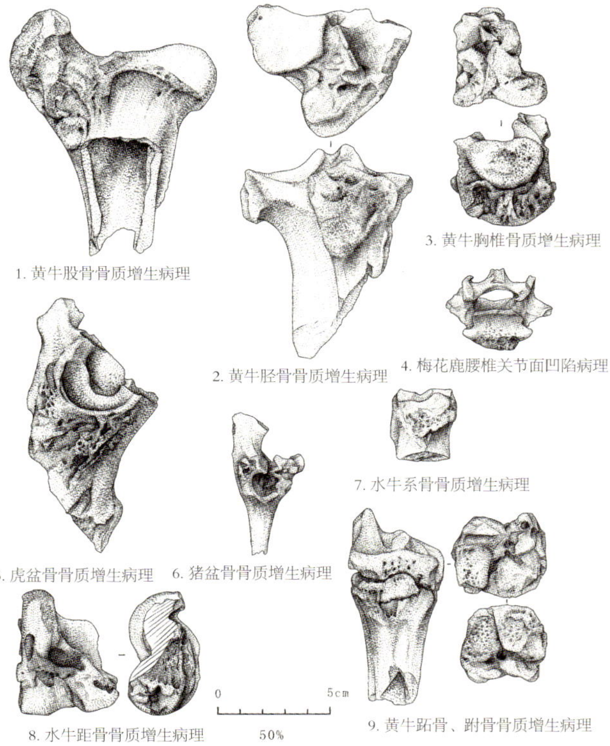

图二十二 肢骨、脊椎骨、盆骨、枝梢骨病理

（二）肢骨病理

肢骨的病理大体分为两类，一种是肢骨两端关节部位的融合、骨质增生（图二十二）。如黄牛肱骨远端鹰嘴窝、胫骨近端关节面等部位的骨质增生。一种是骨折，如发现的小麂跖骨骨折、苏门羚胫骨骨折一般发生在骨骼中部。

第一种关节部位的融合、骨质增生分析是与运动相关，由于运动导致关节面磨损较大，容易引发关节炎、骨质增生、骨赘等病理现象，目前发现的肢骨关节部位病理现象主要集中在水牛、黄牛这两种动物身上，并且都是肢骨已完全愈合的中老年个体。中老年个体发生关节炎、骨质增生的概率本身就较大，而水牛、黄牛大家都知道，是十分重要的畜力，它们经常性服劳役的情况加重了关节的损耗，进一步加大骨质增生等疾病发生的概率，并且使病情加重。

另一种是骨折病理，骨折情况分析。从骨折发生的部位来看，苏门羚和小麂的骨折都是处于肢骨的中部。苏门羚的胫骨愈合后，其近端与远端不在同一条直线上，属于畸形愈合，而小麂的跖骨愈合后基本在同一直线，愈合程度较好。导致这种情况的原因，一方面可能是因为小麂跖骨相对较短所以恢复较好，另外推测是否与动物体型大小有关，体型大的动物自身重量较大所以愈合恢复的程度不如体型小的动物好。鸭胫骨远端的骨折发生在关节头骨松质和骨密质交界处，这是骨折高发部位。

从发生骨折的动物种属来看，遗址出土的大量家养动物如猪、黄牛、水牛等均未发现骨折，而在出土骨骼相对较少的苏门羚和小鹿的肢骨上发现了骨折，一方面可能因为苏门羚、小鹿的奔跑速度要快于猪、黄牛、水牛，所以骨折概率相对较高。另一方面家养动物由于受到人类的关照，不需躲避食肉动物的追捕，所以骨折概率可能小于野生动物。由此可见，对于偶蹄类动物而言，野生动物骨折的概率大于家养动物。另外，小鹿、苏门羚的骨折都已再生与修复，证明这些动物骨折以后活了下来。

（三）脊椎骨病理

在水牛、黄牛、梅花鹿这三种动物身上发现了脊椎骨病变，且颈椎、胸椎、腰椎、骶椎各个脊椎骨部位均有发现，但主要集中在胸椎和腰椎这两个部位。

脊椎骨病理现象有骨质增生、融合、椎弓异常等，现在看来有这样几个特点。脊椎骨患病的动物年龄，以愈合的中老年个体为主，未愈合个体的比例明显较少。脊椎骨患病的动物对象，以水牛、黄牛最多，主要以胸椎和腰椎为主，特别是第 9 至第 13 胸椎、第 1 至第 3 腰椎。正常情况下，水牛、黄牛年龄愈大，骨骼关节部位发生变形、融合的概率就越大，而牛作为一种畜力使用，脊椎骨骨骼部位必须承受更大的作用力，这加重了脊椎骨的患病概率。

（四）盆骨病理

盆骨与支撑身体、运动及生殖功能有关，包括髂骨、耻骨和坐骨。发现盆骨病理现象的有虎、豹、猪、水牛、黄牛等，部位主要位于髋臼窝及其附近。病理现象一般是骨质增生及溃烂异常隆起等。

发现病理的部位主要位于髋臼窝及其附近，髋臼窝是髂骨、耻骨、坐骨 3 种骨骼的结合部，又是承受身体重量和发挥运动功能的关键部位，髋臼由于负重且摩擦磨损大，因此是盆骨发生病变的主要部位。病理现象普遍是骨质增生、发炎溃烂、异常隆起等。

造成这种病变的原因主要是其所具有的运动功能属性，如股骨头与髋臼窝骨骼运动移位等。另外髋臼的病变是与股骨头的病变相匹配的，我们所看到的是髋臼部位的病变，在股骨头部位应有相应的病变。

（五）枝梢骨病理

枝梢骨病变涉及的骨骼部位为跗骨、距骨、系骨等，我们研究中将掌骨、跖骨远端关节部位的病变也归入枝梢骨病变。发现的主要动物对象是水牛、黄牛，病理现象主要表现是关节结合部位的骨质增生、融合等。

枝梢骨是四肢远端的骨骼部位，是四肢发力受力接近地面的骨骼部位。所见到的病理情况多是骨骼关节接触面的骨质增生融合等，部分骨骼会顺着关节面延伸扩张蔓延到关节周围。发现的主要动物对象是水牛、黄牛。由于这些病理标本都是骨骼完全愈合标本，代表的都是已成年的中老年个体。正常情况下随着年龄的增长，枝梢骨关节部位就容易发生骨质增生等病变，而黄牛、水牛无疑是由于畜力的需要而进行的饲养，这无疑会加重枝梢骨关节部位的病变。

通过对以上动物病理部位的分析，我们有了一些结论性的认识。

首先可以看出，不同大小及种类动物的骨骼病理区别。从动物种类来看，目前考古遗址里发现的主要是出土较多的大中型哺乳动物骨骼病变，能观察到的主要是哺乳动物骨骼病变，另外仅发现少量鸟禽类鸭的骨骼病变，没有观察到水生动物如鱼类、爬行类、贝类的骨骼病变。哺乳动物中主要发现了黄牛、水牛、虎、豹、野猪、狗、苏门羚、梅花鹿、小麂的病变。

其次，动物年龄与骨骼病理之间也有一定的关系。我们观测到骨骼的病变很多与动物年龄有关，如遗址中除发现了少量骨骼未愈合的猪、黄牛、鸡有病变现象外，大多数都是已完成换齿及骨骼完全愈合的标本，代表着这些动物是中老年个体。未愈合的骨骼代表动物正处于生长阶段，这一年龄阶段的骨骼病变较少，而随着年龄的增长，动物骨骼老化、缺钙、骨量减少和长时间磨耗导致了发生病变概率的增加和病理现象的加重。

骨骼的骨质增生、融合、发炎、溃烂、坏死、异常突起磨耗及发育不良等病理现象多发生在肢骨、脊椎骨、盆骨、枝梢骨的骨骼关节部位，大部分是后天的生理性病理。产生这种现象的主要原因是，关节部位具有承重功能，又是发挥运动功能产生骨骼磨耗的主要部位，因此以上的各种骨骼病变容易发生在关节部位，有的病变如骨质增生、融合等会顺关节边缘唇部向外衍生蔓延。骨折有两种，一种是肢骨中部的横断骨折，一种是发生在关节头骨松质和骨密质交界处的骨折，应都是运动中突然造成的。

再次是家养与野生动物的骨骼病理区别。很多病变的发生，在家养与野生动物身上并无区别，如野生动物豹和家养动物狗同样存在牙齿崩缺的现象。但我们发现黄牛、水牛骨质增生、发炎溃烂、坏死等多种骨骼病变，不论在骨骼的病理症状还是病变的数量上，均明显多于野生的偶蹄类动物如水鹿、梅花鹿。这应在一定程度上与黄牛、水牛承受畜力使用，骨骼负担加重有关。另外在数量很大的黄牛、水牛肢骨上没有发现骨折现象，而出土相对较少的苏门羚、小麂肢骨却发现了骨折现象，可能与野生动物在自然环境中受伤概率较大，而家养动物受到人类有意识的保护有关。

牛骨骼病变绝大部分发生在中老年个体身上，仅有少量发生在未成年个体身上。黄牛患病数量明显多于水牛。后肢骨骼病变比前肢多，骨骼近端病变似乎多于远端。这可能与前肢支撑作用多，后肢发力作用多有关。以上这些骨骼病理特征应与提供畜力有一定关系。当然对于牛的骨骼病变，我们并不认为畜力的使用是造成这些病变的唯一原因，因为中老年个体随年龄增长自然会发生如骨质增生、融合、发炎溃烂等骨骼病理现象，但我们认为牛服劳役会加大各种骨骼病变的概率和病变的严重程度。

总体而言，目前观察到的骨骼病变都没有对动物造成致命伤害，各种病变对动物生理功能造成了或大或小的伤害，但各种动物身上均有自我治疗恢复的现象。我们应该认识到动物骨骼遗存只是反映动物病理的一种载体，很多疾病可能并不一定会在骨骼上有所反映。通过对动物骨骼病理的考察使我们更全面地了解到了当时的自然环境、动物的身体机能以及人类对动物的利用情况，提高了我们对老司城遗址动物遗存的整体认识。

九、动物骨骼与老司城遗址相关问题的探讨

动物骨骼作为老司城遗址出土最多的遗物类型之一，将动物骨骼的各种信息与老司城遗址的发掘情况结合，可以探讨老司城文化多个方面的内容。

（一）从动物骨骼分析遗址的区域功能

老司城遗址发掘报告中将遗址整体分为了宫殿区、衙署区、街道区、墓葬区、宗教区、苑墅区六大功能分区。我们整理发现动物骨骼材料出土单位涉及宫殿区、衙署区、街道区、墓葬区这四大的功能区（图二十三）。从各功能区出土的动物骨骼数量来看，

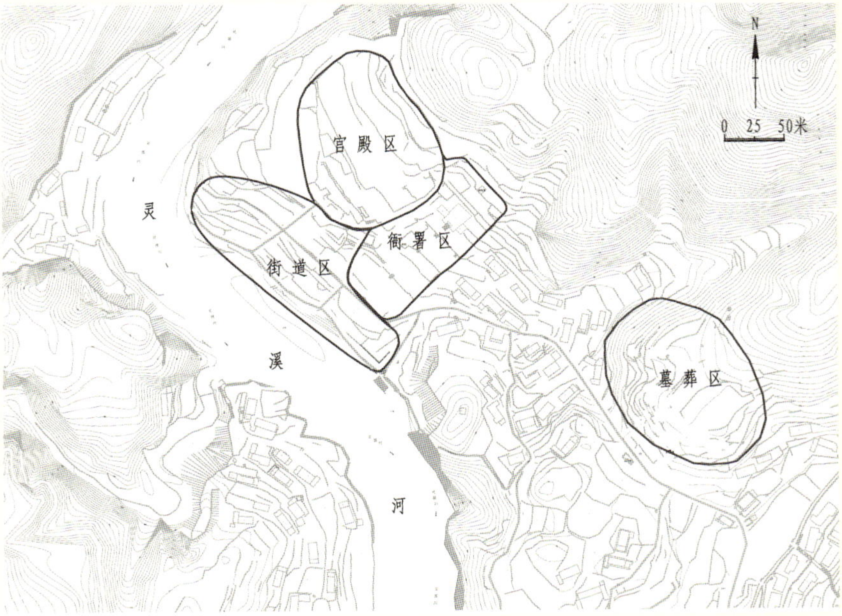

图二十三　老司城遗址各功能区分布图

遗址共出土41683件，其中宫殿区出土21012件，衙署区出土19876件，街道区出土711件，墓葬区出土84件。由此可以看出，动物骨骼主要在宫殿区和衙署区出土。代表当时大部分动物肉食都是在这两个区域消耗。这批动物的消耗主体是土司集团成员。街道区出土的动物种属都是普通的家畜，以猪、牛、鸡为主，消费性质比较平民化。这是不是说明土司王朝中有着明显的社会等级和阶层划分呢？另外，墓葬中发现了鸡与猫的骨骼，但综合各种因素判断可能不一定是祭祀与牺牲，有可能是这两种动物在后期自行潜入墓葬却没能从钻入的洞口爬出来。

（二）从出土的动物骨骼等有关遗存分析厨房和骨器作坊的位置

仅通过动物骨骼是不能证实厨房的位置和骨器作坊的位置的，但结合出土的其他遗物，以及对房址结构功能和位置的分析，推测位于宫殿区东南部台地上的房址F2可能是当时的厨房和制作骨器的地方。

在F2内出土了一件底部印有“厨房记”的青花瓷碗，在老司城出土的数百件带底款的瓷片中，唯独这一件上底款文字为“厨房记”。这件瓷片具有明显的房屋指向功能，正常情况下，带有“厨房记”底款的餐具只会在厨房使用而不会在其他房屋提供给土司及其他人员就餐时使用的。

老司城遗址出土动物骨骼的房址仅有5处，都位于宫殿区，分别是F1出土41件、F2出土181件、F13出土4件、F14出土121件、F15出土16件。F2出土动物骨骼的数量明显多于其他房址单位，这也是推测F2为厨房的理由之一。

在房址F2范围内以及邻近房址南侧的G10中，出土了铁釜、铁刀、铁锅铲、铁支架、铁铲等一批铁制厨具。骨器、骨料也在这一区域有较多发现，因此，很可能因为F2是厨房，所以才有这么多相关遗物在此区域出土。

F2东西长32米，南北宽15米。根据F2的平面图可见F2由隔墙分为7个小房间，中部的房间可见小的建筑隔墙，每一间房屋大小不一。F2的结构不规则，开间太小、房间的南部依靠城墙作为房址的南墙，这样的房屋结构是不符合礼仪性质的房屋要求的。这种房址结构也不应是正式的居住用房，而应具有某些特殊功能。从房址的位置来看，F2远离宫殿区中轴线，位于宫殿区东北角，这种区域比较适合用于辅助生活用途。从房间的结构和位置来看，完全具备厨房属性。

综上所述，位于宫殿区东南台地的F2以及靠近房址附近的G10内，出土了大量动物骨骼，还有指示厨房地点的带底款瓷片和各种炊煮加工工具，而且从房屋的结构特点、位置等因素来看，F2应该是厨房。通过检索骨料的出土地点，结合以上对厨房位置的分析，我们认为骨器的制作很可能就在厨房附近，有可能是由厨房工作人员业余制作，因为他们有这样的资源优势，这也反证了F2很可能是属于厨房性质。

（三）从动物骨骼角度探讨老司城土司宴飨问题

宴飨是主人用酒食招待客人的一种大型聚餐活动。根据人类学研究和相关文献记载，我国的宴飨至少在新石器时代就已存在，古代氏族首领可以通过宴飨的方式加强氏族成员的凝聚力，提高自己在本地区的威望。

宴飨有一个特点，就是通过宰杀大型动物来展现主人的实力，一方面满足肉食需要，一方面营造出热闹的气氛。由于宴飨通常要集中消费大量的肉，并可能在这一过程中利用宰杀动物，特别是大型动物举行相关宗教祭祀活动，以提升宴飨活动的神圣宗教意义，因此宴飨活动通常会留下大量的动物骨骼。

土司制度相对于中央王朝制度而言，具有一些自身的特点。比如在制度层面不如中央王朝先进，在政权组织管理上不如中央王朝规范，更多的带有一种人治的特点。因此，在政权组织管理上需要通过不断地提高威望，加强感情联系来控制，而举行宴飨活动就是这样一种非常重要的手段。有学者指出：“宴饮也是获得权力的一种策略。其基本功能是建立或维持某种重要的社会关系。对宴会的主办者来说，宴饮能够调动劳力，在社会集团内部和不同社会集团之间建立合作关系，投资并获得回报，获得政治权利，建立与神祇或祖先的联系，并用以规范社会集团间的关系。”

由于宫殿区是彭氏土司生活居住的区域，并且宫殿区有厨房和开阔平坦的台地等，推断飨宴应在宫殿区举行。在此对老司城遗址宫殿区出土的动物骨骼进行一番考察。宫殿区出土了大量的骨骼，从表中可以归纳出有这样几个特点：出土的水牛、黄牛骨骼数量明显大于其他区域。这种对牛的大量享用超过了正常比例，带有一定的等级优越性，体现了土司的王权。出土大量黄牛、水牛的骨骼或许是由于宴飨的需要，这可能就是遗址中出土大量牛骨骼的原因。大型野生动物基本出土在宫殿区，如虎、熊、豹、狼、水鹿、梅花鹿等。野生动物不易捕获，特别是这种大中型野生动物，需要足够的人力物力。正是由于食物的这种来之不易，所以土司宴飨时享用大量野生动物可以更加明显体现土司在族群中的地位和威望。出土了部分泥蚶、海螺这类属于海洋性动物的骨骼，这些外来动物的稀缺性有可能是宴飨时土司提高自己声望的一种表现形式。土司一般在生日、结婚、出征、加冕、重要节日等重要节点，举行宴飨活动。如出土的瓷器中有数十枚带底款的瓷器就是来贺寿的，这说明在彭氏土司及重要人物生日时，很多来自下属的三州六峒、相邻土司政权乃至代表中央政权的有关势力都会自己或派人来老司城庆祝。而土司正是通过这种宴飨活动加强了彼此的认同，维护了自己的统治基础。

动物骨骼遗存，作为老司城遗址文化遗存中十分重要的组成部分，它一方面为我们了解古代湘西土司时期宏观的政治制度、经济关系、宗教信仰、民族文化提供了重要佐证，另一方面也从微观层面为我们再现了老司城中生活的先民们渔歌田猎、耕作生息的生动画面。从动物骨骼的考古研究中，我们也得以重现湖南湘西先民与自然和谐共生的生命历程，得以感悟各个族群间碰撞融合的历史进程。今天，老司城遗址的考古发掘工作还在继续，更加丰富的文化遗存也不断地呈现在我们面前。而随着动物考古工作的不断推进，我们相信，作为世界文化遗产的老司城遗址，作为中国古代民族区域自治制度生动标本的老司城遗址，一定会为我们呈现更加丰富多彩的文化信息，绽放出更加灿烂的文化光辉。

老司城的动物遗存：重现人类生活图景

时间是宇宙的主宰，万物各有期限，唯有时间永存。但各种物体总会留下自己的印记。

在广袤的地球上，充满活力的动物是不著书立传的魔法师。它们知道，皮肉难以抵挡时光的侵蚀，便以骨骼为魔法棒，藏下它们与世界的种种关联。谁能破解“咒语”，就能施展魔法，重现当时人类的生活图景。

5月11日，长沙博物馆，湖南省文物考古研究所副研究员莫林恒，以“土司的盛宴——永顺老司城遗址动物考古学的解读”为题开讲。这是湖南考古界首次向公众透露有关动物考古学的内容，目标地是湖南首个世界文化遗产——湖南永顺老司城遗址。

“民以食为天”的亘古准则，让那些发黄老旧、带着伤病痕迹的动物遗存，具有瓦当、瓷片、青铜等人类遗物不能给予的亲近感。其中蕴藏的明清时期老司城的政治、经济、生活信息，比史书的记载更为具体生动。

排水沟中的动物遗骸：复原老司城人“食”生活

5月10日，春夏之交。武陵山脉深处，曲折急险盘山公路的尽头，永顺老司城遗

老司城遗址航拍图

老司城遗址考古现场

湖南省文物考古研究所 供图

动物骨骼出土照

湖南省文物考古研究所　供图

虎、豹骨骼标本

湖南省文物考古研究所　供图

址阳光灿烂，草色青青，一片安宁美好的景象。

老司城一带古属溪州。公元910年，彭瑊为溪州刺史，创立彭氏政权基业。

公元1135年，第11代土司彭福石宠将司治迁到今天的老司城。从此，这里成为土司时期中国西南少数民族地区的政治、经济、文化、军事中心。

直至清雍正六年（1728），清廷为加强边远地区的中央集权管理，对西南诸土司实行“改土归流”政策，改土司制为中央委派流官。长达818年的彭氏土司政权结束。

13世纪至20世纪初，古代中国在西南多民族地区推行的土司制度，展现了“齐政修教，因俗而治”的独特管理智慧。2015年，作为反映中国西南土司制度的典型案例，湖南永顺老司城遗址与贵州遵义海龙屯土司遗址、湖北恩施唐崖土司城遗址组合而成的中国“土司遗址”，入选世界文化遗产。

清清的灵溪河自北而来，像一只有力而又温柔的臂膀，拥抱着老司城遗址。考古工作者依据功能布局，将遗址的中心城区划分为宫殿生活区、衙署区、墓葬区、街道区、

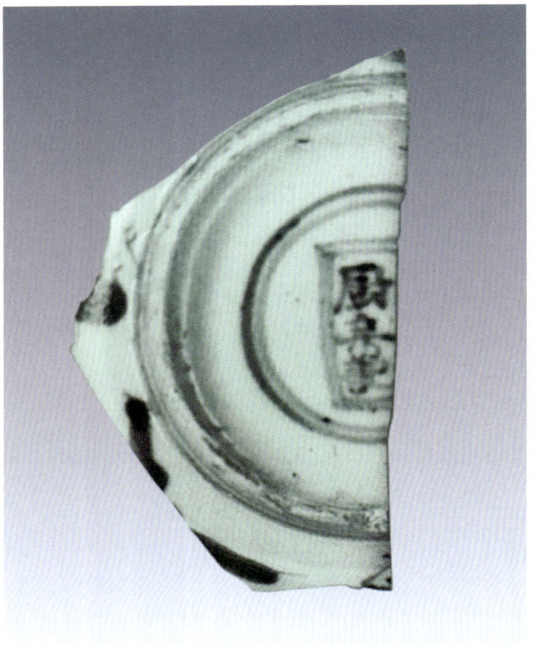

底部印有“厨房记”的青花瓷碗
湖南省文物考古研究所 供图

宗教区、苑墅区6个区域。

山坡上的宫殿生活区依偎在灵溪河的臂弯里，被巨石筑成的巨大排水沟环绕。总数达41683件之多的动物骨骼基本出土于宫殿生活区，其中的绝大部分埋葬在排水沟中，破碎散乱，伴随着瓷片等生活垃圾。

“动物骨骼出土的环境和保存形态决定着它们的用途和意义。”莫林恒介绍，完整的骨架出现在墓葬或祭祀坑，常常与宗教有关；散碎的骨骼和其他杂物一起掩埋在垃圾堆中，说明是人们食用肉类食物后抛弃的食物残骸。

“湖南的遗址很多，因为保存环境不好，出土动物骨骼的遗址仅有10多处。老司城遗址年代较晚，加上沙性土质，出土的动物骨骼保存情况较好。它们风化程度不高，应该没有长时间暴露在野外，而是被很快掩埋。”莫林恒说，老司城遗址出土的绝大多数动物骨骼属于明清时期，这一时间段是我国动物考古学研究的最晚节点。因此，它们为考察各种野生、家养动物的历史性变化，以及畜牧史的研究，提供了重要的时间节点材料。

莫林恒和同事在鉴定动物种属的基础上，对这些动物骨骼开展了肉食消费、骨骼测量、动物年龄、人工痕迹、骨器、病理、相关遗存分析等全面系统的研究，力图复原明清老司城人与“食”有关的生活画卷。

耕牛、野味和海鲜：展示王权的盛大宴飨

在灵溪河畔的接官渡码头，乘一条扁扁的木船，渡河。明清时期，土司的贵客就是从这里坐船，去赴王的盛宴。

河不宽，很快就能到达对岸。沿着红紫色石头堆积的路拾级而上，通过高高的城墙进入王城。

土司举办宴飨，都是在重大的时间节点。如土司的生日、婚礼、加冕仪式，将士出征之前或者凯旋之后。

莫林恒分析，衙署区的房屋结构紧凑，没有开阔地带，又是办公场所，不适合进行大规模的动物屠宰和烹饪，大型的宴飨应该在宫殿生活区举行。

桌上的食物真丰盛啊！肉食的种类最多达 33 种。有猪、水牛、黄牛、鸡、鸭、鹅等家养动物，水鹿、梅花鹿、小麂子、野猪等野生动物，甚至还有虎、豹、熊和海洋动物泥蚶、海螺。

莫林恒通过对出土动物骨骼的研究，得到了土司的这份“菜单”。他说：“不同于平民居住的街道区，动物骨骼仅出土了 711 件，动物种类都是一般的家畜。大量黄牛、水牛骨骼在宫殿生活区被发现，它们的年纪较大，属于耕牛。大型野生动物的骨骼大部分出土于宫殿生活区与衙署区之间的排水沟里，衙署区出土了较多的泥蚶。”

宫殿生活区东南部紧邻排水沟的台地上，一处结构不规则、开间小的房屋遗迹很可能就是厨房。莫林恒说，这里面出土了老司城唯一一件底部印有“厨房记”的青花瓷碗。该处遗迹的内外部出土了铁釜、铁刀、铁锅铲、铁支架、铁铲等一批铁质厨具，以及骨器、骨料。

“民以食为天。”“吃”对于中国人来说，意义深远。莫林恒说：“有学者认为，举行宴飨是一种获得权力的策略。彭氏土司经常通过举行宴飨提高自身威望、维护统治地位。”

武陵山土司文化研究院院长罗奋飞说，现在土家族接待贵宾举行的牛头宴，就是由土司宴演化而来。

动物：人类不可缺少的朋友

支撑土司丰盛“菜单”的，是老司城发达的家畜饲养业、丰富的野生动物资源和远距离的运输能力等。综合种种条件，莫林恒认为：“这些展示了老司城遗址拥有强大的经济基础，它不仅仅是一处中心聚落，在某种程度上显示出古代‘都邑’的性质。”

通过对动物骨骼进行动物死亡年龄的研究，莫林恒发现：老司城遗址的家养动物占了可鉴定动物比例的 80%。其中，猪的死亡年龄主要集中在 9 ~ 24 个月，大部分山羊的死亡年龄在 2 岁以下，而成年或老年的牛、狗、马在各自的种类中占大多数。

莫林恒解释道：“猪到了 2 岁以后生长发育明显减慢，继续喂养不划算。以猪的年龄结构为代表，反映了猪、鸡、鸭等动物的饲养以高效获取肉食为目的，而牛、狗、马等分别主要承担着耕田、看家护院、驮运等需求。”

在野生动物中，水鹿和梅花鹿成为人类打猎的对象，死亡年龄较早。

“家养动物的出现及发展，从根本上改变了人类与动物的共存关系。”中国考古学会动物考古专业委员会主任袁靖在接受媒体采访时曾说，动物为人类提供了稳定的肉食来源，为以骨骼、皮毛为原料的手工业发展创造了很好的条件，还增强了人类的作战能力和交通能力。

动物，是人类不可缺少的朋友。可由于人类，它们大量地被灭绝。

“老司城遗址的 4 万多件动物骨骼，我们能辨认出的是 11906 件。”莫林恒说，我国的动物考古学仍处于学科基础建设的阶段。2012 年，他在湖南动物考古学实践的开创者袁家荣的推荐下，肩负起老司城遗址动物遗存的整理和研究工作。在遗址旁边的司城村小学，他和当地的考古工作者进行了长达 1 年多时间的整理。

可借鉴的学术资料不多，常见的动物，他们通过做动物标本的“笨办法”找规律和特点。其他的动物则依靠走访当地的老人了解。为了了解虎豹等野生动物的情况，他们曾爬山越岭走 5 个多小时的山路，去寻找一位老猎人。

“20 世纪五六十年代，老司城一带还有老虎。但水鹿这样易捕获的动物，没人听说过，大概是在明清时期就灭绝了。”莫林恒不无感伤地说。现在，随着人们环境保护意识的增强，老司城当地的部分野生动物的数量开始增加了。但是，生物的多样性已经被破坏，很多大中型野生动物已经灭绝，有相当一部分野生动物仍然面临生存危机。

人类与动物共同书写的历史是多么动人的篇章。试想一下，一个没有动物的未来世界，人类还能前行多远呢？

大事记

湖南是出土动物骨骼遗存较为丰富的省份，在石门燕儿洞遗址、道县玉蟾岩遗址、澧县八十垱遗址、洪江高庙遗址、桂阳千家坪遗址、泸溪下湾遗址、澧县城头山遗址、长沙马王堆汉墓、永顺老司城遗址等 10 余处地点都有动物骨骼出土。其中经过整理且较为重要的有道县玉蟾岩遗址、洪江高庙遗址、长沙马王堆汉墓和永顺老司城遗址。

道县玉蟾岩遗址：为洞穴遗址，距今 18000 ~ 13000 年前，出土动物骨骼呈半化石状态。动物种类主要是哺乳动物和禽类，此外还有鱼类、龟鳖类、螺蚌、昆虫等。有哺乳动物 35 种、鱼类 10 种、蚌类 7 种，鸟禽类中有 17 种是当地的冬候鸟。

洪江高庙遗址：为贝丘堆积性质，分为上下两个时期，上层距今 6300 ~ 5300 年前，下层距今 7800 ~ 6800 年前。遗址出土螺蚌及鱼类骨骼数量巨大，动物骨骸大体有哺乳类、鱼类、龟鳖类、鸟禽类、螺蚌类 5 大类。高庙遗址中野生动物种类丰富，家养动物确定有猪和狗两种。

长沙马王堆汉墓：出土动物遗骸 33 种，包括哺乳动物 9 种、鸟类 11 种、鱼类 7 种、昆虫类 6 种。其中，狗、猪、黄牛、绵羊为家养动物，据研究，这些动物都来源于当地，即长沙国境内。

永顺老司城遗址：为宋元明清时期土司遗址，经过多次发掘。在 2010 ~ 2012 年的第 3 次发掘中，出土了动物骨骼 41683 件，鉴定出 17 科 33 种动物。其中，家养动物有猪、黄牛、水牛、狗、山羊、马、鸡、鸭、鹅等，反映家畜饲养的发达。关于该遗址动物遗存的最新研究成果《永顺老司城遗址出土动物遗存》为湖南省第一部动物考古专刊报告。

评说

动物考古学是考古学的分支学科，专门研究古人利用动物的行为，讲述古人与动物的故事。欧美动物考古学肇始于 19 世纪中叶。中国动物考古学的发展分为两个时期，从 20 世纪 30 年代至 90 年代为形成时期，20 世纪 90 年代中期至今为发展时期。进入发展时期以来，中国动物考古学在研究理论与方法、家畜起源与饲养、获取肉食资源方式、利用动物随葬和祭祀、骨器制作工艺、家畜古 DNA 分析、动物稳定同位素分析等各个研究领域都取得了明显的进步。

永顺老司城遗址动物考古学研究正是在中国动物考古学不断积累发展的背景下，对一个出土动物骨骼丰富的遗址进行动物考古学研究的典型案例。该研究在鉴定动物骨骼种属、部位及采集了大量动物骨骼的测量数据的基础上，参考老司城遗址的考古发掘背景，开展了肉食消费、骨骼测量、动物年龄、人工痕迹、骨器、动物病理、相关遗存分析以及现场调查等多个专项研究，释读出大量土司时期古人对动物资源的利用行为以及当时的自然环境信息，这个研究有利于认识那个时期古人利用动物的各种行为，更好地理解老司城遗址的历史和价值。

考古学研究是历史研究的重要组成部分，历史研究的真谛就是讲好一个故事，并赋予它意义。动物考古学家专门负责讲述古人与动物的故事及背后蕴含的意义。动物考古学家有能力把这个故事讲好。

——中国考古学会动物考古专业委员会主任、中国社会科学院考古研究所研究员、复旦大学科技考古研究院院长　袁靖

老司城遗址出土的动物骨骼是继高庙遗址后，湖南第 2 处大量出土动物骨骼遗存的全新世考古遗址，也是目前湖南出土动物骨骼数量最多的遗址。

我国动物考古研究的考古遗存一般都比较久远。目前，我国尚缺乏系统的明清时期动物考古数据报告，丰富的老司城遗址动物遗存对于完善充实我国动物考古数据无疑具有十分积极的意义。

从丰富的明清时期文献上，我们很容易获知老司城遗址社会政治、经济生活的信息。但是，老司城遗址的动物遗存却给人们提供了有关明清时期老司城更为具体生动的生活画面，这是历史文献无可替代的。因此，对老司城遗址动物骨骼进行全面系统的整理，向社会全方位公布考古发掘成果是完全必要的，也是必须的。

——湖南省文物考古研究所研究员、原所长　袁家荣

老司城遗址动物考古出土的动物骨骼种类丰富，保存相对完整，为我们研究明清时期古人加工食物的方式，提供了实物例证。其中的海产品泥蚶推测为明嘉靖年间，土司领兵到沿海地区抗击倭寇，得胜归来带回的。

乾隆《永顺府志》记载“土民食物多以大锅煮食，且少有佐料”，指出明清时期的永顺地区，人们加工食物多以大锅煮食，不像现今的我们加工食物讲究精细，做菜方式多样。老司城遗址出土的动物骨骼在一定程度上佐证了土司时期食物的加工方式，这符合土家族先民大口吃肉、大碗喝酒的传统。

——永顺县老司城博物馆　王洪

原载于《湖南日报》2019 年 5 月 13 日第 4 版

（湖南日报记者龙文泱　通讯员陈琳玲）

山水·贝丘·神鸟

——沅湘先秦原住民印象

吴顺东

一、“三湘”经纬

听涛南海，激扬洞庭，俗名湖南，雅称三湘。

“三湘”是湖南首个渊源相对清晰而影响极为深远的全域形象。自其诞生之日起，人们认知湖南、抚今怀古便有了趋近具体而微的人地关系指南。三国巴陵刘巴墓“生居三湘头，死葬三湘尾”的名人史实记忆法，东晋田园派大诗人陶渊明“遥遥三湘，滔滔九江”的血缘属地追溯法，刘宋孝武帝“方巡三湘而奠衡岳，次九河而检云岱”的国家疆域表达式，莫不视“三湘”为航标灯塔。“三湘”之重要性，与时俱进，由此可见一斑。只不过“三湘”究非行政建制，隋唐以来的考据者往往各有标准，各有结论，令人莫衷一是。主要观点归纳起来不少于六种（图一）。其中长江非省境内之水，因此江、湘、沅之说原不成立。湘东（郡）、湘西（县）、湘南（县）属于历史上建制等级大小

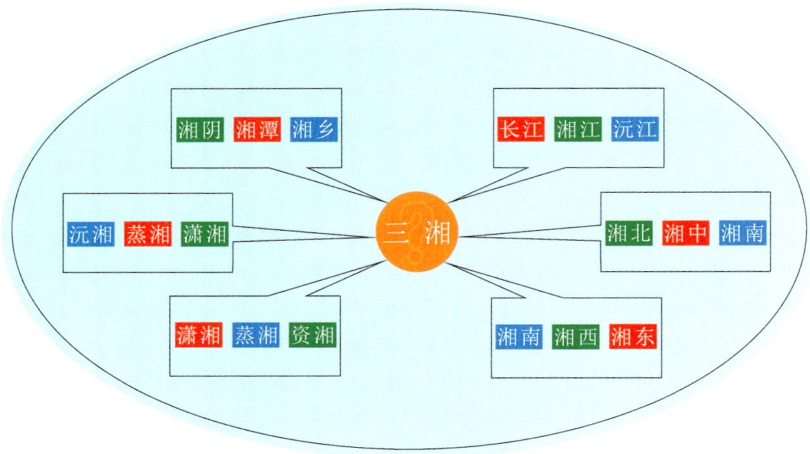

图一　众说纷纭的三湘

有别且因朝代更替而随时盈缩或消亡的行政区；湘源、湘乡、湘潭三地或湘乡、湘潭、湘阴三邑则覆盖地域有限；湘南、湘中、湘北虽有自然地理差异却有边际不明之憾——故此数说均难以采信。有识之士认为湘江纵贯湖南全境并涵纳众流，当以之为经线，和相关大支流构成经纬。这是个深明“三湘”奥义的提法，人们也循此思路进行了诸多卓有成效的探索。接下来的问题是，“九江”之中，谁才是那三个名副其实的经纬组合呢？潇湘、蒸湘、资湘，潇湘、资湘、沅湘，抑或其他？

（一）湖湘地理与风骚旨格

都说诗人天生敏感，想不到他们于风骚之外的本事竟不亚于任何行家。对于“三湘”较精准的考订差不多都集中于南宋时期，这跟此际朝廷偏安于江南一隅，士子们更多采风江湖的机会大有关涉。在这个方面，项安世的出手尤为凌厉，如其《衡州城下见蒸水来会》“我从沅湘到石鼓，既见蒸湘喜无度。为谁触热向零陵，更有潇湘在前路。乐哉湘水是吾师，挹彼三川尽注兹。世人惟闻洞庭阔，谁知铧觜但如丝”的咏唱，就堪称一幅精准无匹的“三湘”游线图，蒸湘、潇湘两地的位置及其代表性风景名胜亦历历在目。稍晚的赵蕃也效法前辈，一曲“谁云巴陵洞庭侧，有此四士宁易得。别来书疏犹数通，辰溪隶与巴陵同。张侯再把蒸湘酒，别后不闻安与否。遥知岁晚巾屦从，当亦念我穷山中”（《代书寄侯毛伯明李叔器康叔临张王臣》节选），补全了“沅湘”的无边风月。尽管在机理辨识一端犹抱琵琶，但名实关系上的“三湘”真容已然呼之欲出了。一向长于此道的大儒们自不甘骚客尽得此中风流，殚精竭虑的结果是，他们确实找到了何以为“真实三湘”的充分理由。明末硬骨头大儒钱邦芑在其所著《湘水考》一文中指出：“湘水……自全州而下，汇楚南诸水，至永州府城北湘口与潇水合流，故云潇湘。迨历祁阳，合桂阳诸水，过回雁峰下，至衡州北石鼓嘴与蒸水合，是为蒸湘矣。其出武陵会长沙诸水，经湘阴入洞庭者，又曰沅湘。此所谓三湘也。今人乃以湘乡为上湘，湘潭为中湘，湘阴为下湘，是三湘之名从邑而不从水，失其旨矣。”钱氏解读“三湘”的最大贡献，不只是指出了“从邑”之误，甚而在厘定“从水”并围绕湘江干流布局这一核心问题的同时，于文字之外完成了对同样“从水”但明显欠缺合理性的其他类似方案（如潇湘、蒸湘、资湘）的否定。这或者也可视为近古自然地理融入人文地理考察的进步性标志。在此基础上，晚清岳麓书院山长王文清以“潇湘、蒸湘、沅湘三水皆纬流，而经之者湘水也”（《湘水记》）的经纬理论，实现了“三湘”认知体系的纲领性升华。何为“三湘”，至此尘埃落定。

（二）唐宋画风里的山水边际

经纬理论的类几何级数增长潜力包括但不限于湘江这一基础经线和潇、蒸、沅等三大基础纬线。基础纬线以外众多一级纬线，以及纬线上的次级甚或更次级的纬线，也都将程度不一地扮演各自编织区基本经线的角色，这使得三湘各区域边际的探讨成为可能。如果再加上隐藏在湘江这条自然经线之下，并始终与之并行不悖的人文经线，这种探讨便已具备了最大限度趋近于真相的客观维度——从唐人元结笔下“往往见大谷长川，平田深渊，杉松百围，榕栝并之，青莎白沙，洞穴丹崖，寒泉飞流，异竹杂华，回映之处，似藏人家”（《九疑山图记》）的岩岩九疑，直到“湘水一曲，渊回傍山，山开石门，溪流潺潺”（唐元结《浯溪铭》）的浯溪谷地，一派美到纯粹的山明水净，一声“不到潇湘岂有诗”（宋陆游《偶读旧稿有感》）的骚人感喟。潇湘之行政地域则为今永州全境和郴州西部。祁山东南，阳明横亘而湘江东流，潇湘与蒸湘由此分野。蒸湘东南溯耒水至其上游，西北隔沩山以望资阳，衡岳居中耸峙，罗霄、雪峰东西相顾，下瞰则丘岗参差，盆地棋布而平畴连绵。左岸蒸水西来，北向有涓、涟二水依次接力，比邻资水且互为桥梁；右岸于舂陵水、耒水以外，又先后纳入洣、渌二水和浏阳、捞刀二河，跨湘赣屏障而通吴越声息：水陆捷径接四面八方，放眼湖南全境，亦足以自雄。蒸湘风物之纯粹虽不可与潇湘同日而语，但衡山独秀于五岳，诸峰竞丽于南国，为古今口传笔载，信非虚有其表。前贤凝练“绾毂湖湘，襟领百粤，绣错千里，棋置十城”（明周士仪《衡州府志》）十六字以总括蒸湘的地利人和，可谓语实心诚，深得其宜。蒸湘地区所涉行政辖区，为今衡阳、娄底、湘潭、株洲、长沙五地市的全境，及邵阳、郴州的东部。过长沙，沅湘在前；渡湘阴，云水接天。沅湘之不同于潇湘、蒸湘的有四：其一，湘江以外，资水、沅江、澧水亦各为独立水系的代表，虽大小有差而级别相若，因此经纬合流，可称为互为主客。其二，洞庭纳四水洪波清流，成云土梦乡“九江孔殷”之势，并于吞吐江汉的同时，殷殷涵纳来自长江的支裔流派，因此洞庭与长江之间，实所谓疏离与亲密相容，接纳与回馈并见的“江湖”关系，极是奇妙而独特。其三，峰峦无数，沃野无边，水天无涯；雄奇、幽深、壮阔熔于一炉，质朴、机巧、华丽兼容并蓄。其四，三湘、四水至此完成精华集结，山地、丘陵、平原至此展开全景画轴——更开阔的视野，更曲折的纵深；更张扬的机遇，更隐蔽的挑战；更夺目的精彩，更绮丽的迷思……一切尽如风虎云龙，形影相亲且机变万方。益阳、岳阳、常德、怀化、张家界、湘西州等六市州的全部或其大部辖境，共同构成了这个充斥着极致矛盾对立的奇妙地区（图二）。

（三）一条懂得审时度势的副线

前面已提及，在湘江这条基础经线的背后，事实上还隐藏着另一条与之并行的人文经线。目前所知的信息显示，湘江人文经线曾在很长的时间范围里保持了双向传承甚或类似于洋流的环形运动方式。潇湘一带凭借环境、气候、植被、生存生活资源的先天优势，先后拔得现代人进化和原始制陶业、原始稻作农业的头筹之后，应是在旧石器时代中期后段和旧石器时代末期，有过前后两波的强势北进（距今12万~8万年前；距今1.7万~1.4万年前）。后一波的强大影响力突出表现为，蒸湘区域常宁江洲遗址发现了同时期的旷野居址线索，炎陵神农谷诞生了炎帝创制耒耜、教种五谷的初期农耕社会传奇；沅湘区再传薪接力，由彭头山的调适，八十垱的光大，终于在城头山城邦时代实现了早期农业文明的辉煌蜕变。这一过程，历时近万年，其间的艰难困苦和酸甜苦辣，唯有史前跋涉者们才称得上心如明镜。时移势转，农业文明时代的到来将沃野千里、水网如织、“稻”花流水鳜鱼肥的沅湘送上了人口、文化和经济社会大发展的快车道，也帮助他们找到了自我推广，并寻求最大范围自我价值认定的不二法门——逆沅江、溯湘江、下长江，数道并进，沿途开花。湘江一线，沅湘文化的推进稳健而迅捷，蒸湘区域的涟水、渌水、洣水流域，蒸湘与潇湘共有的舂陵水流域，等等，皆于距今约7000年前纷纷绽放了沅湘人群引以自傲的白陶之花。限于线索，目前尚不能断言沅湘文化的这一波南传有否跨越祁山直达潇湘腹心，但从史前湘江流域发生的第二次“高级别”文化南传，即帝舜南巡和大禹南征传说事件来看，沅湘白陶的南传

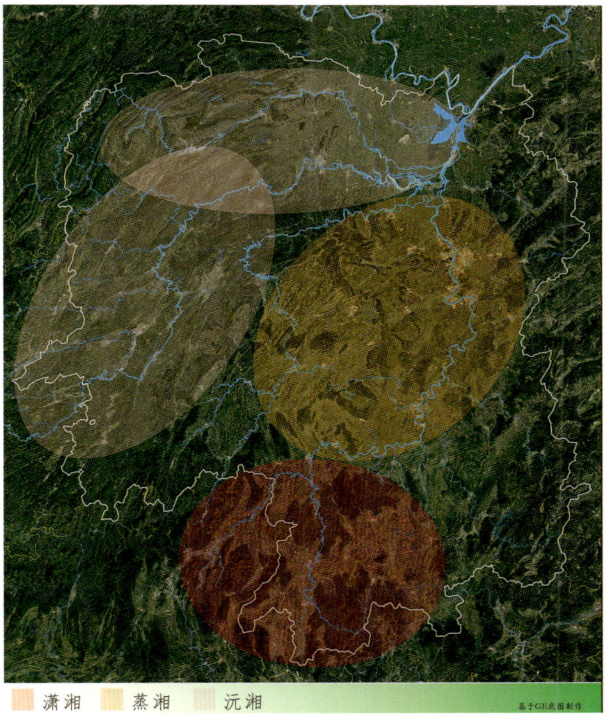

图二 “三湘”时空格局示意图

策略也应是外线渗透为主。远古传说体系中，帝舜对湖南的影响至为深远，其南巡事迹载诸文献，口耳相传，留存至今的线索也相对丰富和清晰。这里按照文献与口碑史对勘互补的原则，可以勾勒出舜帝巡行三湘的大体脉络：始于蒸湘北缘的沩水上游，经涟水、邵水、蒸水，渡湘逆舂陵水，初识九疑；而后下武水，访粤北，转连水折返九疑南麓，由潇水（古深水）顺流而下，沿途探西河，窥消江（永明河），溯流子江（古潇水），抵九疑北麓，前行至今宁远三分石下；折转回潇水，再入湘江，跨今兴安分水岭，入漓江，巡行至苍梧驾崩，还葬九疑——很典型的迂回路线，影响先秦及之后的数千年。大禹在湖南的征行印迹较帝舜为少，其可以被追述的起点为“云土、梦既乂”的洞庭湖西北部，中经资、邵、蒸三水，止于南岳。分析文献、口碑史及后世纪念碑所反映的帝舜、夏禹行迹，我们会发现一个非常有趣的现象——三湘境内，帝舜的印迹独不见于沅湘，而夏禹的印迹则丝毫不涉及潇湘，二者印迹的唯一局部重叠处仅限于蒸湘西北一隅。这事看似寻常，其实不然。姑不论帝舜、夏禹各自代表的文化主体是何性质，其核心势力最初位于何方，仅仅考察两人行迹上的严重错位，或者已足以提示我们，自帝舜南巡伊始，湘江流域古代文化的南进、北渐，可能由于主要根植于本土不同区系文化自身蜕变方向及演进程度上的差异，正尝试进入一种全新的文化互渗全域覆盖模式。事实上，以岱子坪遗址为代表的涟水、沩水流域早在屈家岭文化末期已展开文化多元杂糅的实践，其后这种平等融摄模式日益成为蒸湘文化区更为广泛同时更具感召力的传播常态。有证据表明，借助于区间东西向分布的中等河流建立起来的交互文化活动，有着日益浓郁的山民气息和日趋稳定的包容表现。在这些地区，礼器的准商业化浪潮也似已崭露头角，并将随着殷商青铜文明的崛起而顺势成为令人耳目一新的本土新势力——帝国时代早期湖南青铜文明“星月区”与先商“混沌季”核心文化区的奇妙重叠，就是三湘原住民新生文化奠基、涅槃、传承与发展的具体呈现。愈多元，愈自我；愈自信，愈开明：我视之为湖湘文化一以贯之的精神内核。湖湘文化之所以能开宗立派，并在中华文明的历史长河中发新声，创新高，也全赖于此。西周以后，楚人依托洞庭西北部的江南大本营，对其散处于三湘经纬线上各要害地带的同源远裔，进行了先秦最后一次系统的文化整合。这是一股风骚入骨的浪漫主义新旋风，且处处可见其三湘远祖的雄心和霸气，因此东南入南岭，西南趋武陵，拓地传化目标直指两广、滇、黔。其声息所及，回声悠长。与此同时，却也尤为显著地凸显了自新石器时代末期蜕变以来的三湘新势力综合“国力”的不容小觑，毕竟耒水这条迂回线，距离百越无数的潇湘腹地，无疑是更加的遥远了。

二、沅湘记忆

是时候收拾心猿意马，回归预设的目标话题了。

在江北及更北的豪侠们梦寐以求的“天下”图景里，湖南更像是一座桥，这头是沅湘，那头是潇湘。要关山飞渡，铸鼎岭海，沅湘之重，当然重逾泰山！所以导江分洪，澧水已题名《禹贡》；九江朝宗于海，湘、沅即并称龙头。自此以下，但凡沅湘间的代表性事物，大到洞庭之山、涔阳之浦，小到山楂梨橘、芍药香茅，色香双馨的如沅芷澧兰，有质无形的如澧沅之风，无不借斯文执着和骚客柔肠，化为九州梦幻曲的前奏乐章。帝国时代早期江北开拓者控湖口，据巴陵，争沅南，夺涔阳，着力经营丘陵与平原过渡地带，然后分道挺进湘、沅，布哨伺察资、澧的基本策略，应该说很大程度上是对此前持续探索积累的区域人地记忆系统的充分消化和应用。

而沅湘有的绝不只是牵一发而动全身的地理位置优越性。有充分的证据表明，旧石器时代中晚期沅、澧两大文化人群在澧阳平原边缘的不期而遇，已然开启了沅湘间美陶如玉，大邑如云，鱼稻富甲三湘，城邦睥睨六合的未来之门（图三）。先秦沅湘盛世也肯定不会只限于江南湖滨一隅，澧水中游，有渫澧、溇澧文化竞放异彩；沅水腹地，有左岸、右岸文明与日争辉。前者为湖区大本营的左膀右臂，在澧阳大传奇的辉煌篇章里时有涉及；后者虽然是三湘乃至于更广大地区的文明源泉之一，却在漫长的时光里寂寂

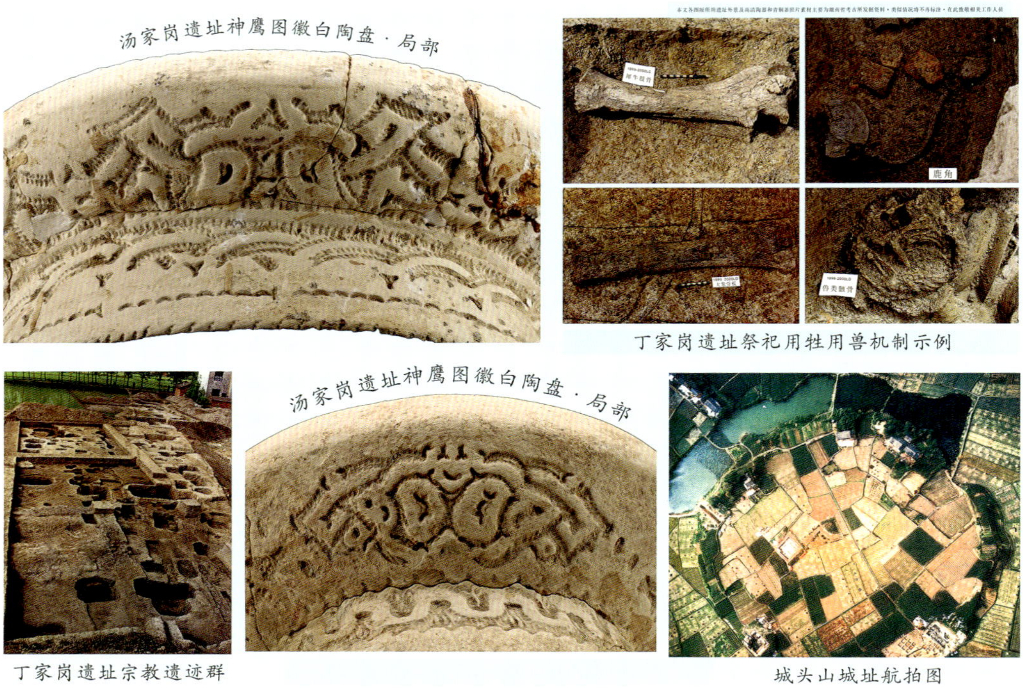

图三　沅湘下游代表性文化成就选粹

无名。湮没之恨，令人扼腕。先秦沅湘原住民文化印象的话题，最初即导因于此。

（一）五溪迷踪

开篇曾提及，沅湘自身及相对于蒸湘、潇湘的人文和自然地理差异，恰恰构成了本地域最重要的风格。以域内流域而言，是指沅、澧二水上、中、下游各有不同；从洞庭湖西岸平原这一沅湘核心区来看，则是指江南与澧北、澧南与沅北、沅南与资北等三个基本区域，以及资水右岸与湘江左岸之间为代表的延伸区域，又彼此有着较为显著的人文差别。限于篇幅，此处将直奔唯一主线——沅水。

沅水自苗岭源头奔泻而下，于会同西北角进入湖南境内，沿途穿越高山深峡无数，纳入大小支流无数，见证沧桑变迁无数，滋润良田沃土亦无数，以流程长，落差大，水量丰沛，流域广阔著称，是湖南名副其实的第二大河流。常规以黔城、沅陵为界，切分出三段风土景观，上游山青水碧但平川稀缺，中游泥沙渐多而平畴激增，下游河川先急后缓，后段百余千米平野连绵，水网如织：此即沅湘核心区。直观比较之下，不难发现无论自然或人文，下游河段均很难找到中、上游那种条贯清晰的整体一致性。桃源县城以上“湾状半月，清潭镜彻，上则风籁空传，下则泉响不断”，或“绿萝蒙䌶，颓岩临水，实钓渚渔咏之胜地；其迭响若钟音，信为神仙之所居”（《水经注·沅水》）的深峡美景，有过于中游诸峡而差堪媲美上游峡谷秀若削成的鬼斧天工。其间以崖墓为典例的中古前后历史文化风貌之脉络，也可从桃源逆流而上，由沅陵分道，干流上达泸溪，支流溯酉水至保靖、花垣诸县，沿途不少悬崖峭壁高处，皆可遥见窗格般分布着的大小、疏密不等的崖墓，跟在桃源看到的并无二致，甚或其兴衰的时间线亦十分相近（澧水下游的情况与此类似，崖墓遗存的分布也同样是界分于石门，上溯至慈利，终结于永定）。而由崖墓特定分布轨迹追溯楚人的西进路线，甚或探索同流域史前人类文化的传播走向，得到的启示都具有同等的重要性。因此这里并不是要从沅、澧下游剥离出桃源或石门以上流域另设独立的区间，只不过预先有所铺垫，为下文某些重要的内容提供必要的照应罢了。

沅水第一大支流酉水汇合沅水所形成的天然分割线各家均无异议，对于沅陵以上两岸人文区域之卓然特性的领悟，亦自古即成共识——左岸人文发轫甚早，原住民来源耐人寻味。郦道元妙笔生花，为我们描绘了一幅简约却绝不简单的左岸图景：“辰水又右会沅水，名之为辰溪口。武陵有五溪，谓雄溪、樠溪、沅溪、酉溪，辰溪其一也。夹溪悉是蛮左所居，故谓此蛮五溪蛮也。”对于“武陵蛮”的族属渊源，郦氏根据当时流布已广的传说，叙述晓畅，答案明晰，“今武陵郡夷，即盘瓠之种落也”（《水经注·沅水》）。郦氏《水经注》五溪，古今水名对应无误的为酉、沅、辰三溪，雄、樠已变革失考。但郦氏行文考究，表述精准，五溪均由沅水左岸来会可谓毫无疑义，且其族群既称“蛮左”，也足以力证五溪之流向。其次，武陵五溪涉及地域相对明确。根据对西汉武陵郡设置于沅水左岸武陵地区的六县，即沅陵、镡成、沅阳、迁陵、辰阳、酉阳的古今对比，完全可以断定雄、樠二溪只可能存在于下到沅陵，上到沅阳、镡成，当下分别由泸溪、辰溪、洪江、芷江、新晃及贵州天柱、锦屏等七县管辖的有限范围内。在上述县域，流程流量的级别可大体相当于酉、辰、沅三溪的沅水一级支流，中游仅见发源于花垣老人山并于泸溪县武溪镇入沅的武水，干流全长 141 千米；上游也仅有发源于镇远县武陵支脉，流经三穗、剑河、天柱三县，至锦屏县三江镇汇入沅水的六洞河，主河道流程长 179 千米。武水，东汉早期称武溪。光武帝建武二十三年（47），武威将军刘尚征五溪叛蛮，“乘船溯流，自沅水入武溪击之”，因轻敌深入，全军覆没。伏波将军、新息侯马援于次年自动请缨，亦因进军武溪时受困病亡。由此不免要问，武溪若非五溪之一，且确属直捣敌巢的捷径要道，两位东汉名将又何苦前赴后继，甘冒兵败身死之险，自陷于“鸟飞不渡，兽不能临”的绝境，而终究徒兴“嗟哉武溪多毒淫”（俱详晋崔豹《古今注》卷中《音乐第三・武溪深》）的凄怆长叹呢！唐章怀太子李贤等注《后汉书》，其中四《传》、两《志》皆以建武二十三年至二十五年间的五溪蛮反叛事件为“武溪蛮夷反”或“武溪蛮夷为寇害”，马成、马援本传亦书其出征结果为“击武溪蛮贼无功”或“击武溪无功”，即为其时五溪各大势力主要集结于武溪大本营之明证。无怪乎李贤等作注者会有“武溪，五溪之一也”的断言（详清顾祖禹《读史方舆纪要》卷八十一《湖广七》）。在待定二溪中，武溪当即郦氏《水经注》之雄溪（按上游无阳之南有水名熊溪，源于许山，北流入沅，据考与今巫水合。郦氏五溪有雄溪而无熊溪，是熊、雄原本各为一水，且在空间关系上绝无交集）。至于雄、武之变，一可能因其意义类同所致，如魏晋之际二字相叠成为新的词组“雄武”即可为证；也不排除马援身亡后监军宋均矫诏招降五溪叛蛮，“为置吏司，群蛮遂平”（详《后汉纪校注》卷八），赢得彼此偃甲息兵新局面，因而取“止戈为武”寓意改雄溪为武溪的可能。接着看樠溪。郦《注》列五溪以来，樠溪始终无正解。有“土俗雄作熊，樠作郎，沅作武，皆音同字变”的推理，不幸的是把各有自我的六条河流做进了除法里。另一种说法其实也还是从所谓的土俗做文章，视樠为明，指认流经永顺最终汇入酉水的明溪（今猛洞河）即樠溪，将郦氏用于体现五溪彼此间对等关系的流向、流程、流量三要素，以及同样关键的沅水干流与其一级支流间的经纬关系，全都抛进了字纸篓，尤难令人信服。在我看来，樠溪能逃过郦氏法眼，却终究逃不出自古以来的命名规则。樠既从木，同时又并非习见汉字，就表示最起码会是一种比较有特色的树木。求教于字典鼻祖，果有此字，许慎的解释为"松心木"。清人段玉裁引《广韵》"樠，松心，又木名也"为据，强调古本《说文》本义当是直指松心，因"松心微赤"，故称之为樠（清段玉裁《说文解字注》）。很显然，无论"松心"或"松心之木"，关键处都在于"微赤"的色彩呈现。樠溪的初名，看起来就是带着这种天然水色以外的异彩而孕育出世的，也希望这个名字在其流变之际，拥有足够强大的"遗传基因"。如前所述，相关流域内可能和樠溪的名实有着直系血缘关系的对象具有唯一性，这就是黔东南的六洞河。六洞河干流现有六个分段水名——邛水、六洞河、大洋河、断剑河、八卦河、小江。六名有古近雅俗之别，表面上均无关"樠溪"本旨。但水文沿革的近古图志口碑，六洞河"古称赤溪"的印迹尚未磨灭；上游三源中，南源"松明溪"（又称爱河）山高水长，沿途大聚落鳞次栉比，其山南溪谷到清水河不足10千米，内外沟通亦便捷，故至今仍是上游腹心。相关水文研究资料也清楚显示，六洞河流域地广土厚，农林两宜，松、杉繁茂，为传统乔木体系支柱，松多油脂，在山民生活中曾不可或缺，水以松名，自不能视为无因。木心微红，心见理明，松、樠互指，亦不应视为无据。由此可见，自松而樠而赤的流变脉络，有其必然的内在逻辑支撑（图

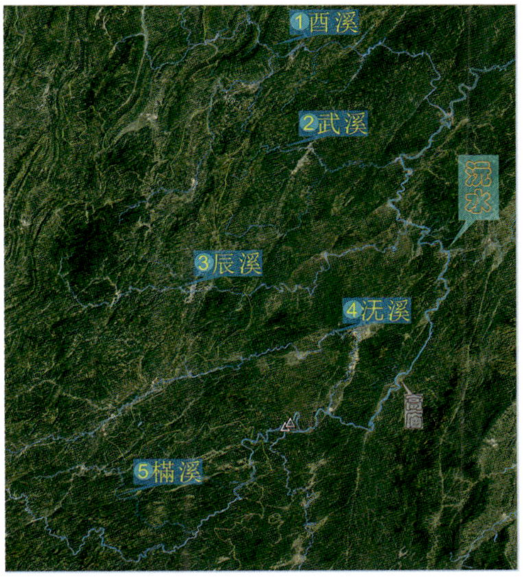

图四 沅水左岸五溪流域图

四）。和沅、辰、武、酉四水一样，六洞河流域沐浴的同是武陵腹地的阳光雨露，呼吸的同是沅水左岸的万古情长，亲疏同出一脉，远近系于同宗，歌舞相通，原无彼此。但地本幽僻，山水险远，时局变幻难测，内外阻隔也常有发生，这大约也就是郦注沅水时的前情往事：清水江占沅水干流全长的将近二分之一，而在郦氏才情洋溢的近 2000 字《沅水注》里，却仅见篇首“沅水出牂牁且兰县，为旁沟水”等区区 12 字《水经》原文！郦氏非不欲详解，是苦无素材可用罢了。所以悬置雄、武，无视熊溪，又独留樠溪于五溪之不可测度之境，不着一字，而孤心尽见。以此而论，初定赤溪与樠溪间的一脉相承，还郦《注》五溪以完璧，于时空、事势、情理三重内在关系的协调，应该都不致产生太硬性的逻辑冲突。

没有五溪，就没有沅水流域特立独行的史前文化。

南宋人黄表卿在《九疑山赋》中曾有“无本不立，非文孰稽”的咏唱，强调其目的只是为世人解舜帝南巡之惑，而非替一时一地立舜葬九疑之目。武陵五溪的名实及地域边际的辨证，也并非满足于其历史地理问题的探幽发微，而是以之着眼，管窥人地关系的点滴奥妙；从东汉初期的军事对峙事件，探寻之前、此后五溪人在族群人格、生业体系、社会形态、内外关系、盛衰变革等方面的因果启示。而揭示湖南人的渊源流派，彻悟湖湘文化的来龙去脉，才是研读五溪、沅湘和湖南的根本所在。

（二）武陵胜境

“天地不仁，以万物为刍狗。”万物源于造化，而造化不设贵贱，无所偏私，且任由万物盈缩消长，自择其宜。老子最先洞悉此中玄奥，所以视虚空为容器，以无为作车马，与风清扬，有形无极。这是一幅人类与天地共呼吸，和万物同节律的完美画面，想要的无非是消除一切胡作非为的顺势而为和应时而动。西方文化中“物竞天择，适者生存”所表达的生命发展观，在顺应环境规则为求存求变规则的理论框架上，跟老子的哲学精髓有着异曲同工之妙。天地山川，风雨寒暑，食物链的强弱顺逆，等等，都是约束生物行为的有形或无形的边际。你不能无视甚或拒绝一切规则，因为所有壮大至今的弱势生物和业已灭绝的毁灭级霸主，就是正反两方面最好的教材。具体到人类世界一隅，比较切近我们视听的典型，就还是五溪——武陵五溪。

武陵山渊源极古的地台稳定性、隔槽式褶皱带的典型性和地表黄壤的充分发育，以及作为纵贯中国南北之重力异常梯度带南段而对华南地块东、西两部分的显著分割，构成了武陵山区本身以高度稳定性为前提的水土、气候、植被、生态之多样性的坚实基础。我在综合考察时发现，围绕沅水形成的多层级的经纬水系，除近乎垂直交汇的羽状（亦称格状）格局外，还同时存在锐角交汇的树枝状组合形态；除垂直方向上的径流之外，其干流远端甚或其干支连接处还可见到平行于武陵山系走向的所谓纬流（怀化城以下的沅溪就是其突出代表）；除常见而多发的蛇行湾流之外，还不乏频繁打破径流方向的大变向机制：由此呈现出地形落差与高程级差的影响并存，流域纵深与平行方向上大小区间生态环境的异同互补。总体来看，沅水左岸的先天优势无疑更显著一些。干流宜居台地的发育，锦屏要算是中上游的起始点。自赤溪以下到沅溪，与天柱白市格局相似而面积逾万的宜居台地不少于两位数，只不过前江后山，进退回旋均显局促。出洪江以下约 30 千米峡谷，视野渐宽，如阳溪口之类面积 5 万平方米以上的滨江或近江台地开始首尾相顾，隐藏于江堤般低山之后的“桃源仙境”也渐次现身；在进入凡溪以北峡谷之前，沅水为本区间准备了多处足以容纳中小型城邑的开阔空间，不足之处在于上下皆深峡，出峡入山都不免忐忑和纠结。穿过长度略等于上一峡谷的黄狮洞至铜湾峡谷，近岸宽三五百米且连绵二三千米的“走廊式”平川逐渐富集，差不多分别以 15 千米、30 千米为基本间距（武溪与泸溪的间距密度翻倍）的中古以来重镇和城市布局规则，也显示出水系经纬交点在其中的关键或决定性作用。锦屏至沅陵的区间水路全程约 420 千米，左岸台地高程从 131 米递减到 115 米，台地数量和宜耕宜居规模均为同比增长，构成区间可持续发展的一个基础层级。

相对而言，各大支流的多层级经纬水网无疑有着更隐蔽的多样性，它们产生于不同地形，受制于不同高程，服从于河流塑造力及其变化万端的塑造方式。而后者尤为关键。元结昔日在九疑山高峰之下所见“大谷长川，平田深渊，杉松百围，榕栝并之”（《九疑山图记》）的情景并非太虚幻境，明万历时徐霞客考察三分石至元结昔日足迹所经处，目光所及依旧是“山木干霄”，而潇源水侧一棵倒伏的楠木竟“大齐人眉，长三十步不止”（《徐霞客游记·楚南日记》）。武陵山腹地水丰土厚远胜于三分石一带，往往上源径流宽不足 1 米、水量聊可流杯泛觞，其下游水面也才 5 米宽窄的高山小溪，沿途塑造的具有连续分布特征、面积十数亩甚或上百亩的宜耕土地即多达十余处，因此而发育出的木屋瓦房动辄数十栋的山间聚落也往往与之大体相当，王冕“雨后千山净，炊烟处处新”（《雨后》）的诗境，可以作为这种崇山深谷流水人家的真实写照。这一切当然不能机械地对应于相似区域内的古代生活实况，但有关环境更胜于现代，生态潜力更优于当今是毋庸置疑的。有资料表明，在现代文明尚未过分干预的武陵腹地，从溪谷到山脊，仍可清楚见到从树龄近千年的楠、梓、楸为代表的优质乔木区间，到松杉为主的针、阔叶乔木区间，再到针叶林与灌木草本的混合区间的立体变化；脱胎于旧热带植物区系的亚热带山地植物体系，于大区系自产及特有种为主线，单种、少种之科属及木本植物更形丰富的科、属、种完备体系以外，源于远祖的区系印痕仍依稀可见。山脊线以下过渡区间为野猪、麂、野鸡等杂食或草食动物的主要牧场（也是原住民批量牧放牛羊的优选场所）。山腰一带习见竹鼠、竹鸡、蛇鹊、蛇类的活动。山腰以上至山顶溪流中仅有区间特有的“清水鱼”，种群不大，数量亦少，个体偏袖珍，但刺少而味美，如木叶鱼；下游鲫鱼、鲤鱼、鲮鱼、蛇鮈、银鮈、螃鲏、花鳅、白鲴、黄鳝、鲶鱼、鳜鱼、兴凯鱊、黄颡鱼、麦穗鱼、棒花鱼、虾虎鱼等多达数十种，小型与中大型鱼类共生，各自的种群和数量都相对可观，其中不少小型鱼类的本地家族史源远流长。很显然，罕见断流的活水滋养出的动植物种群，在相对封闭的环境中所产生的稳定性是令人惊叹的。

环境和资源的稳定性必然具有强大的感染力。人们身处其间，受栖止惯性和生业依赖性的驱使，会在不知不觉中以天籁为乐府，完全融入其恬淡节奏和舒缓韵律之中。日出而作，大抵“男子计口而耕，妇人度身而织”，闲暇之时则“挟刀操笱柳，以渔猎为业”。日入而息，合家“围炉厝火，不施衾枕”。衣食住行，一切从简，大事唯丧葬和祭祀，猪、牛、羊、犬饲养经年累载，旦夕之间却大多牺牲于丧、祭二礼，共享于合族人众，若赢得神明欣悦和来宾开怀，则主人亦怡然以此为荣。一般人家均无财富积聚意识，家徒四壁却很少有人因此而忧形于色，全因“缦土无疆，果蓏虫蚁，食物常足”（明田汝城《炎徼纪闻》）。土人沉醉其间，循天地之顺逆苦乐，无所谓秦汉更替，魏晋“禅代”。外人执儒家之是非成败标准，观风于山外富庶之地，耿耿于山民因循守旧，千百年来满足于天赐衣食而不思进取的“陋习”，却很少有人深思山民“居必深山僻谷，生而不见外事”，“有名无姓，有族属无君长”的因果或背景，甚而将见诸华夏文献的几次“梗化”事件，株连至此间蛮民的始祖三苗，殊不知衣食仰给于天地并非只限于此间的蛮民或其始祖，而是天下各族的始祖、远祖所共有的经历；“仰天鼻息”也绝非等同于无所事事的寄生虫或一事无成的失败者，不少人就正是在这个过程中洞悉了“天机”，抓住了开创文明的先机，进而成为更广阔空间的文明播种者——在五溪区间，即注定如此。

（三）跫音桨声，“过山瑶”最遥远的母本

五溪区间最早进入现代人视野的“伸手党”代表来自新晃县城东郊 3 千米处大桥溪汇入㵲溪的左岸阶地。基于此处出土石器的埋藏特征分析，㵲溪、沅水、澧水流域及更大范围的旧石器时代文化遗存的埋藏规律和搜寻尺度得以成为指南。此后不久，获得更多比较数据支持的“沅水文化类群”和“澧水文化类群”并肩成为沅湘地域内旧石器时代在工具制造、生业风格、源流时空方面有呼应、有区别的两大标尺，二者终极目标上的同趋一致与各自发展思路上的旗帜鲜明，也很快得到了事实的证明。两大文化类群都在静寂无声的网纹红土世界里留下了大片空白——这些石器工具的主人“肖像”，暂时缺失；其可逆推的穴居、地面窝居或树梢巢居方式，暂时缺失；可横江跨河的浮囊或独木舟之类的交通模拟图，暂时缺失；数十万年时光里有继承有变革的消费清单，基本缺失……尽管如此，石器上源于反复实践的智慧印迹，仍为我们开了一扇足以穿越数十万年时空阻隔的观

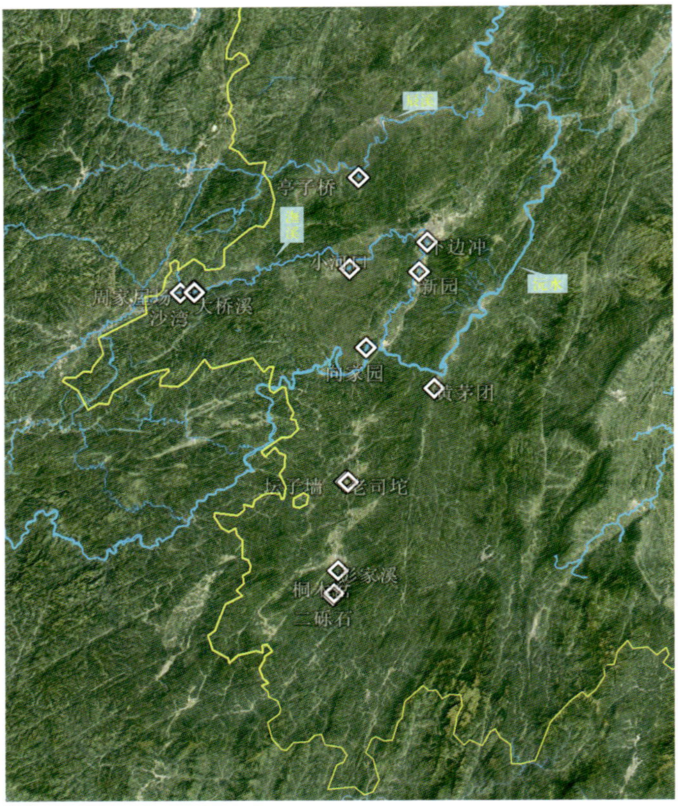

图五　沅溪沅水区间旧石器遗存分布图

景窗，透过它，大气的“沅溪人”一路追随着水波和木叶合奏的地母之歌，南跨沅水，主力沿渠水南下拓地，别部进巫水建立据点；北线先后突破辰溪、武溪、花垣河、酉水各级天堑，在武陵山脊以东的酉水经纬区集中开花，远端直指澧水上游南部通道，南北征行的直线距离超过300千米，自西而东的横向跨度达80千米，足迹覆盖今怀化和湘西州的绝大部分县域的遥远图景还宛然如新（图五）；透过它，“沅溪人”梦有多远，足迹就有多远的昔日豪情就会以骄傲的热度灼痛你的手心；透过它，“沅溪人”探索途中跨壑、渡河的惊心动魄和狩猎、捕捞的悬念重重均不再重要，重要的只是他们每前进一步，就会在澧水的那一边响起越来越强劲的回声，整个湖南的蒙昧时代就将抖落一层粉尘，雕塑出湖湘文化基座的未来一角；更为重要的是，“沅溪人”没有忘记在完成自己最后的冲刺之际，将火热的接力棒交给同样豪情万丈的后继者和不朽传奇的书写者——“高庙人”。

（四）驯鹰为凤，历史“转场”的真实拟境

“沅溪人”初次见到这段拥有旭日初升般美丽造型的水湾时，并没有产生怎样罗曼

蒂克的联想，对于很久以后才会出现的左行龙而右翔凤的神秘地名也毫无思想准备，他们真正观察得很仔细的是从西山丛林里蜂拥而来，最后猬集于“日弧”上的多条清溪。那时正是繁殖季节，拇指大小的江螺几乎挤满了每一块裸露的青石江滩，随着它们的缓缓移动，无数淡金色的新生小螺将岩石变得更加拥挤和生机勃勃。几个水口同时水花如雪，那是争先恐后逆流而上的鱼群激起的水浪（图六）。“不可思议的好地方！后代子孙可以衣食无忧了。”长老们相互颔首，对于这个理想的考察点毫无异议。

高庙遗址外景航拍

柿溪口遗址·沅水右岸礁滩及江螺繁殖图

征溪口遗址地表可见螺壳堆积状况

潭坎大地遗址外景航拍

图六　高庙文化遗址环境生态现状图

新世代“沅溪人”再来高庙已是两大石器时代有序交接很久之后。对于这里的美丽和富饶，初来乍到的他们并不陌生，甚至于还觉得有种远胜于长辈口耳相传的神奇：繁盛的丛林早已长满江岸，满谷古木参天，浓荫匝地，林中回旋而至的微风混杂着木叶清香和腐草气息，让浅粉深红渐烂漫的花香沁人欲醉。兽径似有若无，溪涧偶传远响。晨光中群鸟的合练充满层次感，显然加入了很多个不同家族的分部轮唱，但优美的和弦有时会遭到某种沉闷滑稽或过分尖锐刺耳的鸣声干扰，尽管如此，树梢热情洋溢的音乐家们决不会因此而意兴萧索，除非突然介入的声音出自明确无误的威慑或者包含严重不安的信息提示，譬如熊或大象的怒吼，野猪、野牛、野羊、鹿、麂等草食动物的求生悲鸣，猴子争斗时的歇斯底里，等等。而就他们所知，本地另一种体形庞大的独角动物，即使处于发怒状态下的吼声也绝不会造成大合唱的中断，它那短促有力的“厄呵”“厄呵”声适足以作为伴奏音效而使群鸟演唱会更加的奇趣盎然。当然，大爆炸往往只需要一丝火星：一只来溪边捕蟹的獾穿过灌木丛的响动，让附近正在享受鲜美芷草大餐的梅花鹿惊慌奔窜，同时也惊飞了正准备降落树梢的大群白鹭，随后竞技正酣的鸟群也纷纷腾空，刹那间鸟影漫天，日光迷离。另一边，刚在江心成功捕获一尾硕大白鲢的大鹰恰在此时扶摇直上，群鸟惊飞、乱流横空的突发状况，让这空中霸主也一时方寸大乱，到手的美食几乎脱困坠落，而就在这电光石火之间，大鹰另一只利爪间不容发地前伸嵌入鱼身，补救完成！这精彩绝伦的一幕，正好落入江边率众人砍树开路的一位年轻人眼里，更深深烙印到了他的心底。他开始明白衣食无忧还远远不够，这个群体的发展需要某种比物质满足更强大，比硬性规定更稳固，比神话魅力更久远的东西。他对自己说，这就是天启。

在接下来的营地创建时间里，他连着完成了几件大事，而且每一件都是前无古人的创举——营地背后的西山悬崖，那只被他视为天启者的大鹰筑巢育雏于上。他在观察了解透彻大鹰离巢归巢的规律之后，攀岩偷取雏鹰成功。之后潜心于模仿，将雏鹰养大并教会它展翅飞翔及侦伺猎物，直到某天已经长大的雏鹰将一条猎捕于东面水湾的大鱼送到他的面前，同时呈送给他的则是彼此的诚信，一条连接“教父”与“教子”的柔韧纽带，一道连通族群梦想与未来辉煌的彩虹之桥。进而他要让鹰之眼代替人之眼，找到不同季节的渔获对象和渔获区间，他没失望，因为“教子”正是在其父鹰去年屡获大白鲢的水域屡建奇功，让他意识到自己的聚落旁边是一处不可多得的大型洄游鱼类春季产卵的生业宝库，意味着每年同一季节，族群的渔获丰收在握。他还要让鹰之力与族群之力、鹰之心与族群之心合二为一，族群成员人与人之间心、力合一，使彼此的守望从心开始，众心惟诚，心意互通。他做到了；更准确的表达其实应该是，他和他的鹰一起做到了。聚落附近多猛兽，熊下山较频繁，是族群成员生命安全的主要隐患。他赋予“教子”一项新的重任——不仅是族群渔猎的引导者，还要做聚落守护的眼睛和灵魂。鹰没有让合族任何人失望。当黑熊夜深来袭，它的警报及时唤醒了族众，早已有所准备的族人成功实施了对黑熊的围猎，掠食者角色反转，当夜就被端上了族人的餐桌。鹰的守望业务日广，山洪突发，江水暴涨，也是它赶在聚落受困前的预警，才使得族人全部安全转移。族人心存感激，盛誉 “鹰教父”为鹰王，“教子”为鹰王子。本中心部落及各联盟部落所有长老合议：鹰王子冠羽甚长而美，堪比神话中之真凤，宜更名凤鹰；凤本为鹰鸷之魂，可径名凤。鹰王称凤王。又受合族成员委托，长老总会公推凤王为族群领袖，以凤为族徽，图形于神器之上，即日起为凤族元年。凤徽神圣，高于一切！决议本部落及联盟各部早先所有不合凤徽精神的图腾，即日起全面废止，不得迁延。同日，凤族一号政令由凤王发布，凡三项：一不得亵渎皇天后土，当致敬以诚，感恩由心；二不得轻侮山川草木，渔猎采获当遵行时令禁忌，量用为取；三不得触犯凤徽族规，即远行万里，当族徽随身，虔敬在心。

凤族元年春，有多只草食孕兽挺着大肚子悠闲漫步于高庙聚落附近，其中的短鼻貘还欣然接纳了儿童递送的青草。江螺、大白鲢等常规渔获对象，收获不亚于往年，但误采误获母子鱼、母子螺的现象显著减少。山地木本、草本种子植物果实的采集，以及某些块茎植物的采掘，均严格遵行了应时、量用之原则。岁末大祭，族人齐集于本聚落最大的建筑物南面，堆土为天坛，掘坑为地坛，载歌载舞，献祭天神地祇。长老们对此深感欣慰：“年中没有违规之人，未见违和之事。阴阳调和，天地祥和之气四时拂面，合族男女老幼，莫不心怀感激啊！” 凤王微笑赞同：“我们心洁于手，手洁如水，诚恳伸手，所获纯良嘛。”

这一年，沅水左岸的凤族——“高庙人”还很年轻。距离后世重现它的时间点，中间要穿过七千多个藏着主干和支线的明洞暗隧，每段隧道要走整整一年。这还并不包括旁出或绕行，因为澧水那边，也有着同样复杂的主干与支线，以及同样多的时光总量，其族系则以两兄弟为代表：一个在石门，称“皂市下层人”；一个在澧县，叫“八十垱人”。

三、左岸春潮

江螺是高庙的福音。最初，是它们用满滩泛金的生命奇观，俘虏了“沅溪别动队”行色匆匆的不羁之心。7000 多年以后，又是它们燃尽生命后的素白之山，迷住了被称为文物普查者的五溪后裔。那是 1986 年，高庙遗址，就这样突然出现在了 20 世纪的世人面前（图七）。

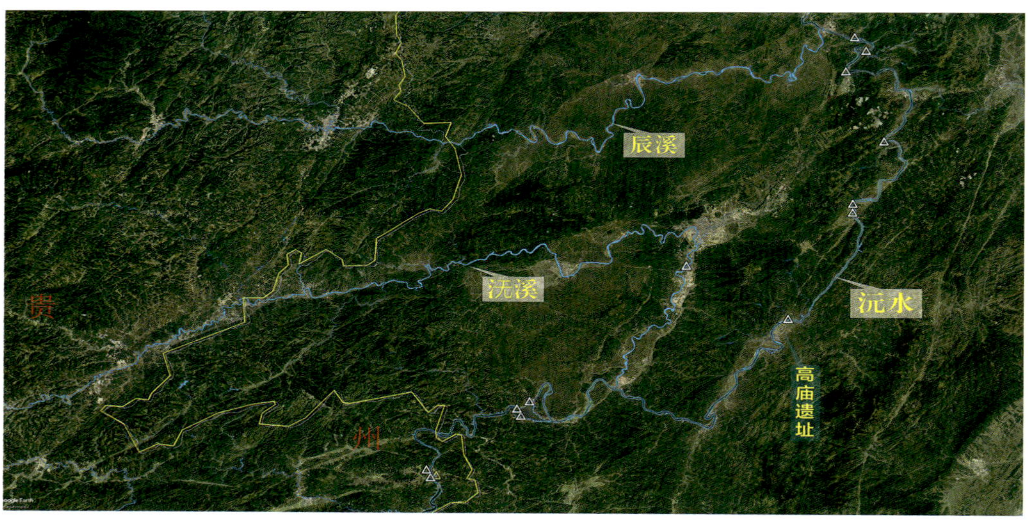

图七　湖南辰溪至贵州天柱史前贝丘及白陶遗存分布示意图

高庙文化柿溪口贝丘遗址典型堆积特征

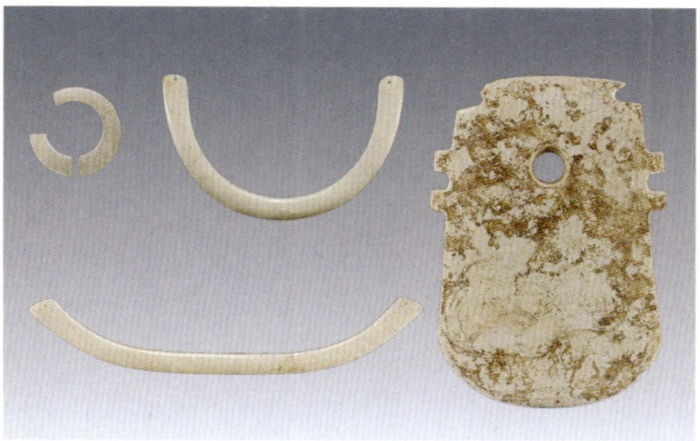

高庙遗址出土典型玉器

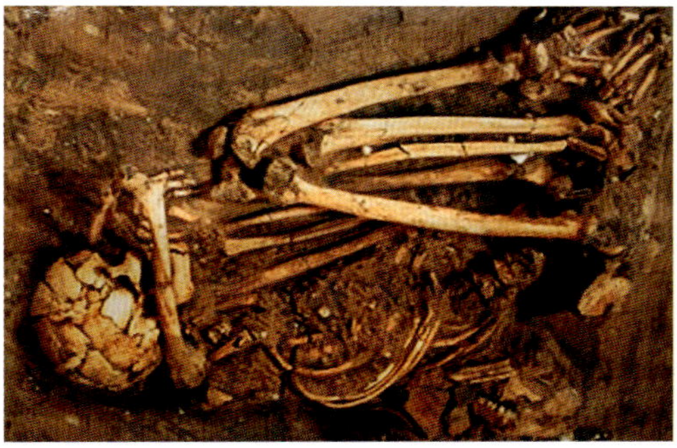

高庙遗址典型屈肢葬

高庙文化潭坎大地遗址典型祭祀坑群

图八　高庙文化典型遗迹遗物示例

这个特殊遗址于1996年和2005年先后两次发掘，在遗迹、遗物、盛装陶艺等方面获得令人瞩目的重要收获。其中，聚合了众多祭祀坑、附属坑窖和房址的中心祭祀建筑具有年代早、规模大、构成多样的特点（图八）；出土最早白陶的年代上限或接近距今7800年前，而距今7400～6800年前的白陶经历了从胎骨坚致率、器表匀白度、装饰精粗繁简等三个方面所反映的肇兴、鼎盛到衰退的总体蜕变历程，年代学、类型学、标型学三者结合视野下的高庙白陶，为白陶传播的起止路线、文化影响之性质的探讨提供了新的重要切入点（图九）。距今6300年前的高庙遗址下部遗存无疑是截然有别于洞庭湖区同期文化的独特文化类型，萌发并壮大于左岸五溪这一特殊的自然地理环境下，始终依托渔猎采获为主导经济形态而获得巨大成功的突出典型。以高庙遗址下部

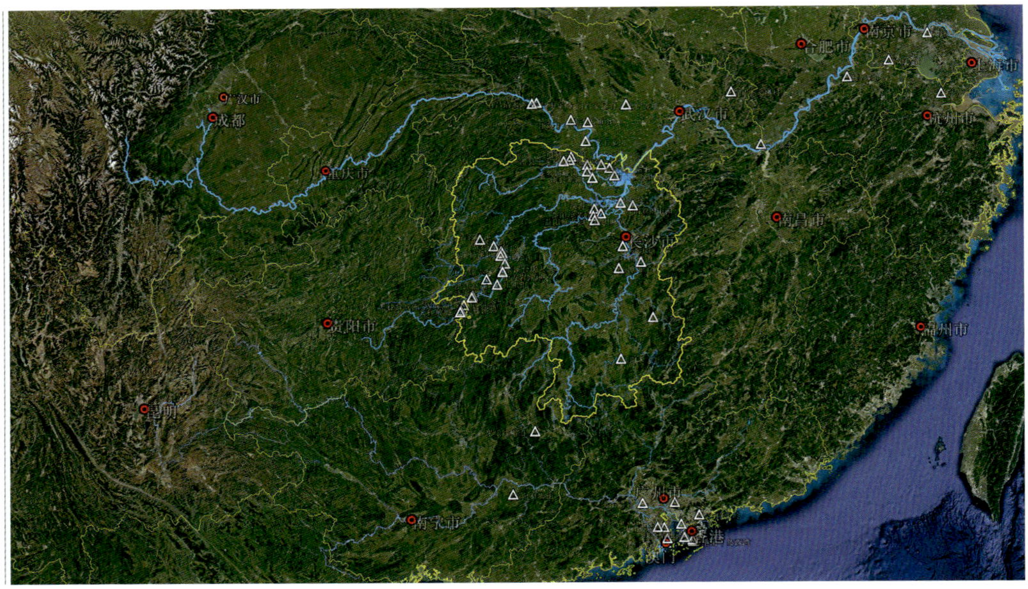

图九　中国境内史前白陶遗存分布示意图

遗存执行高庙文化的命名是完全恰当的。同地理区间内，同属典型贝丘遗址的辰溪松溪口、潭坎大地、泸溪下湾，未见贝丘堆积的洪江金家园和龙船坪，以及贵州锦屏、天柱清水江左岸诸同期遗址，其年代关系和文化特征都显示出对高庙文化的承袭及发展（图十）。高庙文化的衰落发生于距今6300年前左右，有众多迹象表明，除所谓被动经济模式对区域内高庙文化体系进一步发展的必然制约，洞庭湖平原同期农耕文化的强势传播所产生的作用不容低估。

有趣的是，“高庙人”以人皆以为不可的生业模式，创造了人皆以为匪夷所思的人文辉煌，这就是奇迹。需要特别强调的是，这里对它的肯定仅限于社会组织得到及时优化、社会生产力得到及时整合的前提而言，而并非意味着所有单纯利用某种自然优势的“逆袭”机制，都必将发育出高庙文化式的出奇制胜。秦汉以来同地域的“五溪蛮”始终走不出浮标式的命运怪圈，关键或者也就在于有效社会组织的持续缺失。成败、得失的对比，可谓一目了然。

图十　高庙文化在五溪流域内的开拓及源流印迹示例

（一）白陶艺术里的光影秘法

高庙文化引以为傲的创造精华，是胎骨虽非纯白，而纹饰华美发人遐思的白陶。

1. 白陶是千锤百炼的产物

白陶是千锤百炼的产物，其每一道工序，都不曾容得丝毫草率随意。最基础品质的保障，首先源于工匠一丝不苟的选料、过筛、淘洗、拉胚、整形、打磨、晾坯、再打磨，直至内外不见瑕疵，触手处丝般顺滑，看似简单而步步维艰，一不小心就可能前功尽弃。素胎形质验收合格，始可进入构图阶段。艺术呈现的最终目的，是要奉献于神灵之前，神祇歆享与否，一看供品，二看祭器，多数情况下二者的重要性很可能难分轩轾。怎样将第一等的素胎升级为第一等的艺术品，关键恐怕还是最开始的几步，包括慎选用于保障篦点、剔刺、戳印等技术发挥时，宛若行云流水而略无凝滞的趁手小工具，根据祭师提供的图样稿本，分析、规划器件各级横纵构图空间，反复揣摩图形细节，做到心中之图即眼中之图，最终落到心手合一，反手能云，覆手即雨，云翳雨痕，丝毫不爽。到得心不动、眼不见而手自动时，方可如庖丁解牛，刀如游龙，俱中肯綮，而我正神游于物外之境。尽管如此，真要完美呈现篦点、剔刺、戳印等复合工艺加持下的浅浮雕立体图像，心、眼、手的同韵共律还是必不可少的。从勾线打底开始，严格意义上的每一道工序都免不了粗、细

剔刻工艺担纲的高庙遗址白陶盘

篦点工艺担纲的高庙遗址白陶罐

以篦点为主剔刻戳印为辅的千家坪遗址白陶罐

以篦点为主剔刻为辅的高庙遗址白陶盘

图十一　高庙文化白陶装饰艺术示例

工具和精、粗工序的轮番上场，直至深浅、明暗对比鲜明，过渡了无痕迹，而凹凸轮廓浑然天成为止，耗时、费力、劳神，难度自可想见（图十一）。然后可以高枕无忧了吗？否。焙烧这一步既可集前面几步之大成，甚而锦上添花，同时也可能让前面所有的努力尽付东流！想来这样的宝器只会一炉一件，窑工也必定是此中翘楚，经验老到，守护尽心竭力。只不过最终的成败优劣，都还得看开炉那一时三刻。难！因为难得，所以每一件白陶成品，合族皆视之为奇珍异宝，首领而外，谁敢染指？

2. 白陶是极致雕刻的前驱

白陶制作所要求的尽善尽美，必然引发一系列开创性的探索，篦点、剔刻工具支撑下的减地浅浮雕工艺就是在这样的背景下应运而生的。当这种匪夷所思的制品重现于人世之初，考古人的震惊可想而知，他们随即做了大量技术性实验，以便究明能产生如此巨大审美震撼力的工艺机制。锲而不舍的重复模拟最终还原了以下细节："高庙人"对于竹子柔韧特性的了解，无疑已达到前无古人的地步，否则你就很难解释，他们是如何使用那般原始的工具，将一棵楠竹伐倒，分段，切片，最终制作成毫米级的方锥，集束为厘米级的"笔刷"！不过这还只能说是万里长征的第一步，如何在弧度不断变化的陶器表面，让手中细若无物的竹锥、竹刷，如风穿虚穴，水从江岸，沿事先勾勒成形的轮廓线匀速移动，一次性"打印"出角度、密度、厚度几乎完全一致的线条或成片地纹，才是真正最要命的考验。而"高庙人"好像天生就有这样要命的本事，"艺术白陶"成品遗存里很难窥见艺术之败笔，就是其一次性成功率不能容忍"十居八九"安慰的证明——道理再明白不过，在干湿合度的陶器表面雕刻不同于在松软的沙地上作画，绝没有失败了抹平重来的机会，返工就意味着把本已珍贵无比的素胎白陶变成废品，让此前很多人的心血寸草不生，纵人情有原，在天理难容。当前的模拟研究者认为，如此出神入化的能人倒未必是天启其智，而更像是甄选于少年，授艺有大师，苦练无寒暑的育成结果。钢炼九转绕指柔，术精三代可通神，"高庙人"创制篦点、剔刻减地雕刻法也许有其偶然的契机，但传薪有术，大匠梯次相承，故而能化一人心得为众人宝藏，使一时精华成千秋伟业，族内族外，广

图十二　高庙遗址最典型的浅浮雕神鹰图徽

受其惠（图十二）。殷商反其道而用之，雕范铸器，华丽青铜美到惊心动魄；秦汉以来，公私印章日见深浅相衬和明暗相辅，而宋代减地平钑成为石雕新流派：虽未必皆可考定“高庙人”艺术为其直接渊源，却也未必不是受惠于“高庙人”雕刻大法的流泽远披……

3. 白陶是匠心独运的奇葩

“高庙人”扛鸷鸟艺术创作前茅，开弧面写真技法先河，化慧心为慧眼，勘破空间转化玄机，洞见平立之别和毫厘之差，精准布局，以成鹰扬凤翥之势。白陶三种，形制各异。陶罐颈细肩广，球腹先张后弛，创作区间上小下大；陶簋口、底外张，弧缘上紧下松，而颈肩为有无之间，腹部有弧鼓之变，满器三重创作区间稍有起承转合的自由尺度；陶盘几乎口、底等大且各自内敛，圆腹承口沿之来势而启圈足之开展，满器有两大发挥空间而居中为创作腹地，和陶簋一样，外底亦藏隐秘区间。所有这些应当或必须使用的器表区间，又分别在纵向上下存在着多个制约相关图元大小、比例的横向长度上的变化值，不加分割或随意分割，对于构图的趋真原则都将是极其有害的。在这个方面，生物写真的要求尤其苛刻。艺术讲究的是形神兼备，“形”为基础，摹绘绝不能失真，否则即为怪物，技法再好仍不免画虎类犬之讥；“神”是具体生物富于意趣的动态和可意会的情绪，形全而无神的即是僵尸死物。真实的创作均源于生活，形、神各有所自，其关联不会凭空发生，也不允许跨界混搭。而既称艺术，就意味着必有基于细致观察的形、神提炼，从而扬其长而避其短，选择正确的摹绘角度和恰如其分的表现方式。禽鸟通常头小面窄嘴尖，且“心灵之窗”皆半隐于两侧，若非万不得已，正向摹绘肯定是吃力不讨好的选择。“高庙人”的构图原型恰恰是最能挑战形神感悟力和表现能力极限的飞禽鸷鸟。鹰称猛禽，是因其翱翔云天之上而能洞察百余里远近的地面动静，眼神之犀利无与伦比；御风盘旋，翼若垂云，猎物见投影已心胆俱寒；凌空下击势挟雷霆，俯冲、变向疾如闪电，近身格斗如泰山压顶，利爪挥出若弯刀破空吴钩映月，大气磅礴，锐不可当。其勾喙亦利如刀锯，分解猎物无异于割韭切瓜，是鹰的另一样看家武器和威猛标志。该怎样淋漓尽致地表现鹰的威猛之形和威猛之气，同时竭尽所能地规避甚或消除其特征上的短板，“高庙人”对于这一切显然早已成竹在胸。他们在创作介质固有限制下，着重选择了双翼平伸饱含提举和翱翔之势的正面视图作为器表创作核心区间的中心图元，并以鸷鸟飞行及停驻时均保持机敏警觉的左顾右盼习性，构建了符合后代成语“顾盼自雄”语境下的侧向上扬的鹰首形象，此举不仅完美解决了正面鹰首构图不可避免的卡通化和呆滞无神弊端，还为同样难以措置的鹰爪找到了可比照执行的有效方案：左右鹰爪各有前后四趾，后方单节的为托爪，前方由二节的食爪、三节的探爪和四节的撩爪组成。抓握之时，托爪与前方三爪会形成相握、相交两种动态的立体视图，以相握如环的组合做横向的平面构图，而相交如弯刀的组合为纵向立面构图，即可全面体现双足各四只鹰爪的武功和气势。表现游弋状态时，左右鹰爪构图各自附着于左翼右翼之下；而当神鹰凌空下击，左右四只利爪则为交替挥动于胸腹之前的并组重叠构图，亦即左、右翼下的鹰爪图相合为一；捕猎成功之际，则是一足抓牢猎物悬于腹下，一足在旁随时助力，有上下、有主客的复合构图模式。以上三种鹰爪构图模式，在神鹰图徽创作鼎盛期得到了全面的传承及发展，构图视野宽广，相关技法创新与日俱进，复合层次及效果呈现益趋多样。在切实根据可用空间幅度配置其他必要图元之大小、多寡尺度的前提下，还为核心构图区上下的图形带纳入了因应空间需要而有繁简变化的鹰尾图案（从最初较具象的垂幛状，简化为后来正逆交错的折曲纹），以及可能源于小复羽特征的过渡性条带。对于罐、簋、盘器表构图而言，差不多全要素汇集的神鹰图徽及各区间分布格局至此完成。主导、从属、辅助三者关系明晰，核心图形、标志性构图主旨清楚，大、小图形单元的体量、数量、疏密均得到了系统合理的体现。在这里，神鹰图徽是所有其他图形单元得以存在的基石，由此决定了创作区间的分级构建机制必将严格遵行以下原则：其一，神鹰图徽主体所在即为核心创作区，占固定为一周的图形表达空间。其二，为保证神鹰图徽“首尾俱全”而设置的重点图形区，原则上亦限一周，居于核心区之上方或下首；特殊情况下可增设一周，对核心区形成上下并列的加持格局。其三，前述情况之外的图形区或图形带，主要担负随机性的辅助或过渡，其有无多寡完全视实际需要为准。其四，核心构图区对神鹰图徽主体的容纳也仅以两个为宜；除双翼高举过头呈八字形或环抱形，甚或简化为几支羽毛参差排列的情况外，即使按对鸟图格式来设计，核心构图区间合理的分割也仍以不超过两部分为宜。其五，图形构建中的疏密相参和虚实互补，应在横、纵方向上同时得到不同程度的体现。两个神鹰图徽之间有略等于神鹰图徽高度的空白间距，而神鹰图徽与所在图形带上栏之间也有占区间纵向高度约八分之一的普遍留白，对突出主题并消除审美视觉上的压迫感，均起到了十分显著的作用。其六，涉及空间分割，要做到规行矩步，锱铢必较。经实际测算，高庙遗址白陶三种常用器件中以神鹰图徽为代表的图形分割比值分别为 1 ∶ 0.672、1 ∶ 0.815 和 1 ∶ 0.876，相比于 1 ∶ 0.618 的黄金比例，其偏差大小不等，意味着科学系统的分割律尚处于童幼阶段。不过，倘若把远大于平面的弧面计算难度、史前度量工具实际尺度有别于帝国时代以后的文明世界、当前绘图模式下的必然误差等因素兼顾于一体，我们还是要说，“高庙人”在构造精细化审美图形方面的造诣已经是非常的难能可贵了！

（二）艺术视界与思想维度

大脑为思想而生。当外部事物由现象的重复而成为逻辑严密的事理时，人类大脑迎来了科学意义上的第一次智慧大爆炸。

1.“三体”现身：藏在相似图元里的三维逆世界

大多数白陶上的图像都产生并服从于常规视觉习惯，同时也有部分蕴含神鹰自游弋状态转为俯冲状态，头部和双翼朝下而鹰尾仍为正向的特殊旋绕样式。这样的图像只会现身于簋、盘之上，而同器外底也往往别有洞天——整个器物翻转之后，才可见到的

“神鹰猎兽育婴”或“神鹰筑巢育雏”图景。前者是多方面的先驱，创作熔平、立面与正、侧方视境于一炉，细节该实不虚，实描见形知物。鹰首部分表现的是神鹰擒获猎物后拔地冲天而起，因负荷甚沉之故，鹰首大力后仰，以致从正面仅可见到也仅可用三角形、梯形、方形等几何形状组合呈现的下巴、颈部、咽喉及两颊外轮廓；这部分构图还巧妙植入了在巢雏鹰嗷嗷待哺，嘴大张而头部后仰的生动拟态。或许正因大鹰、雏鹰两种情境的叠加，创作者才有意略去了诸如鹰眼这种不便同时表达的图形元素（参肖家屋脊玉鹰正面图）；胸腹以下，沿中线分为左右两区，上部摹写神鹰双翼飞举之上下振翅之状，同时隐喻雌雄双鹰同负使命，故鹰翼为两重；腹下右足待命，左足自左侧弯刀般的鹰爪后面穿出锁牢猎物，动作中有搭有扣，有嵌入有穿透，所以正常视角下仅可见两爪后部主体的大部分，一爪的外缘，以及已透过猎物颈、肩部的小部分爪尖。为强化这种临时分工所产生的主要差异，鹰腿到附跖连接部的弧形“榫卯”，附跖表面的褶皱等各用相应的篦点方式给予了表现，当前承重与赋闲的鹰足各自占有的篦点带亦宽窄有别（图十三）。这种细节性处理方式对于视神经的引导至关重要，因为正是对宽篦

图十三　高庙遗址白陶盘外底神鹰猎兽育婴图细节还原

本文图版中高庙文化系统（高庙、千家坪、汤家岗等）陶器及共源同流或同源分派的陶器、玉器、铜器上的神鹰图徽的全细节还原图均由本文作者独立研发创制，类似情况将不再另行说明

点带的追踪帮助我们找到了承重鹰爪的位置和姿态，而对其动作的深度审视则带出了专注于第二幕绘对象侧面特征的转场画面，即猎物被抓回鹰巢途中可能的反应。在该图形单元中，猎物头脸耳目俱全，特征清楚，显系当地山野习见的中小型哺乳动物——粗嘴大耳，肥壮似小野猪，此刻正耸身弓背提臀，前后肢弯曲上冲，是那种奋力挣扎试图逃生，却又深陷于锐利鹰爪之牢固钳制而毫无胜算的情景重现——"露刃"于猎物身躯下方的鹰爪一侧，大雨点般坠落的一颗血滴已暗示结果（图十四）。画面细节丰富，动静张弛恰到好处，充分显示出作者平时观察事物细致入微，临场发挥如大匠运斤般游刃有余的非凡造诣。在我看来，这是史前最耐推敲同时也是最值得反复推敲的艺术巨制，它以貌似最先抢占审视焦点区的所谓呆萌和原始，拉开了毫无恶意的"欺骗性"序幕，之

图十四　高庙遗址白陶盘外底猎兽育婴图（乾向图式）

后的剧情推动也依旧淡定从容，哪怕是放在几千年后还不免前卫之叹的艺术思维和惊世技巧，诸如类似于古代山水画“黑白皆对象”技法的地纹与阳线同等，同样可以成为后世绘画透视原理鼻祖的有远近、有显隐的正投影构图要诀，以及要到20世纪才初现魅影，享有立体主义绘画盛誉的跨运动时间点的影像同框魔法之类，这里呈现的无非还是不见丝毫刻意造作的“平淡无奇”，事实很简单，因为这种创作不为炫技，无关个人留名，而群体关心的则是其间应被族人世代相承的永恒精神，当然也包括已渐成体系且必须遵行的艺术创作秘诀——图形主体正反相依，阴阳技法主次互转，单一图元，双重角色（图十五）。若将这件白陶盘外底图形旋转180°，此时你会忍不住拍案惊奇，因为

阴阳互补·乾坤相依·双向双主题的魅影空间

图十五　高庙遗址白陶盘外底双向双主题神鹰育婴图卷

图十六　高庙遗址白陶盘外底神鹰同心育雏图（坤向图式）

进入你眼帘的，已然是一幅居中为大鹰双双敛翼，上方为小嘴大张待哺的幼鹰侧影，下方为鹰巢中已然破壳的鹰卵，以及大鹰尾悬垂的全新画面（图十六）。

立足于现实的酸甜苦辣而不拘羁于一时的物欲甘苦，动因和目的同归纯粹，这就是“高庙人”文化艺术的伟大之处，更是其族裔本固枝荣，流布万方却仅凭同一个文化基因符号就能追本溯源的不传之秘。

2. 大十字架构下的运转周天

生命的本质要义，一是生存固本，一是繁衍壮大。这两大根本任务，“高庙人”用满注敬畏和虔诚的两项艺术构思，就为之铺平了跨越千年的风调雨顺，还很可能催开了后世暂难蠡测的异时异地繁花。

“神鹰猎兽育婴”图已解析于前，为生存努力而战的主旨显而易见，同时也包含了服务于繁衍生息诉求的表达副线。“神鹰筑巢育雏”图的接力，就是要把此前副线中的主题，进一步升级为核心使命。

（1）不允许遗漏任何细节的二元三维宇宙

“神鹰筑巢育雏”图的物质载体也是一件白陶盘（图十七），出土于桂阳千家坪。由于当地富于纯净白陶泥的关系，所造白陶较武陵五溪白陶有着更为素洁的表现。这个阶段的器物在造型方面比较注重对所谓花瓣形态的借鉴，常见多瓣“花口”甚或“花底”的陶簋、陶盘。神鹰图徽的创作于此时进入浓缩整合期，其孤立标本的装饰主题辨识难度显著增加。本案例涉及的白陶盘表面的神鹰图还算是有据可依，否则其主题图形单元上部那种中有凹陷近椭圆形，四周又有像极了佐罗眼罩的构图，就很难被察觉这原是双鹰各一侧

图十七　千家坪遗址白陶盘神鹰图徽细节还原

脸被解构到了同一平面；这个图形下接神鹰各代表性元素，分平立面并存三重格局，外线居中如人字状上耸的部位还有些神鹰胸腹形态之遗意，其左、右各接交握型鹰爪一对但锋利爪尖在此处得到特别呈现，另外两对鹰爪的分布方式跟同类构图的祖型区别不大，亦上、下各自外张，其内则系鹰喙居中而左右为鹰眼的简构图。这组有头有尾的重构主题样式主要为剔刻型减地浅浮雕，合体鹰首上的鹰眼亦系剔挖而成，二窝外形略有差别，并均呈现出双层级用意的双重内凹。在该组重构图徽的同一周装饰区间里，另有神鹰图徽的主体与平伸型双翼的组合，因此它对后者而言既有补充意义，也起装饰上的分隔作用。有似于高庙遗址白陶盘外底的神鹰猎兽育婴图，此处的主体图徽也明显包含了多重对象的表达意图，其间地纹的雌雄双鹰的婚恋图和作为造化形象的浅浮雕鹰首、鹰身、鹰爪及鹰尾诸元，全面表达了一身双性之神祇在婚配、繁殖、生养等方面的神奇能量（图十八）。需要

图十八　千家坪遗址白陶盘器表神鹰图徽及其仿生学范式

特别指出的是，雄鹰大尾的错位式表达，恰是史前艺术家对特定生物行为的精准还原。

有道是细节决定成败。史前艺术家以这种微不足道的创作空间，精准设计部署“1+2”的对象和主题，将一则原本难以完整体现于平面艺术的复杂创世神话，打造成了上下、内外、远近和大小投影独具一格，情节主线与形象字符相映生辉的超级立体映像。完美？完美！差强人意的形容词，却明显不足以表达对两幅绝世妙品的由衷赞美。

（2）爱情、婚姻与家庭的暖心套餐，真相、事理与逻辑的魔性图景

另一幅绝世妙品，就藏身于同一件白陶盘的外底中央。

和器表一样，外底图形的浅浮雕构成也主要产生于工艺相对简单，效果呈现不及篦点减地的剔刻方式，但尺规仍严，比例合度，纵向母鹰，横向父鹰，其中心焦点上赫然为所谓大日轮的十字架式构图亦令人耳目一新（图十九）。母鹰为图形主体，其关键特征无

图十九　千家坪遗址白陶盘外底神鹰图徽及其仿生学范式

一遗漏，喙、眼、耳、喉构造规范，鹰尾尤其是生殖器官（状如短圆柱的纵截面而两端弧鼓，以下简称卵管形）得到了突破平立面表达极限的毕加索式呈现，其生殖符号的形态及构成方式迥然有异于鹰眼，从而足以作为判别所有重构型鹰图各真实图形要素的重要参考。横向图轴上的父鹰似乎又中了创作者偷天换日的冷枪，仅剩区别于母鹰的小小头部和眯缝着的鹰眼，用透视法表现的长毫长杆毛笔状的图案串起父鹰头部，寓意暧昧，同时表达了相关角色在繁殖季理应担负的筑巢天职。父鹰头部相对的另一极，可见两鹰欢聚之际各自趾爪或抓握或骑跨的不同表现方式。“大日轮”中有圆珠，内轮等分为四段并处于圆珠与外轮之间，每段内轮上有规制相同的凹窝一组，即各有位置居中的椭圆形凹窝和偏处一端的指尖状凹窝，后者正是父鹰头部视觉区所呈现的特征。这两种符号在陶器表面对应的就是“佐罗眼罩”加左右“眼窝”所构成的奇异图案。基于前述母鹰、父鹰图所反映的明确主旨，可推定“大日轮”式构图（自然也包括其后续变体如所谓八角星图），确实是以两性之自然属性为基础，植入阴阳和，四时顺，万物因此而生生不息的强烈愿景，具有生殖、丰产诉求的典型特征。器底、器表图徽主旨相通，阴阳合一为造化元神、雌雄和谐为生命常态、应时变化为发展铁律的创世理念脉络清晰，三重虚空即三重实体、至道极简却机变万方、宇宙如轮而运转无穷的朴素哲学已显示脱胎成形。原来人类早期艺术的精妙绝伦，只不过是总结人与自然互动的成就并充当人们改变自身命运的形象指南罢了。

从上述的解析我们清楚看到，“高庙人”的可贵匠心在于对有本乃立取舍原则的不懈坚持，其初创原型固然如此，后续因应需求的各种变革也毫无例外。物象单纯，早晚划一，是其艺术构思出神入化，创作秘籍变幻万端的原力柱石。心怀敬畏，尊重原真并慎终如始，是这些史前艺术大师们加诸自身创作的黄金镣铐，却也是我们拨云见日，稍稍触及其苦心孤诣的自由之门。

（3）男女同框：人类两性意识从生物学到社会学领域的同步进化

精诚所至，金石为开。“高庙人”用诚意汹涌、毫无虚饰的白陶艺术缔造了神灵世界的一极，也用差不多同样的挚诚奠基了属于自己的文明宇宙，随性浪漫，乐在其中。

我始终觉得，任何神祇如果只是在被需要时才从深闺来到前台，匆匆亮相，再匆匆归藏，那它了不起也只是少数几个人故作神秘或例行膜拜公事的道具，这样的神祇，非但不能藐视时间而和永恒拔河，就是在普罗大众的心目中，也跟雪泥鸿爪的存续历程相差无几。“高庙人”从一开始就绕过了这个陷阱，因为他们所选择的神祇原型在族人的日常生活中随时可见，除了其外形威武，神力卓绝令人仰之弥高外，偶像本身并不神秘；白陶艺术创作的社群化推进机制，也在一定程度上消除了人神之间的日常疏离。他们开始意识到，只要方法得当，某些看似遥不可及的神力或许也完全可以为人类所掌控。人类形象在高庙神祇体系中的谨慎代入，大约最初就是出于类似的考量。

“高庙人”这种划时代的创举铁证留存于一块白陶罐的颈部残片之上（图二十）。跟早期白陶相比，此时的白陶更趋细腻和美白，这似乎比较有利于花时间相对较少而作者挥洒空间较大的剔刻式工艺上升为神徽创作的主流。这幅“化生人类图”所呈现的稍显粗放恣肆的绘画式效果，就正说明

图二十　高庙遗址白陶艺术之“化生人类”神祇图细节还原

了同样的问题。画面中央，造化神鼓动无界之翼，利爪内合如唱喏之掌，外张如欢迎之臂，垂尾凌云，昂首而来。雌、雄二鹰双翅轻舞飞扬，相依相顾并追随于造化身后。除造化神之外，双鹰之头部均隐匿于虚空之境（或可谓被悄悄移植到了主神肩部从而构成了奇妙的三头格局）。核心神徽之左为虎背熊腰长腿玉立的男身，其右则为丰乳肥臀而腿部极圆润的女体。和雌雄双鹰一样，二人头部也隐而不见，脚下则各为雌雄鹰尾叠加象征的圣坛所承托，同时另有滑雪杖般的东西从圣坛里“长出”并连接到人体肘部，引人遐想。而在人像与神鹰图之间，又有格式化的鹰爪为指示符，左为雌鹰四趾，右为雄鹰两爪，因此全图的生殖崇拜意味再清楚不过（图二十一）。有种种资料显示，服务于原始人类生存与发展诉求的生殖崇拜现象在世界范围内普遍存在，如欧、亚、非均普遍有迹可循的岩画，欧洲发现的史前牙雕，中国红山文化遗址发现的神祇泥塑等等。但涉及的人物通常都

图二十一　高庙文化二元三维意识之艺术进化范式图

只是单性别的存在，像高庙文化这种双性并见且高度系统化的神徽迄今尚属首次发现。个人分析认为，这之间的差别应是源自社会文化发展程度的差异，即前者本质上还仅仅停留于自发性的低阶巫术阶段，而后者却早已稳步迈入了自觉层级的信仰建设社会。前面曾有所提及，作为高庙文化中人神之间沟通媒介的主体，鹰这种生灵具有普遍稳定的婚姻和家庭关系，能始终保持两性间良好的分工合作，卖力养家，恪尽职守。映射到仰望它们的人类社会，将促发出怎样的两性关系、人际关系和社会组织形态，很显然是不问可知的。这一点，对于建立起关乎高庙文化社会性质，乃至于更广大时空里文化及文明真相的再认识，其启迪作用都将会是无可替代的。

（三）文明神奇，莫问出处

对于僻处“万古蛮荒”的武陵五溪，全民经济形态自始至终未曾抛开过渔猎采集的主体生业模式，迄今披露的资料不见高台宫室、大邑小城，族群无贫富悬殊之患，首领有任劳任怨之责的“高庙人”而言，有白陶别开生面，文化独树一帜的后世评价，似乎就该心满意足地山呼万岁了。倘要说到这文化之上可能别有洞天，只怕瞠目者、哗然者俱不在少数。同时也必须承认，如果严格按照帝国时代以来有关文明要素的仲裁尺度，遵循现有的文明类型评判标准，高庙文化系统好像都只是“文明圈”外的无意识遥望者，距离最原始的文明时代，他们或许还有十万八千里的取经之路。但事实果真、确然如此吗？

1. 人类学视野下的第三类生业和第三类智慧

在一般人眼里，渔猎采集型生业形态下的经济形态和社会性质似乎注定是一成不变的。但特定环境下某些被动型经济会常常发生许多隐蔽然而十分重要的生业进化，却也是不争的事实。根据实地考察，类似的进化方式在当代武陵腹地的山民经济体系中仍有广泛然而程度不一的呈现，典型的案例有三个方面，即轻度干预性的野生山蛙、野生蜜蜂增殖和一般干预型的野生植物移栽。轻度干预充分利用了山蛙产育、成长、越冬始终不变运动轨迹的生活习性，在春季有意识地收集蛙卵孵化于驻地附近的水田或其他人工水洼中，为蛙苗投喂养料直至其自行进入海拔更高的山林觅食生长；到十月南风初起，已长大的山蛙们会络绎不绝地返回其出生的地方准备越冬，而此时也就是山民春季投入的干预心血得到回报的时候——在留足明年繁殖种蛙的前提下，部分壮实的雄蛙将成为山民的肉食补充。这种轻度干预显著提升了蛙苗孵化率、幼蛙存活率和下年度的成蛙繁殖规模，野生山蛙因此进入人为干预更少而种群日益壮大的良性循环。对野生蜜蜂的人工干预也仅限于将野生蜂王转移到事先准备的简易蜂箱内，择取遮风避雨且不易遭受其他野生动物干扰或侵害，而周边花粉资源充足的岩窟作为野蜂的新家，平时只需密切关注有无新生蜂王及工蜂应否分群的情况即可。野生蜂蜜的收割均在花季最盛时进行，花季之末的蜂蜜则留作蜜蜂们自己的口粮。这也是一项看似简单实则包含应洞悉野蜂习性，同时充分了解环境、植被、气候变化规律诸苛刻要求的适度干预行为，只有正确的操作才能保障蜂群日益壮大而蜂蜜日益丰收的良好平衡格局升级为常态。一般性干预涉及重要植物两种。山民开始野生樱桃移植的时间点跟山蛙的“放养”实践相近，在接近山脊的多个水草较丰茂的坡地或溪谷中，枝干粗壮的樱桃树各成行列，和昔日瑶民耕地捡拾并有序堆积的一个个大石堆相互守望，构成海拔 1500 米左右地带内特色独具的历史生业景观。春季花开，素白粉红漫山遍野，季末果实累累，红黄参差相映，至今仍引得蜂狂蝶浪，莺歌燕舞。惜人去已久，叹美景空留。大叶茶是本地美食“油茶”的基本食材，叶片色深香浓，其长大肥厚皆数倍于一般绿茶，和原住民渊源颇深，近古废宅之后多见其葱茏依旧。当今居民或承先辈遗泽，或自行移植，皆系就近采摘机制。大叶茶纯属自供，当前也并无规模化经营的意向。昔日野樱桃的产能、消费方式等等已不可考，想必山高路远，外销的可能性应该不大。产能成规模并能得到量化考察的还是“放养”项目。从年度收成看，各家“放养”的山蛙均于季秋结阵而回，军容威武，鼓声动地，得到及时采收的山蛙挂满了各家各户的灶屋上空，除现时的尝鲜小炒消耗外，其熏腊制品还可被从容食用到来年的春夏之交。野蜂“放养”的规模不等，但最小的蜂群在整个花季酿造的花蜜仍足够一家三口自用；而拥有 3 处野蜂放养点的金鸡湾蓝杨氏，仅一季的“五倍子蜜”就采割了近 50 公斤，其他花蜜的年成总量亦与之相若，倘若满足于自产自销，即便一家人每天蜜茶不离手，那也是严重的供过于求了。现如今的山民自不至于奢侈如斯，野生蜂蜜等过剩物资及野生猕猴桃等当季鲜果都进行了及时的商业转化，据蓝杨氏自己统计，他家每年出售蜂蜜、山果、野菜的收入一般不低于8000元，且基本上都存下来了，因为五谷杂粮、猪肉、茶油之类生活必需品都能自给自足，物产丰富，只要手脚勤快点就行，所以平时要花钱的地方确实不多。现在的城里人都希望有钱且有闲，却很少有人能美梦成真，这样的生活境界只在这大山里有而且特别真实。在山里的那几个月，常受邀参加山民们随时发起的茶餐会，首轮美食称“油茶”，合山上特产大叶茶与山茶油煮为金黄茶汁，再酌加鲜苞米、红皮花生和糯米汤团，色艳味香，解渴疗饥，颇令人欲罢不能。茶点之后，女子们继续忙碌于灶台，烹煮煎炒土鸡山珍，措置正餐；男人无论主宾，晴则扎堆于露台赏花，雨雾则围坐于炉台向火，各开话匣子，或报道山珍秘闻，或交流“放养”心得，石穴岩窟，鸟道兽径，大事小事，不一而足。聊天的气氛始终很轻松，说话用不着字斟句酌，内容也无非日常见闻，但于不经意间流露的，却往往都是对所生活的土地无微不至的观察、分析和融会贯通后的生存智慧，这种智慧通常还包含了对自然的反哺特征，并衍生出某些近乎制度化的人际默契，比如倾听态度所表现出的相互尊重和彼此互补意识。很显然地，频繁的茶餐会客观上起到了社群成员经验型知识的自发整合和熔炼，社群总体生产力水平得以有效推进的显著作用。在这个过程中，对于整个社群发展更具引领意识和组织能力的核心人员也将锥出囊中，逐渐获得某种权力层面上的认可——在我当年调查的区域内，至少有一位村主任和三位村民小组长产生于这样的茶餐会并得到过相关成员的鼎力推举。如果追根溯源，这一切毫无疑问应被视为“放养”型生业进化带来的关键红利，它们在社会肌体上刻下的变化印迹甚至于要超过资源富余本身。这种介于标准主动、被动经济的生业形态及相关社会形态，应该被称为“第三形态”或“X形态”。

上述调查实例可归纳出这样几个方面的要点：其一，无论生物“放养”或植株移植，起决定性作用的都是生物“天赋”的有无宜否，而和当前的经济性质毫无关系。调查区近古三代从山腰到山脊，留下的都是十分粗放的原始农业遗迹，吻合同期历史文献有关武陵五溪及其延伸区以渔猎采集为主的生业现状，但并不影响区域内“放养”、移植生业的发生和发展。三代以下至今，同区域的农耕业发生了前所未有的进步，主动经济开始坐定头把交椅，而传统的微干预生业及其可观产能，依旧被山民倚为股肱，这种生业顽强迷人的特性由此可窥一斑。其二，特定环境内的特殊生业进化，具有明显的跨时空自适应发生特征。调查区近古以来的山蛙“放养”，在遥隔万水千山的长白山雪蛤“放养区”找到了思路如出一辙的后继者，就足以表明“放养”型生业在环境、资源相似的前提下，人们但有需要，它就可能顺势而生。其三，“放养”生业显而易见的经济补偿能力，将以资源相对富余的方式释放出部分生产力，让人们拥有更多的时间进行经验交流、知识整合和智慧熔炼，加速推进精神文化升华，助力效能更优秀的社会组织及其管理核心的横空出世。这同样也是城步调查区内诞生原住民族系文字——石刻“苗文”的核心原因（图二十二）。其四，野樱桃、野生大叶茶的移植，山蛙、野蜂的“放养”，相关生物本质上均未发生任何基因上的改良，故其种群虽日益壮大，而其野性仍完整如故。人与自然的和谐，借助于类似的方式而进入可持续的良性循环。

象形·指事·会意为主的造字风格明显

高庙文化体系的历史地理环境跟前述调查区非常相近，而其生态完整度又明显地远优于后者，因此二者在生业方式上的可能性趋向也应相对一致。

2. 猎捕，绝不是简单的技术活

迄今为止，高庙文化系统诸遗址的庖厨遗存尚未整合成系统的报告，其核心遗址即高庙遗址也仅发表了渔获一项，对出土于遗址各期段的鱼类骨骼标本进行了较为系统的鉴定及统计，得出了鲢、草、青、鲩高居前四，而黄颡鱼居第二梯级，第三梯队由鲤、鲃、

图二十二　城步调查区第三类生业下文明独立进化的参考实证示例

鳡组成的渔获成绩排行榜。该项基础性研究对于了解该地史前人群生业知识结构及渔获谋略等级显得非常重要，有了这个统计排序，已可推断“高庙人”对于鱼类习性、食性及活动规律建立起了比较系统而精准的认知体系，以及富于针对性的捕捞季节、时间及地点预案，因为在这些鱼类中，既有喜表层浮食的白鲢，又有偏好中层水体的草鱼，也还有大多数时间沉底活动的青、鲍、鲤、鲃及昼伏夜出的鲇鱼，此外还有生性凶残、有“游鱼屠夫”之称的鳡鱼。以“高庙人”餐桌上众多沉底鱼为例，即可见他们已练就至少三样了不起的本事：一是守株待兔的耐性好，而那些耐不住浅水区螺蚌扎堆诱惑的青鱼就这么进了圈套；二是披星戴月的兴致好，少数夜闯螺蚌禁区的鲇鱼自然不允许再见明天的日出了；三是法外容情的态度好，绝大部分前来近岸水草区产卵的鲤鱼、鲃鱼毕竟都逃回了安全区。这三样本事绝不是成于一时三刻，能练到炉火纯青就表明既有慧心又有慧眼，既是捕鱼高手，也肯定是狩猎达人了。根据同遗址出土鱼骨的全面采集型和抽样采集型的比较统计，首先可以判定“高庙人”食必有鱼，其次可以断言“高庙人”从部族奠基之初，就开始了住地周边生物系统的全面探索，并很快建立起了基于生物习性的认知系统（按从高庙遗址第㉑层到第⑯层的多时间段采样可知，渔获规模呈现出的均衡值是差不多贯穿始终的）。那么“高庙人”会不会浪费如此出彩的能力而完全不理会“放养”之类的生业进化呢？我认为不会。高庙遗址早期即已出现形神俱全而细节周备的神鹰（凤鸟）图徽，就意味着该部族对神鹰的“无死角”了解不是通过一两次偶然的窥探，更不可能限于对死鹰的静态观察，因为神鹰图徽上鹰爪的动态构图，是根本不可能从匆匆一瞥中精准捕捉，而僵死状态中又绝对见不到那样精妙的动态（图二十三）。这种精准了解只可能来自该部族已然成熟的驯鹰经历。在可称为神鹰图徽标型器的陶盘外底，一幅“神鹰猎兽育婴”图还以十分逼真的捕猎飞腾形象，显示出此际沦落于神鹰利爪中的猎物（小野猪）很可能是被“高庙人”最先纳入驯化系统的陆生哺乳动物。这也就意味着，同一山水环境下的长期定居者，跨生业性态的资源获取实践正是其新型猎捕经济体的重要特征。

艺术源于生活，这道理已人尽皆知；但呼之欲出的鲜活艺术细节必须来自更贴近的生活，这个道理也许还需要重新构建更多经验性的认识。“高庙人”有没有类似于前述人类学调查实证中的生业进化虽暂时无从确认，但其神鹰图徽的艺术主题、画风格调和专有技法的“三不变精神”——在同遗址早晚遗存中保持不变；在同文化系统的其他遗

图二十三 鹰隼趾爪的几种常见姿势

址中，不论彼此相隔多远，前述不变因素保持不变；在同文化系统各遗址中，对艺术主题的拆解方式彼此一致且保持不变——如果没有神（王）权绝对指挥下的稳定型社会组织的统一调度，包括对产生于神鹰图徽母本的其他副本的严格分发，要其始终稳固不变是难以想象的。因此我认为，正如其绝对前卫的立体派艺术在得到正确解读前只不过是些好看的几何图案甚或不知所谓的饕餮獠牙那样，高庙文化系统未被及时正名的“惰性生业”也只不过是深潭表面那一泓静水，其真实的“第三形态”才是汹涌于潭底的强势暗流。

其实，现正发布的三幅尽可能全细节精确还原的神鹰图徽，它们已通过特定的舞姿、歌声甚或文字诵读的魅力告诉我们，更系统更主动的农耕经济或许是史前文明规模化发展的重要手段，却并非文明萌芽的唯一捷径；这块文明因果的业态坚冰，早已被“高庙人”悄悄地开了一扇秘门，和一条通向未来的密道。而重新开启这扇门的三道秘钥，“高庙人”事实上也已经把它们交到了我们手中：第一道是曾经深藏于华丽形象思维之后的缜密逻辑思辨天赋；第二道是可以无限广大，也可以具体而微，翔舞于物质与精神绝对边界之外的自由意志和唯美愿景；第三道是萃取自然法则为社群生存发展规范之机制下的唯一信仰之坚不可移，以及百变时空之坚不可摧（图二十四）。三道秘钥又还拥有同一个口令——诚信、诚信、诚信！不以时间、空间、所在地人种肤色和语言为转移。

玛雅文明“雨神”石雕

苏丹努比亚王朝麦罗金字塔遗址·局部

米洛斯文明的“神灵与祭司”金戒

拉帕努伊岛“鸟人”

青铜戈卣及局部特写

青铜“虎食人卣”及局部特写

循天理，接地气，追良俗，证大道

图二十四　高庙文化奇诡艺术表象下的第三类文明成就及其影响示例

四、“高庙人”去哪儿了

历史上的五溪人都是飞毛腿，这无疑得益于其史前远祖征服千山万水的矫健基因。“沅溪人”在数十万年里和时间赛跑，跋涉了整个武陵山区；“高庙人”御鹰而行，千百年间，足迹已满天下。但和遥远先辈们的披荆斩棘不同，“高庙人”似乎只在意种花——将美如夏花的文化精神，播撒在更广大地域的人们心里。

暂无确切的时间证据显示这一切的最初起始点。长沙南托大塘遗址碳十四测年显示，距今 7100 ~ 6900 年前高庙文化已浸润到湘江中下游，而该遗址的神鹰图徽普遍表现出原真性减弱和几何化特征加剧倾向，跟距今 7100 年前左右的高庙文化松溪口类型之晚期艺术风格相似。在此基础上计入 100 年的时间差用于从武陵五溪到雪峰山以东的蒸湘盆地之尾，应已绰绰有余，意味着高庙文化从其腹地开始外传的上限时间不超过距今 7200 年前。而在这之后的不足 400 年中，“高庙人”完成了北到江汉、东到江浙、西到四川、南到港澳的大范围文化传播。作为其结果性的考古学呈现，被业内广为瞩目的自然是白陶。作为特定的文化载体，白陶的重要性毋庸置疑，至少借由它们的重见天日可以更清楚地重现“沅湘人”无远弗届的勇气。不过整个过程最了不起的事件，无疑是神鹰文化精神在大范围内得到了进一步彰显，其磁极般的巨大向心力在造就各文化支流殊途同归之盛况的同时，前所未有的创造力亦集聚于同一面旗帜下迸发，南国文化圈各领风骚数百年的“玉石文明”和“青铜文明”时代正先后如约而来。也正是从高庙文化人群“周游列国”时开始，对应于北方龙文化的南方凤文化完成了自己的奠基仪式；未来华夏文明的“龙凤合璧”，也因此埋下了精彩的伏笔。

这种和风细雨式的大范围文化浸润，迄今所知的具体表现主要有三个方面：

（一）开枝散叶，春来花开

以潇湘为腹地的岭海南北为代表，也就是沅湘文化第一波强势南传的直接结果及其

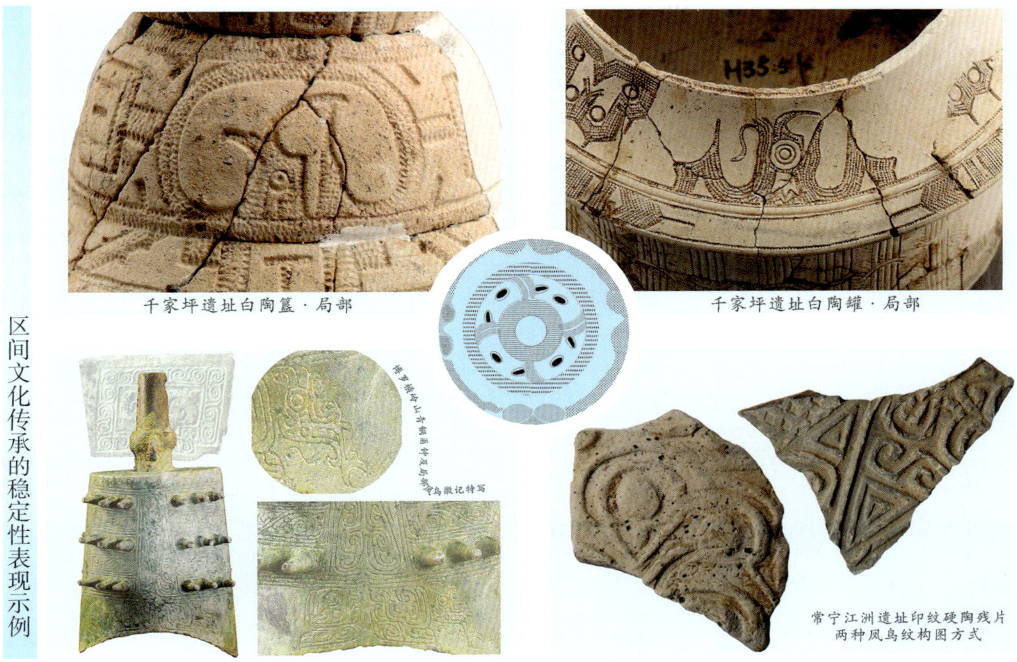

图二十五 高庙文化千家坪类型鹰凤艺术之区系传承印迹示例

后续反响。前者所见典型为桂阳千家坪文化类型的自成体系，后者则是广泛存在于该地域的商周石岗文化遗址和所谓百越印纹硬陶文化遗存。作为族群共有神徽的神鹰形象，仍将以原真性图像或几何化图形忠实呈现于商周陶瓷礼器、青铜礼乐器甚或兵器之上（图二十五）。

（二）传承圆融，蔚为大观

良渚文化最先集其大成。承袭于高庙文化后期特别是桂阳千家坪类型的艺术构思并借鉴前者成熟雕刻技法进而注入人本控制意识的神鹰图徽——同样的阴阳互补三段式构图，一般无二的组合变化思路，只不过在“造化”之脸及与雌雄鹰共用的眼睛上部加上了雀屏式美化，同时替之以人脸特征；在这种人本意识驱动下，属于造化神的双爪也因此变成了女性富于指示意图的双手，此前雌雄鹰的利爪则还原为形象的四鹰足十六趾，其间原本用于表现雌性繁殖、孕育及养护的三种符号，以及体现雄性繁殖功能和行为的两类符号也均相应地变成了介于人类眼、鼻、嘴与常规性征之间的所谓含蓄构图，但创作者清楚地知道，明眼人绝不会对阴阳并存、人神（鹰神）合一的“造化”神像产生任何不该有的误解，更何况神像旁边还特别放置了渊源于高庙文化而鹰喙更全面的另一个代表性符号“旋轮鹰首”——在其凸显天赋神权的神人玉冠、体现王权神授的大型玉钺和致敬天神地祇的标准玉琮上，均系同裁共构，细节丝毫不爽，从而构建起了良渚文化族徽、国徽与神徽的三位一体，人道、王权与神力的三才归宗（图二十六）。令人叹异美国国鸟白头海雕形象的广泛应用于该国政府、军队、各种机构的徽章和标志物之上，殊不知神鹰图徽无所不至的呈现方式，早已在数千年前的南中国成为人所共知的纪念常态。

继良渚文化之后，四川广汉三星堆文化以铸造艺术方式，完美演绎了神鹰族群或神鹰相关族系堪称登峰造极的青铜文明发展史，在其众多精美绝伦的青铜神鹰制品中，我认为尤其令人叹为观止的，当首

高庙遗址陶器卷云格鹰首图

图二十六　良渚文化玉器神徽与高庙文化白陶神徽的源流关系图

推以神鹰足爪为其枝干，枝条上巢（函）如花瓣怒放而神鹰正敛翅降落以置“妖首”于其中的青铜神树。神树四层，底层双鹰，上两层各三鹰，八鹰各望一方，显系献祭与守望之天塔。其次是拟人化鹰足在上，利爪所扣则为首足一体的有冠鹰之鹰首，败者悲啼，所寓“来犯必诛”之胜者气象则隐藏于造型之外。两件神器均十分形象地展示了猛禽勾喙、锐目、利爪三要素，同时也不增不减、毫无夸饰地摹绘了对应的纹样，足以痛解所谓双 F 纹、夔龙纹之类硬陶纹饰的千百年困惑。也许是工艺的优势，三星堆的鹰始终给人更原汁原味的感觉，想来从沅溪下乌江，跨长江入涪水，再横过中江到广汉，这千余公里的途程确实要比东线到杭嘉湖的迂曲旅程更快捷一些。因为快捷，在三星堆文明也即将走完其盛世辉煌之际，其对这条线上的逆向反哺也应该发生得更早，渠水流域类似于靖州斗篷坡这种早期“鹰爪纹”印纹硬陶与鹰爪系列玉器并见之文化遗存的出现，或者亦与之关系密切（图二十七）。至于明确受到三星堆文明浸润的成都金

湘蜀区域文化的外传及反哺

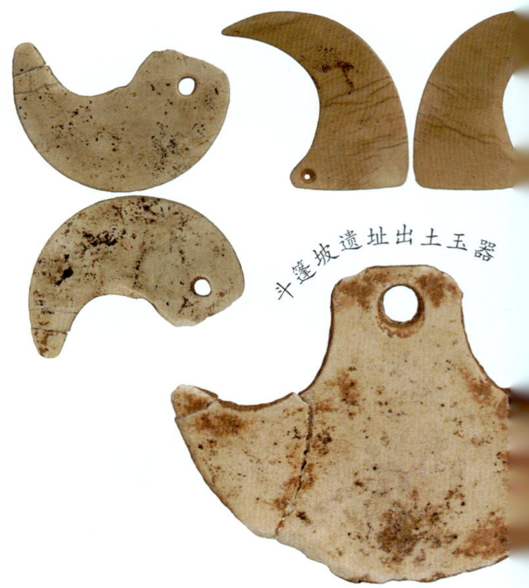

斗篷坡遗址出土玉器

斗篷坡遗址出土陶器及残片

广汉三星堆遗址出土人格化双鹰铜杖

三星堆遗址出土青铜神树

图二十七 高庙文化宗裔支脉的反哺型影响示例

沙遗址的“太阳神鸟”，倒是更接近于南托大塘遗址的彩绘飞禽，又或者表明蒸湘北部高庙文化浸润区也曾向川中发起过二次传播。

（三）洄游反哺，旧韵新象

洋流回旋，鳟鱼洄游，自然界诸多奥妙无穷的新旧记忆重叠现象，在人类文化中亦屡见不鲜。当高庙文化和沅湘核心区城邦文明的辉煌先后淡出历史，长江下游熔炼了神鹰基因并迅速崛起的良渚文化集团逆流而上，开始了对长江中上游的强势探索。三湘地域首先且烙印较显著的区间以蒸湘盆地之末的沩山南北为代表，其影响力先发于湘乡岱子坪，随后向东辐射到渌水中上游，西则跨雪峰经溆水盆地而逆沅水直达武陵腹地，除陶器造型艺术外，良渚文化向该区间馈送的精神食品有着显著的“反哺”特征——三叉形器，这种曾经令人迷惑的良渚玉器其实同样源于对鹰爪主题图徽的摹绘及变革，因此诸如岱子坪之类曾受高庙文化浸润过的“文化老区”，对此似无丝毫抵触情绪，有玉则以玉为之，无玉则因地制宜替代以其他材质，如岱子坪、独岭坳所见成本相对较低而器用性质亦令后世不解的“钺形陶器”。

此后数百年，已前后感受过沅湘新石器时代文明和良渚文化魅力，且长期处于南北文化交集漩涡中的“石家河人”，首先给沅湘核心区域带来了第二波文化回传，或可称史前末次冲击波。已知澧阳平原上最能反映其冲击强度的聚落系孙家岗，玉佩龙、凤并见，玉“傩面”之人本元素也显著叠加于飞禽类物象之上，清晰传达了主流文化强者联手的华夏融合新趋势；与此同时，玉簪造型上的鹰首、羽翼、附跖、鹰爪等取象原型仍交代得毫不含糊，足以和凤形玉佩之象征意义相互呼应（图二十八）。回顾学界稍具共识意义的沅水中上游与其下游白陶艺术的发展历程即不难发现，早先两位远亲对于相同艺术主题的构建思路几乎是南辕而北辙的，前者致力于形象塑造，而后者则专注于几何构图，彼此从未达成过共识。为使呕心沥血数十代的形象艺术永不泯灭，“高庙人”不得不分派团队四出“传道”。想不到的是，“高庙人”创制的艺术形象最终会以这样一种方式再度探入远亲的后世文化体系。不过，根据笔者近期对汤家岗文化遗址出土典型白陶盘器表纹饰的还原探索，已可证沅湘环洞庭湖地区与五溪区间的神鹰图徽在主题及构图规则上彼此相通，表面区别仅在于汤家岗文化比较偏好于侧向视图，且在构造地纹与阳文相衬互补的过程中未刻意于三重鹰图各主要轮廓的闭合，因而更容易产生观感上的迷惑而已。

一位长期关注考古人类学研究进展的老友近期来电说："原以为高庙文化系统'神鹰图徽'的正确释读，只不过能让湖湘文化和湖南文明的源头探索眉目渐清，更进一步的结果也无非是稍稍触及南方文明的崛起边际，便会被一道'蛮荒'霹雳迅速打回原形。事实是，我想错了。根据兄台当前梳理的物证，从高庙而良渚而后石家河，三者共有的'二元三维'信仰内核坚固，外延清晰，适足以拨开古史传说时代虞、夏王庭的重重迷雾。作为'神秘文化内核蒙昧'说的忠实拥趸，对于奇诡绝伦的殷商青铜文明，我甚至从未相信过会和那些艺术创作过于平实的先秦农耕人群存在多少直接的渊源瓜葛。提炼于'高庙人'艺术的文化基因，这种潜藏着多种意图的生物形象组合方式，不仅在湖南蒸湘地区与四川广汉三星堆之间建立起了有关青铜文明核心信仰的明确链接，而且重启了中原殷商青铜器的源头反思。我们都已注意到，尽管不及湖湘与蜀川青铜器群之间那种由里而外难分彼此的血缘亲近度，但从比较习见的装饰技法和艺术母题来看，即便'绝对中原'的殷墟青铜器也隐藏着明白无误的神鹰 DNA 印迹。周人曾称殷商为'殷戎'或'戎殷'，明显就是'殷人西来'的意思。而那时的'西边'，能威慑或征服早期周人族群的'戎势力'，除了神妙莫测的三星堆文明，我实在想不出还有其他哪一种可能。你再三强调，殷人定鼎中原标志着融会贯通渐成一体的'华夏'文明自此进入了高标准的演进模式。这是南方文明的重大贡献之一。我非常认同这个观点，同时还觉得'贡献'之前应酌加'关键'二字。在我看来，没有源于高庙文化神鹰信仰的南方文明体系的强势加持，后来渐成定式的龙凤双基因华夏文明观，其顺利出世是不可想象的！最后，我想就文明的'天下视野'奉上自己的一知半解。日前承蒙兄台惠赐多帧域外高清美图和三套高庙文化‘神鹰图徽’全要素还原比较图卷，命我‘看图说话’，很有些让我受宠受惊。我不敢怠慢，但冥思苦想绞尽脑汁之后，能够反馈给兄台的意见，无非是就事论事的直观感受：二元三维的立体主义艺术框架及在此基础上产生的举一反三型哲理思辨体系，在形象思维而言具有‘逆天’之特征，从抽象逻辑规则的社会性作用来看则具有破天荒的特性，绝对是一套特立独行同时辨识度极高，迄今所知时代也最早的文化基因鉴识范本。这是我想表达的第一个方面。其次，在以与高庙文化同期及后续传承发展的长江、黄河流域史前典型文化为代表的古老中国地域以外，从地中海早期文明的鹰首女神和‘隐首’女祭司，到南太平洋岛礁的二元三维祖神，以及美洲大陆的鸷鸟衔鱼版‘雨神’和玛雅图形文字，其雕刻技法、空间布局及创作意图所反映的文化基因特征，皆能在高庙文

持续的传播，稳定的发展

广东博罗横岭山凤鸟徽记青铜甬钟·局部

广汉三星堆·人格化双鹰青铜器

高砂脊遗址青铜鼎主题装饰·对偶法立鹰图

肖家屋脊遗址三叉形玉器

孙家岗遗址凤形玉佩

良渚文化神鹰要素图拓片·局部

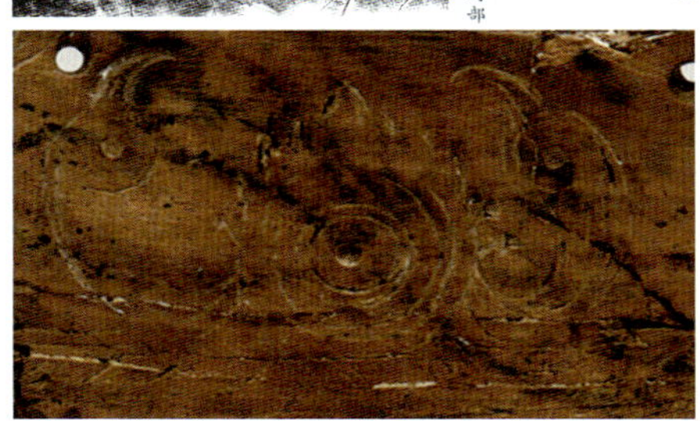
河姆渡文化双鹰唱和图木器神徽·局部

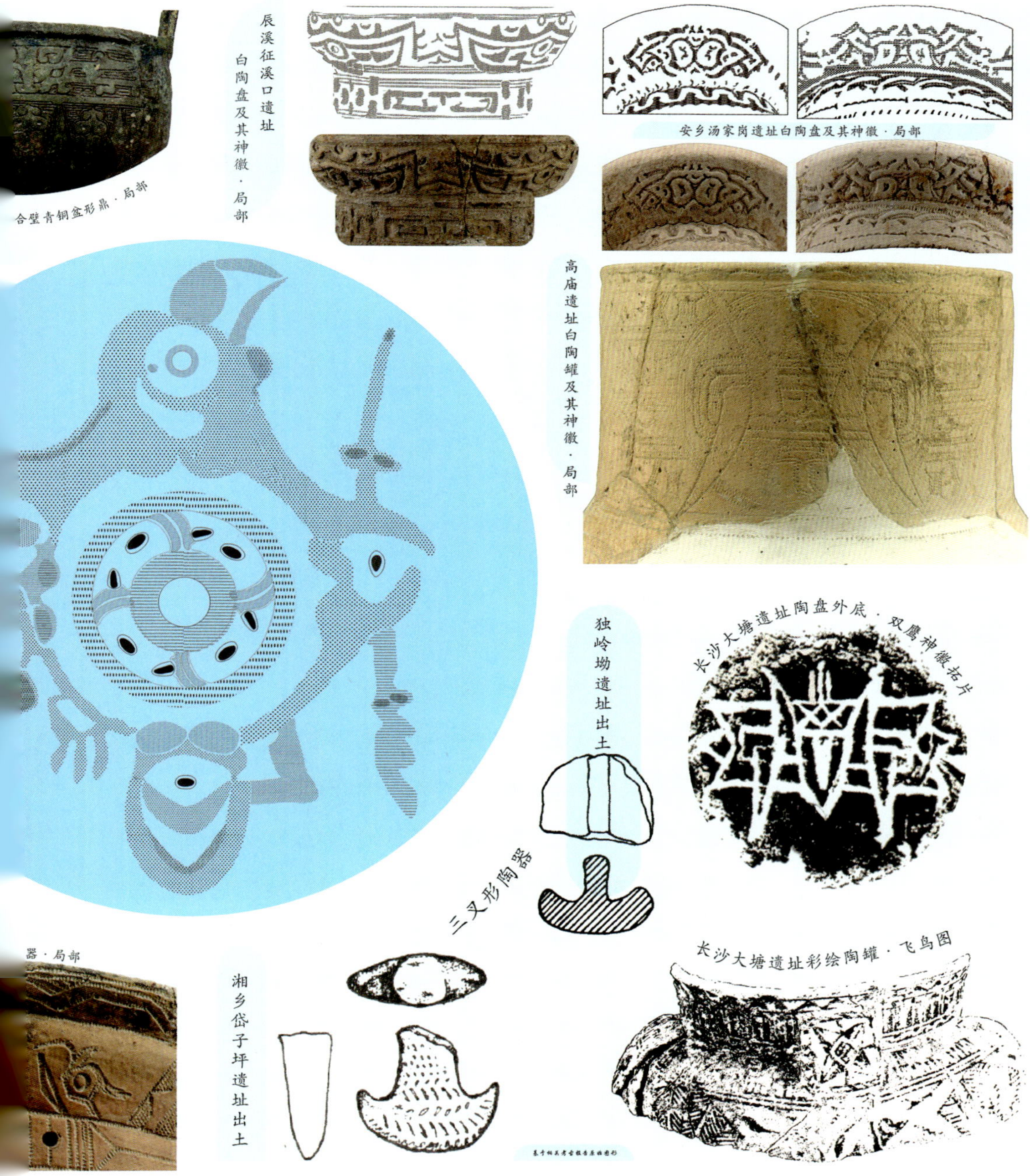

图二十八　高庙文化系统神鹰图徽之横纵流派举隅

化神鹰图徽里找到源与流的深刻印迹。如兄台此前所言，‘高庙人’创建的第三类文明及因应支配或影响的其他族群文明，有着不同于农耕文明故土难离和统属严格特性的运动应变与信仰同盟的优势。因此，该系统的文明爆炸点必然表现出游走于之前核心势力区外围的跳跃式‘接力’。与兄台同，我亦倾向于认为南太平洋、环地中海二大地区的相关文明事件，似为分别发轫于良渚和三星堆，东线航海而西线跋涉藏南高原的大接力的结果；至于美洲玛雅文明的崛起，则很可能要追溯到南太平洋岛礁文明的再度接力。第三点，高度珍视生命尊严本是高庙文化信仰体系的核心命题之一，这在其艺术创作结果中得到了甚为充分的体现。但大举献牲媚神特别是荐献人牲之类‘反生命’的极端行为，是否在三星堆、殷商文明之前即已初现端倪？随着三星堆文明的东扩北征，后高庙文化先秦原住民的集体人格因此发生了怎样的变化，以及对体系渐成之际的湖湘文化风骨带来了何种层级上的决定性影响，其答案已显非眼下这些图卷所能包容。深愿陋见有善缘，字字得君心。兄台莫沉吟，好歹且发声！”我笑对：“待退休之后，请阁下同游五溪，架鹰，猎狼！”

五、秦汉以下的“湖南人”来自哪里

盛世辉煌之后的沉寂尤其令人窒息，沅水左岸的五溪地区对此自有其切肤的痛感。而类似的事件，也将在不久的将来发生于殷商以前的洞庭湖周边和战国以前的蒸湘、潇湘等更广阔地区。毫无疑问，任何时期的文化变迁，相关区域的人口流徙、减损和生业萧条必定会如影随形，原住民的命运也必将承受各种不可预测的冲击。但我相信，除非是无差别毁灭一切生灵的瘟疫或无底线的外族血洗，否则就绝不可能因为一次文化衰落而造成原住民的灭族灭种惨祸。这就像苦旱之后的森林，也许不免满目萧森的枯枝败叶，但也仍会有不少树木顽强地守护着自己的根系，静待雨季来临时焕发生机。五溪原住民，大部分就是那些能守护自己根系的树。还在高庙文化盛期，五溪区间所有未奉远征使命的原住民就已开始了未雨绸缪的分工，一部分人员负责开拓沅水左岸高庙之外的新领地，或者前往沅水右岸创建农业据点（如柿溪口、修溪口和征溪口），或者承担五溪中上游山地经济区的探索工作。当历史大变革来临之际，估计有相当部分的“留守者”选择了如靖州“斗篷坡人”那种令局外人大惑不解的极端山地生活（图二十九）。固守沅水两岸近水台地并已初尝农作甜头的原住民也不

图二十九　靖州斗篷坡遗址位置及环境示意图

一定能坚持到秦汉之际，楚将庄蹻经黔中征夜郎而王滇池，这批将士中很可能少不了沅水两岸的“高庙人”后裔；而那些年秦楚之间在黔中郡的争战拉锯不断，入山以避池鱼之殃的原住民定非罕有，秦汉前后开始知名的“五溪蛮”族群，其中不少家族成员大概就是被这样整出来的。当然，最初探索江右以图向外发展之时，类似于溆水盆地这种既远距大江数十公里，又藏大片良田沃土于群山环抱之中的桃源仙境（图三十），对于早就经营于此的高庙文化人群而言，时局大变动的伤害自不会来得那么快速和剧烈，于是横跨雪峰连接湘江的快捷交通线，仍将为这个文化人群的后裔创造新的发展契机。在这个漫长的过程中，原住民的生物 DNA 将因为融入外部环境或接纳外来人口而不再纯净。相对而言，那些曾经深入骨髓且从未摇摆过的信仰，仍将顽强地游离于

[傩面]之史前进化形态·孙家岗遗址标

基于相关简报截图在此致敬

三星堆文化青铜面具

基于网络图在此致敬

战国滑

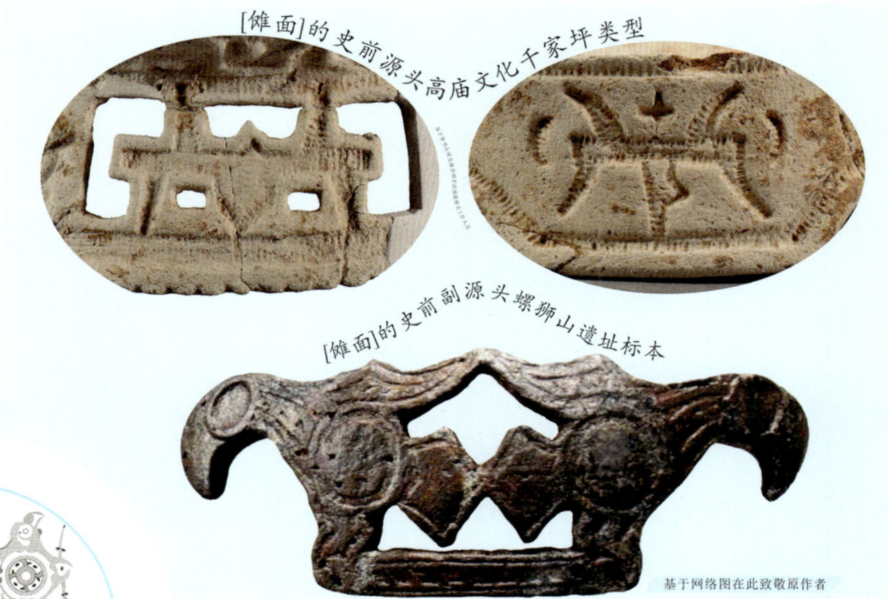

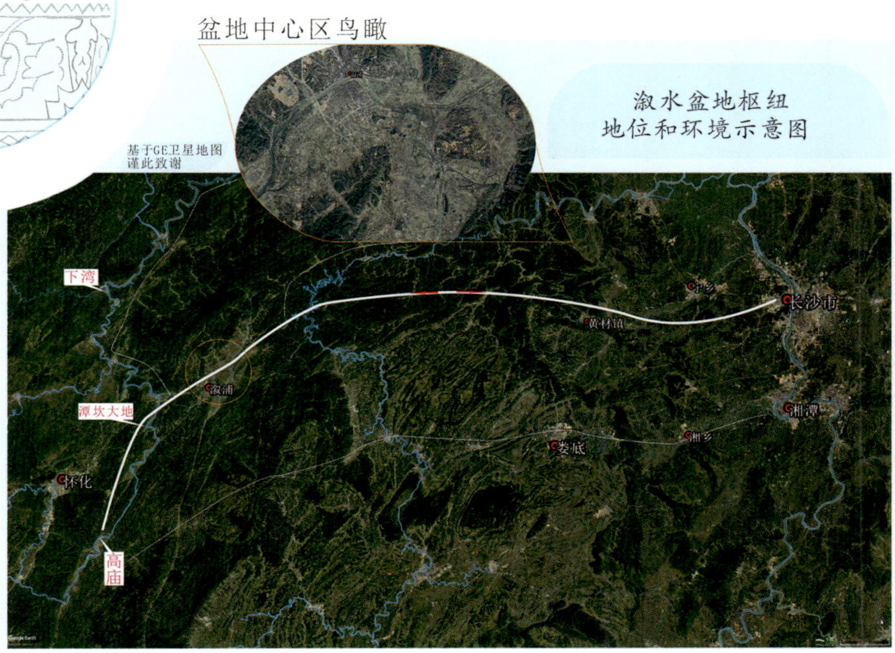

图三十　溆水盆地的核心枢纽地位及其文化表现

成都金沙遗址太阳神鸟金箔

宁乡出土青铜铙的内部造型艺术

宁乡出土商周青铜器盖

造型及艺术风格

临澧九里二号墓出土青铜戈局部装饰主题

高砂脊遗址出土青铜鼎局部装饰主题

高砂脊遗址出土青铜器盖残件及装饰主题

广东博罗横岭山墓地青铜鼎局部艺术主题

高砂脊遗址青铜

阴阳和　万物生　至道极简　机变万方

高庙遗址白陶罐神鹰图徽·局部

千家坪遗址白陶盘神鹰图徽·局部

松溪口遗址白陶罐神鹰图徽·局部

高庙遗址白陶罐神鹰图徽·局部

千家坪遗址白陶残片及艺术主题

高庙遗址
白衣陶罐之器耳艺术主题

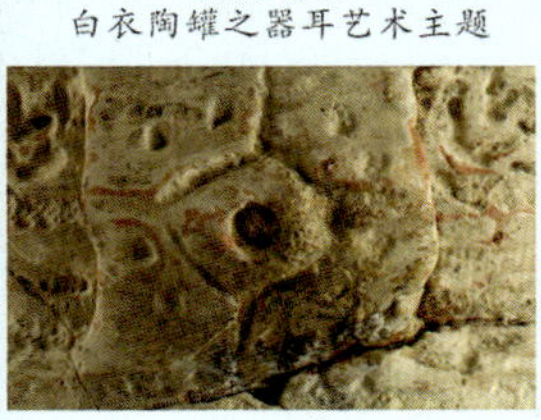

丁家岗遗址
白衣陶罐之器耳艺术主题

松溪口遗址陶盘外底装饰艺术主题两种

安乡汤家岗遗址白陶盘外底艺术主题两种

图三十一　千家坪遗址白陶盘外底旋轮图及其流派分析

日益衰竭的生物DNA之外，潜行或休眠，坚信某一日必能再一飞冲天（图三十一）。在蒸湘之尾，沩水、涟水中下游不曾在史前特别地显山露水，那是因为神鹰涅槃必将借力于青铜大乐的深沉雄浑；溆水盆地也寂寂两千余年，而一夕间凤翔鹰飞，借屈子诚意谱为《九歌》《天问》；潇湘遇柳子而文思泉涌，濂溪因周子而太极新生；湘江之滨，韶峰之下，一部新韶乐由曾文正初试序曲，得润之而响遏行云——莫不是同一种血脉贯穿，莫不是同一种精神使然！那么自武陵而梅山而九疑，问三苗问百越而苗瑶侗壮，真湘人源流岂非洞若观火？因此不管你来自哪里，此刻身在何方，但有神鹰精魄守心，你，就还是“高庙人”后裔；你，就是湖南人！

沅湘飞出一只中国神鸟

蛙声嘹亮，绿意深浓。5 月，穿过一片柚树、橘树林和油菜地，站在洪江市安江镇高庙遗址前，但见螺壳遍地，令人恍惚：这就是距今 7800 ~ 6300 年前的先民吃过的江螺？前临沅水，正对太阳岛，后有青山，两旁各有一溪，考古发掘明确地告知，就是生活在中间这片 3 万平方米区域的先民们，他们创造的独树一帜的高庙文化穿越时空，长久地影响了中国文化。

5 月 18 日，长沙博物馆，湖南省文物考古研究所副所长吴顺东研究员主讲“山水・贝丘・神鸟——沅湘先秦原住民文化印象”，讲述这一段值得湖南人骄傲的光辉历史。

沅澧交融　文明加速的诗画往事

在吴顺东的描述中，三湘之一的沅湘，在武陵、雪峰之间，洞庭以西，长江以南，其核心区域即今天的怀化、湘西州、常德、张家界，它是“童话外的真世界”。高山溪谷、低山丘陵与河湖平原俱有，气候宜人，空间格局从相对封闭、半封闭到舒展开阔，高山让独特文化稳定进步，丘陵适合跨流域文化碰撞，平原让各种文化自由交流、全面融合。

辰溪松溪口出土白陶罐上的神鸟图案

安乡汤家岗出土的白陶豆

洪江高庙出土的白陶上的神鸟双飞

白陶罐上的神鸟图案

白陶上的镂空图案

桂阳千家坪出土白陶罐上的神鸟图案

整个旧石器时代的大部分时间，生活在沅水旁的原住民和生活在澧水边的原住民，因山高路远，分别各自发展着沅水文化和澧水文化，老死不相往来。沅水旁的原住民石器简单粗放，而生活在澧水一带的原住民石器小而秀气。

时间缓慢向前，沅澧都奔向洞庭。终有一天，在距今约 4 万 ~ 2 万年前的旧石器晚期，沅水文化和澧水文化在澧县的乌鸦山最早零距离接触。此处距城头山遗址约 20 公里，出土的 1500 多件石制品证明，沅水类群的石器开始改头换面，由粗放变得袖珍精致了。到了距今 6800 ~ 6300 年前，安乡的汤家岗遗址见证了这两种文化的第二次握手。澧水边的汤家岗接纳了沅水旁距今约 7800 ~ 6300 年前的高庙文化中美丽的白陶，同时接纳了这种祭器所代表的文化信仰。到了距今 6300 年前左右，在澧水人群生活区域得到充分发育的大溪文化要素深入到了沅水中上游腹地，且连稻作文明重要象征的羼稻壳磨光红衣彩绘陶器，也在辰溪柿溪口贝丘遗址里唱起了主角。两种文化显然有了更紧密的交流和互动。

这种交流融合，是原住民求生存而迁徙之功。他们需从江河里捕捞鱼虾，又要避水安居，就得把住地选在石滩、回水湾、溪河汇流处，而鱼螺蚌的繁殖与生长又受各种因素影响。人类学调查数据表明，这种被动型经济实体住地的人口承载能力通常在 25 人以内。当鱼、螺、蚌枯竭了，一部分人群就向江河下游寻找新的安居点，终在两水交汇处相融，文明就这样向前加速推进。

在吴顺东眼里，7000 年前的沅湘先民过着集约、节能、环保的日子。沅湘 17 处贝丘遗址的发掘表明，这些先民“上班”捕捞区域和“下班”吃住区域相邻。渔具、刀具、餐具都磨制精细，石斧、石刀、骨锥光滑犀利，尽显精工品质。吃的呢？江螺稳居日常美食榜首，其次河蚌。猪、牛、鹿、犀、象等也不时被端上餐桌，70 公斤的青鱼都吃过。还会烧烤，敲骨食髓。炊煮的陶釜大小同如今小砂煲，足见节约。

高庙文化　初创太阳历和远古神系

上古沅湘先民一心只想解决温饱吗？在距今 7800 ~ 6700 年前的高庙下层遗存证明，他们把生活安排得井井有条，并且拥有丰富的精神生活。

高庙文化先民聚族而居，居住区、祭祀区、墓葬区、垃圾区，分得清清楚楚。房屋面积 20 ~ 30 平方米，有的设有厨房，厨房外侧挖有储存鱼螺的窖穴。食余抛弃的螺壳、贝壳等垃圾集中倒放在 30 米外的缓坡上（现称贝丘）。墓葬区流行竖穴土坑侧身屈肢葬。并修筑了大型祭坛，配套设施完善，祭祀场所近 1000 平方米。

远古神灵何时产生？沟通众神的祭典和天梯是什么模样？湖南省文物考古研究所研究员贺刚主持发掘了高庙遗址，他发现是高庙文化先民初创了中国古代最早的完整神系，创造了供神灵上下天庭的神山和“建木”天梯。屈原《九歌》里呼唤的天地众神和祭祀并非他的虚构，在距今近 8000 年前的高庙文化里都能找到出处。他们发明了白陶等一套用于礼神的祭器，发明了象征太阳历的八角星图像，初创了天圆地方的宇宙观。并在距今 7000 年前左右，高庙文化先民曾向洞庭湖区西北岸地区发起了大规模的强势扩张与迁徙，率先在澧阳平原的城头山修建了面积约 6 万平方米的大型环壕聚落。

“天府一角，小宇宙有大能量。”吴顺东用一张张图片诠释，要品味史前遗址里的艺术风骨，就去看沅湘的祭器神器；要审视其建筑学结构美学成就，应去看祭坑神坛。

白陶的发明是高庙文化先民的一大创举。吴顺东对白陶这一祭器极尽赞美之词，认为它有三位一体的美。特立独行，蜕变于高火候煅烧的夹石英砂白胎硬陶，是形质美源头。它略显粗粝的质感，注定是为绘上永生的主题图徽而生；白陶又是立体雕塑美的极致，装饰技法细致到无以复加的剔刺蓖点手法与白陶质感相得益彰，呈现出独一无二的强烈的视觉冲击力；但质感与技法美终究只能作摆件，而白陶却有鲜明的主题美，神鸟声震长天，图案背后蕴含的深意使白陶成为一种流传千古的神器。

神鸟诞生 跨越时空翱翔华夏

怎样的大师才能绘出那神奇的图案，为白陶注入生命与灵魂？当然是那些感恩造物主衣食馈赠、敬畏天地万物的原住民艺术家。那神奇的图案是什么？吴顺东不容置疑：鹰（凤鸟）！你看那锐目、勾喙和利爪！

不身历其境，如原住民般跋山涉水，就不能真正理解他们对像鹰一样自由飞翔的梦想的向往与执着。吴顺东在大山中工作数月，每日重复攀爬，烈日下饥渴交加时，他眼前真会幻化出一只大鹰来。史前山民选择把梦想绘成画，恰巧他们的白陶神器正需要一个承载众人梦想的主题神徽。于是被后世添加了诸多神话色彩并名之曰凤鸟的神鸟自此诞生，双翅上分别驮载有太阳、八角星或者龙的图案升天。随后，这只神鸟迅速成为中国南部共同的精神守护者。

制作出神鸟范本的大师，应记上旷世奇功。他最终呈现给神灵和族人的神鹰，浅浮雕，力与美完美结合，将雄鹰振翅欲飞的机敏、矫健、灵动和威武，展示得淋漓尽致。他对神鹰雷霆下击杀的利爪，进行了局部立体化放大处理，瞬间升级为视觉核心。由此主导了数千年同类型艺术主题创作方向，遍及玉石、陶瓷、金铜、骨牙、竹木等各类创作材质，无可超越。

更令人叹服的是，大师们还懂得变通，从正向鸟首、正向几何化鸟首、侧视相对（相背）双鸟首、上下阴阳构图法的全鸟图，到仅仅抽取鸟首、鸟翼、鸟爪，或鸟尾、鸟头移位折叠，毕加索的立体主义在距今7000年前的沅湘白陶上就出现了，白陶上的镂空图案又与现今大湘西的傩面如出一辙。这是高庙文化原住民对艺术领域的又一重大贡献。

这只绘于白陶祭器上的神鸟随着高庙文化跨越时空传播。距今6800 ~ 6300年前左右，沅湘白陶在江浙皖沪普遍发育。浙江河姆渡遗址出土的陶器和辰溪松溪口同组器物如同孪生兄弟。贺刚的考古研究证明，高庙文化广为传播至岭南桂江流域、环洞庭湖区、鄂西峡江地区、陕西汉中和关中地区、鄂东皖西地区、长江下游地区。在纵向的时间长河里，龙和凤（神鸟）合作，充当与天地神灵沟通的媒介，这种信仰系统从高庙文化经河姆渡文化、良渚文化一直传承发展到商代都未曾改变。西周青铜器及长沙战国楚墓和马王堆汉墓帛画一脉相承。

吴顺东认为，高庙文化在华夏大地上跨越时空的传播，是基于其有延续性强、稳定性好且有唯一性的鹰（凤鸟）为神徽的“文化基因”。当白陶消失了，神鸟还留在各种器物上。他的分析数据显示，史前至先秦的江汉、江浙、皖沪、川渝、云贵等地均保持了较为鲜明的鹰（凤鸟）信仰艺术主题。

大事记

1.1991 年、2004 年、2005 年三次对洪江市安江镇高庙遗址进行发掘。第三次发现有房址、墓葬、灰坑、窖穴、祭祀坑和大型祭祀场所，出土大量动物骨骼及各类石、陶、骨、蚌、牙器及玉器。

2.1993 年 12 月，对辰溪县松溪口贝丘遗址进行了发掘。遗物以陶器为主，纹饰流行凤鸟纹、羽翼图案、祭祀场景等。早期为距今 7400 ~ 7100 年前，其文化内涵与高庙下层文化近似。晚期为距今 7100 ~ 6600 年前，命名为“松溪口文化”，与高庙下层文化有着承继关系。

3.1993 年 12 月，对辰溪县征溪口贝丘遗址进行了发掘。该遗址的年代为距今 6800 ~ 5700 年前。第一期属于高庙下层文化晚期，陶器纹饰流行凤鸟纹和羽翼图案，第三期属于高庙上层文化，陶器纹饰流行用鳖甲拍印的凸点纹，第二期应属于“松溪口文化”。

4. 洪江高庙遗址入选 2005 年度“全国十大考古新发现”之一。

5.2006 年 7 月，在辰溪大洑潭电站工程建设中发掘了第二处新石器时代贝丘遗址。

出土了一批白陶、夹砂褐陶残片、石器、骨器、水生和陆生动物骸骨。

6.2015 ~ 2016 年，湖南省文物考古研究所组织编制了《高庙遗址保护规划》，已获国家文物局批复同意。

7.2017 年，对泸溪下湾贝丘遗址进行了首次大规模发掘。清理了 40 余座墓葬，揭露了一处大型祭祀场所，出土了一大批高庙文化遗物。综合考察，下湾遗址很有可能是新石器时代一处以宗教祭祀为主的重要聚落，它是研究沅水中上游地区环境、聚落、社会及文化变迁的一处重要遗址。

评说

礼仪性建筑是人类文明的要素之一。根据高庙遗址的发现，我们可以说中华大地也有了 7000 年文明，也可以说中华文明出现第一束曙光，还可以说它是中华文明起源的第一波。但是，越是较早出现的文明，越是依赖自然，所以保护它的建设控制地带，应当以一个更大的地理单元为界限。

——原国家文物局文物保护司副司长、博物馆司司长　孟宪民

湖南洞庭湖地区，以及湘、资、沅、澧四水的河谷地带，都留下了人类频繁活动的遗存。其中，发生于沅水中上游河谷地带的高庙文化是其杰出的代表。这支文化的年代上限可到距今 7500 年前，下限为 6500 年前，虽然农业不是这支文化的主要经济形态，但它却创造了极为丰富的精神财富，比如白陶，还有陶器上的众多刻画和戳印的图像，这些图像是高庙人精神世界的集中反映，是其观念的生动体现，这种观念影响范围广、影响时间长，并成为后世中国精神文化的重要组成部分。

——湖南省文物考古研究所研究员、所长，中国考古学会常务理事　郭伟民

高庙文化遗址中出土的陶器，是 7400 多年前原始人类第一次将自己内心的精神世

界绘于器物之上。在中国考古界，举世闻名的河姆渡文化遗址出土了刻有凤凰图案的象牙器物，河姆渡文化距今约 7000 年前。而在高庙文化中发现的凤凰图案比河姆渡文化早了近 400 年，它对于我国宗教史和艺术史的研究意义不可低估。

——湖南省文物考古研究所研究员　贺刚

史前艺术的发展经历了三次高峰：距离我们最近的，当是如今史前考古学研究中相当热门的、标识着 5000 余年文明起点的良渚文化中工艺高超的良渚玉器；往前，则是从中国考古学诞生之初即开始累积的、不断牵引着中国考古学研究方向的、覆盖面极广的 6000 年前花团锦簇的庙底沟文化彩陶；再往前，似乎也是目前所知最早的一次艺术高峰，当属 7000 年前神秘莫测的高庙文化白陶了。

洪江高庙的白陶一经发现，便使得华南地区早期艺术的繁荣程度，直接盖过了当时黄河中上游地区。白陶的四散传播，西北到陕南，东南抵达珠江口，向东沿着长江干流直到太湖流域的东侧。白陶纹饰丰满而厚重。图案种类很多，最常见的组合却是鸟的形象，这与良渚“神徽”的范式惊人的相似。既跨时代、又跨区域、还跨谱系。湖南白陶与庙底沟彩陶、良渚玉器一样，完全称得起艺术高峰的赞誉。我们通过良渚人的演绎，可以间接了解白陶上那种诡异的高台、飞鸟与尖牙——一个由湖南史前土著先民们构筑的神的世界。

——浙江省文物考古研究所所长、研究员　刘斌

原载于《湖南日报》2019 年 5 月 21 日第 5 版

（湖南日报记者易禹琳）